教育部人文社会科学
重点研究基地基金资助

教育卸责问题研究

——基于农村教育实践的考察

吕丽艳 著

JIAOYU XIEZE WENTI YANJIU

JIYU NONGCUN JIAOYU SHIJIAN DE KAOCHA

东北师范大学出版社
长 春

图书在版编目（CIP）数据

教育卸责问题研究：基于农村教育实践的考察/吕丽艳著. —2版. —长春：东北师范大学出版社，2015.3（2025.4重印）
ISBN 978-7-5681-0306-0

Ⅰ.①教… Ⅱ.①吕… Ⅲ.①乡村教育—研究—中国 Ⅳ.G725

中国版本图书馆CIP数据核字（2015）第267697号

□责任编辑：沙铁成 □封面设计：张 然
□责任校对：孙维石 □责任印制：张允豪

东北师范大学出版社出版发行
长春净月经济开发区金宝街118号（邮政编码：130117）
网址：http：//www.nenup.com
东北师范大学出版社激光照排中心制版
河北省廊坊市永清县晔盛亚胶印有限公司
河北省廊坊市永清县燃气工业园榕花路3号（065600）
2015年3月第2版 2025年4月第3次印刷
幅面尺寸：170mm×227mm 印张：13.5 字数：224千

定价：40.00元

教育部人文社会科学重点研究基地东北
师范大学农村教育研究所系列研究成果

本书系教育部人文社会科学重点研究基地重大项目“新农村建设与农村教育发展战略调整研究”(项目批准号:07JJD880229)研究成果;东北师范大学哲学社会科学优秀创新团队建设项目“基础教育改革与发展重大问题”(课题编号:NENU - SKA200701)的子课题“农村义务教育质量状况调查与改进机制研究”研究成果。

摘　要

农村教育在国家的战略发展中被提到重中之重的地位，但是在现实中处于三重边缘化的境遇。因此，揭示农村教育的真实现状、探索农村教育落后的原因并提出相应的对策是一项极具现实意义的课题。

问题决定方法。本书研究的核心问题是教育卸责现象的归因及其解决对策。围绕这一问题有两条主线：一是各种卸责现象在农村教育中的具体表现；二是对教育卸责问题进行剖析和解决。前者决定了调查研究法；后者决定了文献研究法的使用。本书运用新制度经济学中的委托—代理理论，分析农村教育调研中发现的各种卸责现象，剖析教育卸责产生的缘由，并尝试设计一系列激励和约束机制使教育委托人和代理人的目标趋向一致，从而使国家的教育利益达到最大化。

农村教育中存在三层委托—代理关系：农民作为“初始委托人”将其子女接受教育的权利及所需资源委托给中央政府和教育部经营管理，教育部作为“代理人”提供满足其教育利益的服务，具体来说就是制定既能满足城市又要兼顾农村家长利益需求的教育政策；中央政府和教育部再层层委托各级政府和教育行政部门来执行各项教育政策，提供地方公共教育产品；农村学校作为“最终代理人”落实中央和地方的教育政策，为农民提供其子女所需的教育服务。

在这些复杂的教育委托—代理链条中，每一层的教育代理人都向委托人负责，由于委托—代理链条多，存在着严重的信息不对称；由于各种监督和激励制度不完善，经常发生“道德风险”和“逆向选择”两种主要的委托—代理问题。

在第一层委托—代理关系中，本书通过分析新中国成立以来教育部制定的教育投入管理体制、教育方针及课程政策文本中的价值取向，揭示教育政策的制定存在没有满足公共利益的合法性危机。这是由于教育官员的“经济人”属性使他们与其他人一样追求自身利益最大化，在将自己子女的教育利益作为首要考虑时，容易出台倾斜城市的教育政策。作为“初始委托人”的农民在权利缺失的情况下，没有监督的动力和途径。

在第二层委托—代理关系中，中央制定的有关教育投入、人事制度改革以及课程改革等各项教育政策在地方执行中受到种种阻滞，这是由于中央和地方责、权、利不统一，现行的财政体制和税费改革又面临着陷入“制度供给陷阱”的危险，“官本位”文化使财政供养人口庞大等诸多因素造成的。

在第三层委托—代理关系中，中央教育政策制定没有充分体现公共利益，并且在地方执行受到阻滞。在这双重压力下，农村学校危机四伏，如学校生存重负难堪、教师罢课、学生辍学、新课改问题丛生等。这些问题的产生与学校管理落后、教师素质低、激励不足以及地方官员没有切实地履行教育责任有着密切关系；同时，农村学校的教师的生存处境面临着各样艰难，这些艰难在一定程度上也反映了这层关系中的卸责。

正视教育行政官员和学校管理者的“经济人”属性，消解各级教育代理人刻意制造的信息不对称，需要建立完备的利益表达机制，并且使教育问责成为一项行之有效的约束机制，通过信念伦理和责任伦理的结合规避教育卸责的根源，从而走出农村教育面临的“囚徒困境”。

关键词：农村教育；卸责；委托—代理理论

Abstract

Although the problem of rural education has been advanced to a significant position in the national development stratagem of our country, in reality it is in a tri-margin state. Therefore, it is a practical question for discussion to explore the real situation, probe the cause of the undeveloped state of rural education and propose the corresponding cures.

Methodology lies on question. The core question of this research is the attribution and countermeasures of the shirking phenomenon in education. There are two master lines: one is the concrete manifestation of shirking phenomenon in rural education, the other is the solution of shirking based on an elaborate analysis. The former decides the use of investigation methodology, and the latter decides the literature method. This paper attempts to apply the Principal-Agent Theory of New Institutional Economics to analyze the shirking phenomenon, which is discovered by investigation, and tries to discover the cause of shirking, from which the author designs a series of incentive and restraint mechanism to unify the goals of the principals and the agents in education in order to enlarge the country's interest in education in the highest degree.

There are three layers of principal-agent relations: Peasants, as "initial principals", relegate the education rights and resources to the central authority and the Ministry of Education (MOE), and the latter, as the agent, provide educational service to satisfy the principal's interest. And the central authority and the MOE relegate the rights to local authorities and the educational administration departments, layer upon layer to execute the education policies and provide public education service to local inhabitants. Rural schools, as the 'final agent', carry out the educational policies of central and local authorities and offer the education service to peasants and their children.

In these complex educational principal-agent chains, each layer of agent needs to take responsibility for his corresponding principal. Due to the complex chains, there are the serious asymmetrical information, insufficient inspector and inspiration, "the moral hazard" and "the adverse selection" frequently happened.

In the first layer of principal-agent, through the analysis on the management system of education investment, educational policy and in the value orientation of curriculum policy formulated by the MOE since our nation founded, this article discovers that the formulation of the education policy faces the validity crisis which can't satisfy the public interest. The reason is that the educational official's attribute to "the economic man" causes them to pursue their own maximization of interest equally with other people, and when they take the most important consideration of their own children's education interests, it is easy to constitute the education policy inclined to the interest of city. But the peasants, as "the initial principal" in the flaw situation of right, does not have the power and the way of the surveillance.

In the second layer of principal-agent, the education policies formulated by the central government which is related to education investment, the personnel system reform as well as the new curriculum reform and so on, receives all sorts of hinder in the process of execution. It is created by many reasons, for example, the central and the local committees aren't unified on responsibility, authority and interests, the present financial system and the taxation reform face the danger of falling into "trap of institutional supply", the culture focusing on "the officialdom" causes the huge population provided with the finance and so on.

In the third layer of principal-agent, the education policy made by central government does not manifest the public interest fully, and receives hinders in the process of execution, Under this dual pressure, the rural schools are crisis-ridden: The school survives in the heavy embarrassedly burden, the teachers strike, the students drop out, the problems of new curriculum reform grow thickly, and so on. These problems have the close relation to the backwardness of school administration, the low teacher quality, the insufficient inspiration as well as the non-fulfill the education responsibility practically by the local official. Meanwhile, there is a lot of hardship of rural teachers' living, which shows the shirking of this layer in some extent.

Facing up to the attribute to "the economic man" of the educational administration officials and the school superintendents, and dispelling the asymmetrical information caused sedulously by all levels of education agents, it needs to establish the complete expression mechanism of interests, and makes the accountability of educational administrators to be an effective restraint mechanism, and avoids the root of shirking by the union of the faith ethics and the responsibilities ethics, thus gets rid of "the Prisoner's Dilemma" in the rural education.

Key Words: Rural Education; Shirking; Theory of Principal-Agent

目 录

导　论

上缴了地里的出产，
又掘尽地下的矿藏。
流出的清泉被人家瓶装卖钱，
黄泥黑土被铲去做造楼的砖。
送走成批的猪鸡牛羊，
留下一地的尿迹粪便。
才舍下远游的学子，
又道别打工的子弟。
……

村落，中国的村落，
只有白发的老母，
留守你这精神的弃地。

可是你还在往外送着，
拼命争着，挤着，送着。
你看，你看——
整个村落就像母亲的乳房，
空荡，干瘪，
可还在起劲地挤压，揉搓，
那流出的，
已经不是乳汁，
而是鲜血。

村落，中国的村落，
尘土弥漫的路边看不见你的身影。
孩子们不用回头就知道——
你更加苍老、憔悴、受损、枯黄的面容，

还在为能有所送而苦涩地笑着……

村落，村落，
村村落落，
中国的村村落落，
这究竟是怎样的一种寂寞与苦涩？
村落，村落，
多少被遗弃的中国的村落？

你看，你看——
树干早就被搬走，
枝叶已经被拖光，
村落呵，你这被砍斫的树桩，
还在往外一圈圈涌着汁液。
一圈圈，
一圈又一圈，
不知疲倦地往外涌着；
已经死了呵，
可还在流着，
涌着！

尘土中，
是浑浊的泪；
夕阳下，
是淡红的血。

村落，村落，
母亲般被遗忘的村落。
我们定居城市，
我们移民海外；
我们的奋斗多么自私，
我们的幸福多么可耻，
我们的诗歌和祈祷呵——

多么脆弱。

而你受伤的爱液，
还在往外涌着，
流着。

村落，我的中国的村落，
你到底忧不忧伤？
为何还在笑着，
望着？

我的中国的村落……①

这是我最感动的一篇关于中国农村的生存状况的文字。中国农村教育的现状不就是这样的吗？这样不断地被揉挤和被支取着吗？“你更加苍老、憔悴、受损、枯黄的面容，/还在为能有所送而苦涩地笑着……”就是这样，这片已经贫瘠的土地还在不断向城市输送着人才，仿佛从来没有想过要索取一样。在今天这样一个农村不断被抽空的时代，仿佛那一抔抔黄土已经不是黄土，而是黑色、贫瘠的血液。

一、我的心路历程

我出生在东北的一个林区，那里有几个月都走不完的林海，还有穿梭在这茫茫林海中的小火车。我生活的林区属于一个林业局管，其中的居民并不是以耕种为主要谋生之路。因此，尽管我不是生活在城市，但是对于阡陌交通、鸡犬相闻的农村也是非常陌生。后来，因为父母工作忙，把我托付给了农村的亲戚，我才开始接触真正意义上的农村。就是那一段时间，为我儿时的记忆留下了最美好的一笔：玩泥巴，掏鸟窝，帮大人“捣腾捣腾”一些农活，等待那每天不变但是可口的粗茶淡饭……上学以后，接触农村的机会越来越少了，然而课本中对于农民“锄禾日当午，汗滴禾下土”之类的描述还会不时地唤起我对农民艰辛生活的回忆。虽然很少再回农村，但是那个世界似乎并没有离我越来越远，反而越来越清晰，越来越魂牵梦绕。还有一个梦

① 齐宏伟．彼岸的跫音［M］．兰州：敦煌文艺出版社，2006：207．

想一直萦绕在我的心头：希望自己有一天可以成为一位乡村小学的校长，一生都有这些淳朴的孩子相伴。本科期间，我学的是企业管理专业，那时我想通过创造足够的财富和掌握现代管理知识创办这样一所理想中的学校。后来才知道若只懂管理，不懂教育，无法做一位好校长，我就在研究生期间选择了教育专业，这使我又向梦想迈进了一步，我幸福地徜徉在由教育理论构筑起的“乌托邦”中，勾勒着有朝一日如何把一所乡村小学建成我的教育理想王国。

2002年，我有幸师从教育部百所文科重点基地之一——东北师范大学农村教育研究所所长袁桂林教授作农村教育方面的研究。他对于农村教育的热情感染了我，他的研究展现了农村教育独特的理论魅力——有效跨越“宏大叙事”和“微观叙事”的鸿沟并凸显实践旨趣，这些都吸引我也投身到这项事业中来。我知道这使我向梦想的实现又迈进了一步。

自从进入博士生研究阶段，我就开始参与大规模的农村调研。在这个过程中，我发现农村教育问题非常严重。我对农村的体会不再停留在儿时的感性认识上，它展现的不再是我记忆中的田园风光，而是一间间漏雨的昏暗教室，一张张破烂不堪的称为“书桌”的板子，一副副懵懵懂懂、充满求知欲望的童颜……当我们通过一份份含有一定“去伪存真”功能的调查提纲、问卷了解农村学生辍学情况的时候，得到的辍学数字令人震惊。每个人都有梦想，但是这些农村孩子的梦想过早地被贫困击碎了。现实把我长久以来的梦想从天国拉回到人间。在严酷的现实面前，我意识到梦想的实现是何等遥远，或许倾尽毕生精力，我也无法改变这些孩子的命运。这使我陷入痛苦的思索之中。作为一名研究农村教育的青年学子，我知道农村教育研究需要精深的理论阅读和艰辛的农村调查，这种严格的学术要求使我一度对农村教育研究望而却步，但是一种强烈的学术使命感又使我无法漠视这种高辍学率、低水平的办学条件下农村学校的艰难运转，它不断催促我去寻找这现象背后的缘由。

因此，在参与大量农村调研之后，为了对我观察到的现象进行更深入研究和意义建构，我走入田野，扎根在一个东北农业县挂职锻炼半年，以“局外人”的身份去审视农村教育。作为“局外人”，由于心理和空间上与农村保持了一段距离，这比“局内人”更容易看清农村教育危机的本质所在。另外，我的研究生身份易于被“局内人”接纳，他们愿意与我一起探讨和反思这些问题，并对我提出的种种“无知”的问题给予耐心解答。

在田野调查期间，我看到大量的辍学生流入社会，看到教师们的窘迫生活，看到教师们在课堂上因为知识贫乏而带来的无奈和尴尬。我发现：乡镇在把教育作为一项政绩工程粉饰之后，剩下的就是对这块“唐僧肉”处心积虑的分割，或者安排亲友，或者利用维修、兴建校舍拿回扣；教育局疲于在各个学校之间周旋，平衡利益分配，用他们的话说，“用不断缩减的经费办日益发展的教育太难了”；县财政殚精竭虑地把捉襟见肘的经费一点点施舍给教育。当我对各个层级的违规行为发出质疑时，得到的都是一大堆堂皇的借口。这些令人触目惊心的现象和各种疑惑促使我去思考：农村教育究竟怎么了？

我问辍学的孩子为什么不想上学时，他们的回答虽各不相同，但是同一种让人透不过气的沉重，“俺家没钱，俺妈说，一个女娃认几个字就行了，早晚是别人家的人”，“我村的伙伴都不念去打工了，我也就不想念了”，“上学没意思，老师看我学习不好，总挖苦我，同学们也瞧不起我……”

我问家长：为什么容许自己年纪这么小的孩子离开校园？他们那张饱经风霜的脸常常流露出无奈的表情。“这书是越念越念不起呦，今天交卷子钱，明天交豆奶费，我们一年在地里汗珠摔八瓣，摸爬滚打也供不起呀，就是砸锅卖铁让他读完大学也不包分配，找不到工作，最后竹篮打水还不是一场空。”“这一班里一共才能有几个考上学的，我看他是没那能耐，还不如趁早回来干点活，攒点钱，盖个房子娶媳妇，咋活不是一辈子？”“他爱念，我就供。可他不想念，那就算了……”

我问教师：为什么学生流失这么严重？他们哀叹道：“农村学校条件哪里比得上城里，有的孩子上学要走好多里路。学习好、有点毅力的，还能跟两天；学得稍微吃力的，遇到点困难就不想念了，找他几趟，来两天又走了。”“现在的家长可不比从前，家庭条件虽然好了，可眼里就是钱，对孩子的教育一点都不重视。”“乡镇也不负责，对于学生辍学不采取任何手段制止。学校周边的网吧不知害了多少学生，乡镇政府就是不管……”

教育局、财政局……当我问及原因时，他们都以各种理由来推卸责任，似乎都持之有故，言之成理。辍学率居高不下，农村教育危机重重，谁应对此负责？

以上仅是我诸多困惑中的一个，为什么城乡教育差距如此之大？为什么在共同的教育方针下城乡教育肩负不同的人才培养任务？税费改革为什么使农村教育陷入更加艰难的境地？先进的课改理念为什么难以在农村贯彻？……这些都是长久以来萦绕在我脑海中的问号。我带着这些困惑，一面通过调查了解真实的农村教育现状，一面寻找文本中对于这些问题的思考和回答。

这就是我遇到的农村教育。在我的心路历程中，是一种乡土的热情将我的眼光引向了农村，又是一种事业的理想将我引向了农村教育。但是，当我真正踏进这一领域的时候，才真正发现，农村教育的现状并不如我想象的农村那般诗意，也不像理想那样单纯。现实中的农村教育就如同一团乱糟糟的麻线一般摆在我的面前，甚至我想一头扎进去都不知从何处跳下。但是，心里常常萦绕的对乡土、乡情的深深眷念和对教育理想的热情向往又使我生出了几分执著，以致理想主义的热情顿时化为现实追求的动力，带着一种诗性的冲动扎入到现实的土壤中，希冀从这一团乱麻中理出头绪来。因此，我找到了教育卸责这样一个很"现实"的视角，开始了我厘清农村教育所存在问题的理想之路。

二、对研究现状的梳理和反思

长期以来，"农民"这一概念在很多人的眼里是贬义词，农民受到各种习俗和政策的歧视，涉农事业都成为弱势事业。因此，农村教育理论研究也长期处于边缘地位，研究农村教育的人被视为"水平低的人"。2000 年 3 月，湖北省监利县棋盘乡党委书记李昌平含泪上书国务院总理朱镕基反映"农民真苦，农村真穷，农业真危险"[①] 的农村现状，从此，"三农"问题浮出水面，开始引起人们日益广泛的关注。农村教育也随着新中国成立以来第一次农村教育工作会议的召开被提到重中之重的战略发展地位。

虽然，从数量来看，农村的学校、学生、教师以及相关的教育管理人员都远远超过城市，但我国的国民教育体系是以城市教育为模板的，"教育"一词几乎是城市教育的代名词，基础教育课程的内容几乎与农村生活没有多少联系，全国统一的教材更使农村教育的特殊性无法彰显。农村教育研究领域积累的理论成果也是甚微，相关研究多数采用思辨方法，缺乏实证研究。从总体来看，国内关于农村教育研究的文献，无论从数量还是质量上都无法满足农村教育研究的需要。与本书相关的研究也面临着同样窘境，因此需要更多借助于其他相关学科的理论资源。

关于本书的相关文献大致可以分为三类：第一类是关于本书的社会背景——贫困的研究；第二类是关于农村教育的研究；第三类是关于卸责的研究。

---

① 李昌平. 我向总理说实话 [M]. 北京：光明日报出版社，2001：20.

（一）关于贫困的研究

贫困现象引起社会学、人类学、经济学、政治学、生态学、文化学等学科的广泛关注，贫困研究事实上已经成为跨学科的研究题目，因其多样的观察维度正在成为不同学科纵横驰骋的场域。

1. 国内研究状况

沈红对中国贫困研究从社会学的角度进行了述评，并从过程、互动和行动三个角度对贫困研究进行了分类，比较综合地概括了中国贫困研究的现状①。

（1）作为过程的贫困研究

作为过程的贫困研究是指以贫困自身的特征和机理为目的的研究，主要包括贫困定义、贫困类型、贫困发生学。它的核心问题是贫困特征和类型界定，贫困何以发生和再生，贫困原因和机制，贫困缓解与环境可持续性的关系。这些问题实际上构成了整个贫困研究的基础。

为了便于测量，中国的贫困概念主要在绝对贫困意义上使用，依据最低生存需求来定义；贫困标准是基于对维持个人或家庭的生存所必需的食物消费和收入水平确定的。对于贫困的起源则有多种不同的见解，现略述如下。

第一，资源要素贫困观。姜德华等著《中国的贫困地区类型及开发》（1989）是对中国区域性贫困类型进行分析的第一本书。这项研究完成了对于中国区域性贫困的分类和描述，首次量化了贫困分布的异质性。从社会学角度来看，它对于贫困类型和影响因素之间的分析比较零散，这项研究更多是类型学而不是发生学意义上的描述和勾勒，此后数量众多的专题性研究为贫困性质的判别提供了依据。

第二，素质贫困论。80年代中期，王小强、白南风在《富饶的贫困》一书中率先把人口素质确定为贫困与落后的本质归因。作者认为，中国的贫困地区存在着令人震惊的自然资源的富饶和令人震惊的贫穷的矛盾现实。贫困的本质规定，不是资源的匮乏，不是产值的高低，也不是发展速度的快慢和收入的多少，而是“人的素质差”（指人从事商品生产和经营的素质）。贫困的特征被描述为：“创业冲动微弱，易于满足；风险承受能力较低，不能抵御较大困难和挫折，不愿冒险；生产与生活中的独立性、主动性较差，有较重的依赖思想和听天由命的观念；难以打破传统和习惯，接受新的生产、生

① 沈红．中国贫困研究的社会学评述［J］．社会学研究，2000（2）：2～8．

活方式以及大多数新事物、新现象；追求新经历、新体验的精神较差，安于现状，乐于守成。”这项研究超越了以往仅仅在经济要素范围内谈论贫困的局限，并根据中国的现实发展格局讨论了贫困地区社会经济关系调整问题。这项研究的另一个重要意义就是明确地将人的因素纳入贫困研究的视角，因此也开拓出一片研究的新视界。

第三，系统贫困观。自然生态和人文生态的贫困机理把贫困归咎于自然生态条件、资金、技术或者人口素质的观点都不具有完全的说服力，因为从贫困经济运行的不同侧面固然可以寻找出不同原因，但是各个单独侧面原因都无法完整地概括贫困的综合成因。人们开始倾向于把贫困看成诸多因素系统运行的结果。借鉴系统论的词汇，贫困的根源是由“陷阱——隔离——均衡”构成的一个“低层次的、低效率的、无序的、稳定型的区域经济社会运转体系”，这一体系规定着贫困延续的轨迹。

第四，贫困发生学。研究行为理性和贫困的代际传递的著作《边缘地带的小农——中国贫困的微观解理》是一项关于农户贫困机制的“深描”式的探索，通过探讨贫困者家庭内部行为和代际行为关系，解释中国贫困在乡村家庭这一社会层面上何以发生、何以再生以及贫困者的行为逻辑。

（2）作为互动的贫困研究

作为利益主体之间相互关系的结果，贫困表现为贫困区域和贫困人口群体未能分享主流社会发展取得的成果。由于中国贫困是在两极分化的社会变迁格局中成为一个突出问题引起的，它引发了作为互动的贫困研究，其中数量众多的文献集中讨论区域不平衡格局、贫富差距和发展主体。如何真正扶贫，如何有效扶贫，如何解决公平与效率之间的矛盾，在市场经济条件下扶贫在宏观利益格局中的处境等，都成为学术领域关注的问题。

区域发展差距和区域发展不平衡、不平等问题自80年代中期以来一直引起学术界的广泛讨论，是中国社会转轨时期焦点问题之一。中国社会科学院各年度《社会蓝皮书》、《中国居民收入分配研究》和《1999年中国人类发展报告：转轨时期与国家》以及大量文献对转轨时期中国社会发展作出不同意义上的“两极分化”事实判断、不平衡程度的讨论。研究涉及就业、生活方式、政府行为、教育对于贫困分化的影响，着重强调充分兼顾各个利益主体的利益。

宏观利益结构中的贫困，这种区域性发展不平等程度的加剧是否与政府行为、政策以及制度结构有直接关系，从而引发了宏观利益结构中的贫困问题意识？从互动的角度来看，关于宏观利益结构中的贫困问题讨论中比较突出的是梯度发展论与反梯度理论之争、公平问题和利益群体分化格局讨论。

发展主体之辩。《富饶的贫困》一书在分析贫困原因时率先提出“开发主体是谁”的问题。主体不仅决定着什么是所谓“资源”，而且决定着用什么手段去开发所谓“资源”。资源是社会—经济结构和人的素质的函数。对应不同的经营方式和开发手段，资源的含义不同。此后，对于贫困者在宏观利益格局中不利地位的认识进一步引发了关于发展主体的研究。在近10年的贫困和反贫困研究中，绝大多数论述报告都是以政府为潜在对话主体的，根据政府的要求写作或者间接地为政府政策而写作。

2. 国际研究

国际上关于贫困类型的划分，如绝对贫困和相对贫困、群体贫困和个体性贫困，很早就成为众所周知的概念。关于贫困原因的众多学说也被陆续介绍到国内。西方社会学理论关于贫困成因的论述主要有：

（1）贫困结构论

第一，制度造成贫困是经典马克思主义理论的精髓。社会政策导致的不平等是制造贫困的元凶：政策可以确定“穷人”标签的指向，即“谁是穷人，谁将成为穷人”。弱势群体主要是指那些长期处于系统性和结构性不利状况的群体，这种不利状况主要表现为社会不平等程度上[①]。政策可以再造贫困（解救贫困的政策因执行失误再造了贫困；政策本身就不是平等之策），群体间利益的争夺是导致不平等和贫困现象的根源，这是冲突学派的贫困观。此外，近代英国政治学者亨利·乔治所著的《进步与贫困》一书也从制度的角度解读了贫困问题。他以反对马尔萨斯人口理论的立场开始贫困问题的研究，提出质疑说：为什么人口越集中、资源越贫乏的地方越富有，而人口越稀少、资源越富足的地方越贫穷？他否定了资源与人口的紧张导致贫困的理论，认为是人的制度导致了这种人口、资源与财富分配的倒置。

第二，贫困乃社会功能之需要，这是功能主义贫困观的基本视角。社会不平等是由社会发展的价值目标和功能需要共同决定的。贫困具有的正功能：穷人可以去承担社会中较为低下、肮脏的工作；穷人为劳动市场提供廉价的劳动力，也间接促进了就业者的劳动积极性；穷人可以成为社会变迁和经济增长的代价；穷人的消费延长了一些商品的经济使用寿命。社会需要他们来调色。

---

① Spicker P. *Social Policy: Themes and Approaches* [M]. London: Prentice Hall, 1995: 26.

(2) 社会排斥论

歧视、孤立和排斥。对于农民的歧视是贫困的最主要原因。农民成为一种身份，而不是职业（户籍制度）。社会孤立理论认为，城市发展的错位在地理、心理和文化上孤立贫困者。穷人因此产生了独有的生活态度和一系列与主流文化相悖的道德规范。社会隔绝了穷人，抛弃了穷人。社会排斥理论认为，社会各方面的变迁不可避免地要导致排斥。排斥会作为一个社会的总体力量压迫某些个体或群体，制造出贫困；也会以各种不同的形式对人群作出自然的或人为的区分，造成了富人与穷人、阶级或阶层的区别。排斥是“社会”作为整体而犯的过错，是集团博弈的失败者，它是贫困的直接原因之一。社会排斥论的独特之处是其主要聚焦于社会关系议题，即不足够的社会参与、缺乏生活整合和缺乏权力①。

(3) 贫困文化论

最早将贫困视为一种文化现象进行研究的是美国人类学家刘易斯。他认为，穷人所以贫困与其拥有的文化——贫困文化有关。这种贫困文化的表现是，人们有一种强烈的宿命感、无助感和自卑感；他们目光短浅，没有远见卓识；他们视野狭窄，不能在广泛的社会文化背景中去认识他们的困难。

吴理财在《论贫困文化》(2003) 一文中指出，“贫困文化”和“文化贫困”常常被混为一谈。前者主要是从文化形态来理解的，后者主要是从知识层面来理解的。贫困文化中的文化远非“知识”所能概括。如果给“贫困文化”下一个定义，可以说，它是贫困阶层具有的一种独特生活方式，它主要是指长期生活在贫困中的一群人的行为方式、习惯、风俗、心理定式、生活态度和价值观等非物质形式。实质上，它就是对贫困的一种适应。我们调研时，常常听到人们描写农民一生追求的就是“一亩地，两头牛，老婆孩子热炕头”，这是一种受贫困文化影响的生活方式和态度。

(4) 社会资本理论

最先对“资本”作出科学界定的是马克思。他在《资本论》中认为，资本是能够带来剩余价值的价值，反映着资本家对雇佣劳动者的剥削关系。后来，西方经济学对“资本”的概念不断进行修正和发展。继舒尔茨提出人力资本理论以后，其他社会科学纷纷从自己的研究领域出发引用“资本”这一概念，于是“政治资本”、“经济资本”、“文化资本”等概念应运而生。社会

---

① Room G. *The Sociology of Welfare: Social Policy Stratification and Political Order* [M]. Oxford: Basil Blacckwell, 1997: 256.

资本并非个人所有，却可以通过个人及其所处的社会网络加以利用。社会资本理论将社会资本看成个人在社会结构中的成员资格以及社会关系网络联系，这种成员资格和网络联系有助于个人的各种目标的达成，并像经济资本一样可以获得回报。社会网络即社会资本，个人的社会网络越大越广，其社会资本量就越大。

穷人的贫困源于他们没有选择。布尔迪约和帕斯隆认为，没有选择的主要原因之一在于穷人在市场竞争中缺乏必要的文化资本[①]。权力决定着教育制度，决定着文化资本的分配和再生产。作为制度化形式的文化资本明显具有代际传递特征：原本缺乏文化教育的穷人，其孩子的受教育程度也是低下的；教育程度低下的历史使他们积淀和内化的适应主流文化的才能也相当贫瘠。他们贫困，因为他们别无选择。

（二）关于农村教育的研究

1. 文献研究

由南京师范大学教科所、教育系主编的《农村教育学》（人民教育出版社1988年版）是一部师范院校的教材，全面地介绍了农村教育的一般性知识、原理、方法等，对于了解农村教育的概况具有一定的作用。吴畏、李少元的《农村教育整体改革研究》（山西教育出版社1990年版）是当时论述我国农村教育改革的一部上乘之作。该书从国内发展的历史机遇出发，分析了国家经济、政治、教育改革背景，对农村教育进行了系统的阐述，涉及教育内部和外部的一系列问题，作了深刻的探讨，具有重要的意义。佘永德的《农村教育论》（人民出版社2000年版）和李少元的《农村教育论》（江苏教育出版社2000年版）是系统论述农村教育问题的两部专著，内容涉及农村教育的方方面面，但相对来说，对于农村教育的认识还缺乏深度，属于一般性泛论。中国教育学会编的《中国农村教育的崛起》（人民教育出版社1991年版）从中国农村教育面临的实际问题出发，介绍了我国农村教育的发展状况。北京大学社会人类学研究所李建东的博士论文《政府、地方社区与乡村教师——靖远县及23县比较研究》（1996）是在实证基础上论述我国农村教师问题的一部佳作。马戎、龙山主编的《中国农村教育问题研究》（福建教育出版社2000年版）从人类学、社会学视野全面介绍我国农村教育发展状

---

① ［法］布尔迪约，帕斯隆．再生产：一种教育系统理论的要点［M］．邢克超译．北京：商务印书馆，2004：82～99．

况、区域差异、教育经费、教师、职业教育、就业、少数民族、双语教学、女性教育资源、残疾人教育、乡镇基层管理等问题，是分析我国农村教育现状的重要著作。杜育红的博士论文《教育发展不平衡研究》（北京师范大学出版社 2000 年版）是运用经济学分析方法论述我国区域教育发展的专著，是分析当前我国农村教育十分有见地的一部力作。

上述著作从不同的视角对我国农村教育规律进行了研究和探讨，具有一定的参考价值。但从整体来看，对于农村教育的认识还不够全面，对于农村教育发展的分析还缺乏实证性资料的支撑。

另外有一些著作是从经济学角度对农村教育进行研究。上海财经大学公共政策研究中心《中国财政发展报告——科教兴国中的公共政策研究》（上海财经大学出版社 1999 年版）一书重点分析了教育和科技的现状和财政政策，对于农村义务教育问题进行了比较深入的剖析，在国内财政界和教育界有较大影响。马国贤教授的《中国公共支出与预算政策》（上海财经大学出版社 2001 年版）依据新公共管理理论，重点研究了教育支出政策，提出了从机制、体制和资金总量三个方面研究教育支出问题，具有很高的学术价值。虽然这类著作从经济学、财政学和政策层面对农村教育问题进行了研究，提供了一个独特的视角，但是一般性政策研究较多，关于具体的、操作性的政策研究较少。

2. 国际、国内农村教育会议述评

教育部百所文科重点基地之一——东北师范大学农村教育研究所是国内研究农村教育的重镇。近年来，它组织召开了一些关乎农村教育的大型国际、国内学术会议，这些会议都是围绕当前农村教育的热点和前沿问题进行讨论，因此这些会议本身也体现出目前国内、国际农村教育研究的前沿和现状。本书对近年来的两次会议的主要观点进行述评，以期从这个视角向读者展现目前农村教育研究的概貌。

(1)“农村城镇化与农村教育”国际会议[①]

2002 年 8 月，“农村城镇化与农村教育”国际会议在东北师范大学举行，来自日本、马里、也门、赞比亚等国的外国学者和来自北京师范大学、中央教育科学研究所、南京师范大学、西南师范大学、中国农业大学等校的国内学者以及一线的农村教育实践工作者参加了会议。与会代表对国内外城镇化

---

① 这部分主要观点已发表在《“农村城镇化与农村教育”国际会议述评》（《中国农村教育》2002 年第 11 期）。

的现状及其在发展进程中凸显的问题进行了深入剖析，对农村教育在农村城镇化中的重大意义达成共识。通过与会代表两天的报告和研讨，会议取得了丰硕的理论成果：

第一，从不同层面和角度对有关城镇化的基本概念进行了界定，初步探讨了城镇化统计标准问题。

对有关城镇化的基本概念界定问题。李继星先生认同将农村城镇化界定为：部分乡村人口变为城镇人口、部分乡村区域逐渐变为城镇区域的状况和过程。部分乡村人口变为城镇人口、部分乡村区域逐渐变为城镇区域的过程必须伴随着物的城镇化、人的城镇化和小社会（社区）的城镇化。洪俊教授认为，农村城镇化是农村向城镇（城市）的转变，农村人口向城市人口的转化，城乡差别逐渐消除的过程，其中包含着农业产业化和农民非农化的进程。“三农”（农村、农业、农民）是不可分割的整体。其中，对于农村教育的发展具有直接意义的是农民的非农化（农村人口由农业转移到非农产业）。

农村城镇化的指标体系问题。在总结相关资料的基础上，李继星先生草拟出中国农村城镇化指标体系。在个体层面上，农村城镇化指标体系至少包括个体占有智力资源、资本资源、权力资源等。但是，现在农村个体城镇化进程中基本不具备这三种资源。

另外，李少元研究员指出，“城镇人口”统计口径的差异对城镇化水平比例数值有不可小视的影响。他呼吁建立独立于行政区划的城镇地区经济、社会、人口和教育统计，形成城市、城镇、乡村三体的统计系统，以便更好地为科学决策服务。

与会专家们的这些界定从多个视角全面地概括了农村城镇化的图景及其层面和实质。在专家们的界定中，十分注重人学意义上的城镇化，超越了地理和户籍意义而将农民的非农化作为一项很重要的指标，这种分法在教育学上有十分重要的意义。一个十分重要的例子就是村办工厂或乡办企业里的从业人员就属于此种“非农化”人员之列。这一类“非农化”人员有一个很重要的素质，就是劳动技能的增长，而这种增长所以能够实现，最重要的因素就是教育。这样就拓宽了城镇化和农村教育研究的视野，也避免了这类“非农化”人员成为研究视野之外的被遗忘人群。

第二，农村城镇化地区差异显著，教育发展均衡化程度低，这是制约中国乃至世界发展中国家全面进步的主要因素。

农村城镇化地区差异包括两层含义：一是不同经济发展水平地区的农村之间的差异；二是同一地区的不同农村之间的差异。不仅不同经济发展水平地区的农村之间的差异受到广泛关注，而且对同一地区的不同农村之间的差异，也有学者进行了深入研究。李少元研究员以县为单位对不同地区县域经济进行了比较，得出了不同地区县域经济的差异，并建议对农村教育布局进行新的调整。

城镇化的差异性是一个现实存在的问题，但是，对这些差异性的研究本身还有超越现象层面的十分重要的理论意义：这种差异性本身也为农村教育研究本身提供了不同范本，从而研究不同社会因素对农村教育的影响。因为农村教育作为一项根植社会实践的研究有一定的人类学特征，它就无法像一些实验性的实践研究一样，在实验室里就可以完成对条件和结果的控制，往往在研究中的“条件控制”只能存在于假设层面，但是这种仅仅存在于假设层面的“条件控制”本身就缺乏充分的现实理据。这种地区性的差异本身就为农村教育的实践研究提供了一种“条件控制”，更有利于对农村教育问题的剖析。

第三，农村教育中公平、效益与代价问题引起了争鸣。

为了提高规模效益，在对农村教育布局进行重新调整的过程中，往往只从经济效益角度考虑问题，忽视了教育的社会效益，即忽视了教育的公正、公平原则，甚至与义务教育服务半径 2. 5 千米的规定相违背，导致因农村教育布局调整造成儿童大量辍学现象的出现。

农村教育布局调整与教育公平和效益关系的问题引起了代表们的争论。日本学者成田育男以“一个仅有四名学生的学校仍配备两名教师”为例，介绍日本贯彻“每一个儿童都应当受教育”理念的切实做法，为中国教育提供了借鉴。对此，大会对“中国农村教育改革过程中的必要代价是不是可以牺牲一些儿童的利益”这一观点进行了讨论。

公平、效益与代价问题一直伴随着人类社会的整个近代化、工业化的历程，似乎已经成为一种典型的“现代病”或“工业症”。在中国改革开放的总体设计中，效率与公平之争就一直是问题的焦点。尽管总设计师最初就下了定论：贫穷不是社会主义。在社会主义初级阶段的基本理论构思中，也定下了“效率优先，兼顾公平”的基本论调。但是，这一观点一方面受到原先集体主义话语的约束，另一方面更受到经济建设实践中出现的环境恶化、两极分化、道德滑坡等问题的强烈质疑。更深层次地，对于为了群体的利益而损害个体的利益这种表述的伦理学反思，更是质疑了这种说法的合法性。在农村教育与城市教育的对比中，我们更应当看到这种反思的必要性和迫切性。可以说，对农村教育的重视程度与这种反思之间有强烈的正比关系，同时对农村教育而言，这种反思也有利于更深刻地认识农村教育现状形成的历史原因，并更好地找到农村教育问题的病灶。

第四，发挥政府职能，促进城镇化进程中的教育发展。

陈敬朴教授从必要性和可行性两方面论证，欠发达地区农村义务教育应由中央政府拨款，但中央政府的财政职能弱，是财政上的弱政府，很难支撑包括教育在内的事业性财政支出。袁桂林教授针对陈敬朴教授提出“中国政府是财政上的弱政府”的观点发表了不同意见。他指出，中国自从国税与地税分离后，中央政府财政进一步加强。因此，中国政府应该将发展农村教育放到战略全局的高度，重视农村教育的投入问题。关于政府应该在教育发展中扮演什么角色的问题，可以分教育阶段类别来考虑。农村教育的主体是基础教育或义务教育，因此国家对农村教育义不容辞，政府必须承担起发展农村教育的责任。

笔者认为，教育属于公共性事业，因此属于政府的职能范畴。尤其对于农村教育而言，由于农村教育中存在的现实原因，如果光靠教育的产业化和市场化运作，可能会使农村教育走向更加畸形的方向。在现行的考试制度中，所谓的以填鸭式的应试教育为特征的“县中模式”就是农村教育丧失了政府的调控而自主发展的过程中产生的问题之一。因此，不论在教育资源还是在教育规划上，农村教育要顺利转型，走上正轨，政府的责任义不容辞。

第五，优化教育资源配置。

针对农村教育资源分布不均衡、配置不合理的现状，裴娣娜教授提出了这样的应对策略：整合教育资源，开发教育资源，发展优势教育资源。张忠恒教授则从优化资源配置的角度，探讨通过政府配置、市场配置和社会配置这三种方式共同发挥系统整体功能。王永胜等学者对农村中小学课程资源开发的现状和对策进行了系统论述，通过问卷形式对东北地区课程资源利用情况进行了调查，并对农村课程资源开发利用提出了现实对策。赞比亚学者穆沙针对本国农村教育发展中存在的诸多问题，建议从卫生、水电、交通入手，重组教育资源，从而改善农村学校的基础设施，优化资源配置。

第六，重新界定了“离农教育”的内涵。

李少元教授提出“离农教育”要从内涵上实现转变，“离农”不仅是一种工作的变动、空间的移位或称谓的变化，而且是从生产方式和生活方式上由农业文明向城市文明的重大转移。实际上，“离农教育”的实质就是农村现代化的过程，用“离农教育”的提法很难概括这个宽泛的内涵。来自一线的教育工作者对“离农教育”提出自己的观点，认为农村教育的最重要的责任是转移农村剩余劳动力；对普通教育而言，就是通过教育让他们离开农村，成为城市公民。其实，中国城市化是一个过程，教育应该适应并推动城市化进程，但不能无视城市对劳动力的吸收能力。

笔者也认为“离农教育”已经成为当下教育实践中的一个受功利影响的显然取向。但是，这个取向是否应当成为我们思考的一个积极的前提？离农教育是否意味着这样的问题：农村教育就应当是城市教育的“预科”，它还需要保持“农村”特色，农村教育永远都是配合着城市教育的？[①] 更深一点的提问就是：农村教育的命题以及它的主题具有时代性特征还是具有永久性特征？农村教育是否应该有它独立的思考和命题？“农村教育”是一个完整的本体还是“农村”仅仅做“教育”这一本体的修饰词？我想这些问题都涉及“农村教育”到底是一个学科问题还是一个学科。

另外，在中国城市化过程中特有的城市农民工子弟学校应当如何定位？因为：首先这一类学校绝大部分并没有并入城市教育的体系，尤其在升学方面，绝大多数学校的学生还是要回到自己的家乡参加升学考试，他们更没有分享到城市教育的资源；其次，这类学校教育的对象并不是真正意义上的城市居民，他们尽管生活在城市，但实际上是城市的边缘人群，并没有融入城市社会；第三，农民工子弟学校的学生所在家庭的主要归属还是农村，虽然在城市谋取生计，这里只是他们临时的寄居地。农民工子弟学校很难定位的另一个方面就是它确实也体现出离农特征，因为它毕竟不是生活在农村。作者也曾经对某计划单列市的此类学校作过调查，看到它们的办学条件确实艰苦，校舍十分黑暗，许多硬件设施甚至极大地落后于他们生源的来源地（小规模的农民工子弟学校一般都有一个特征，就是生源绝大多数都是来自同一个地方。这也许与它们的创办人也来自农村有关），但是学生们的成绩往往都要比在家乡时提高十几、二十分，这也许也能从一个侧面反映它们“离农”的特征。因此，这类学校该如何定位，确实是一个需要投入大量研究的问题。笔者认为，它们也许是一种离农特征的农村学校的代表。但是，本书并没有对这类学校进行考察，花这么多的笔墨对此进行交代主要是不愿意让农村教育的视阈忽略掉这一类学校。

---

① 这个问题的思考背景是，当城乡二元时，农村教育的任务是“培养合格的社会主义新农村的劳动者”，而城乡一体化时，农村教育就要“培养合格的城市公民”。这当中是否有什么意味呢？非但这个问题，而且此处提到的这一组问题都是十分困扰我的，它们的提出都是为了探究这种意味。

(2)“农村基础教育改革与发展研讨会”述评①

2003年8月，由北京大学教育经济研究所和东北师范大学农村教育研究所联合主办的“农村基础教育改革与发展研讨会”在东北师范大学校部召开。来自北京大学、华东师范大学、中央教育科学研究所、南京师范大学、东北财经大学等国内学者和甘肃省教育厅、四川省井研县教育局、吉林省舒兰市教育局的领导以及一线的教育实践工作者参加了会议。会议的宗旨是：增强社会对农村教育问题的关注程度，对农村基础教育开展多学科的研究，拓宽农村教育研究领域，提高学术研究成果的实效性和应用性，促进农村教育决策的科学化和民主化进程，提高我国农村基础教育的质量和水平。与会代表对农村教育的改革与发展在小康社会中的重大意义达成共识，对中国农村基础教育的现状及其在发展进程中凸显的问题进行了深入剖析：

第一，从方法论层面探讨促进农村教育改革和发展的策略。

从方法论创新的角度重新思考农村教育问题。与会专家根据耗散结构理论分析了农村社会的特征：农村是一个封闭或半封闭系统，应使农村远离平衡态，形成开放系统；并在博弈论基础上提出，农村教育亟需远离“纳什均衡”。“纳什均衡”实际上就是一种不合作的均衡。教育地位、辍学、拖欠教师工资问题等都存在“纳什均衡”现象。行政领导追求短期效益，不把教育放在首要位置，致使教育部门不可避免地出现了不合作的均衡问题，教育受到了极大损害。打破“纳什均衡”的主动权在各级政府，应该用教育创新促进城乡教育“耗散结构”的形成，达到城乡均衡发展。这是实现城乡教育一体化并逐渐消除城乡二元结构的出路。

利用比较学的方法，借鉴其他发展中国家农村教育改革经验，以解决中国农村教育问题。多数发展中国家的农村教育都将普及免费、强迫的义务教育作为重点和难点；注重功能性文盲的扫除和采取多样化的扫盲形式；在农村师资奇缺、素质低下的情况下，各国以提高农村教师质量、教师教育本土化为主要策略。这为我国农村教育改革提供了很好的参考。

农村教育问题的研究应该由多学科专家共同开展，对农村问题进行整体综合、全面深刻的分析研究，只有如此才能引起国家决策部门的重视并为他们提供切实的建议。我国对农村教育的重视仍停留在一种怜悯、照顾的层面上。要实现农村教育弱势走强，在教育方针中要强调“面向全体公民”，关

① 这部分主要观点已发表在《“农村基础教育改革与发展研讨会”述评》(《东北师大学报》哲社版2003年第6期)。

注弱势群体；教育发展战略把“从根本上解决农村人口教育问题”作为现时代中国教育发展的价值最大化来追求；教育发展目标应确定“教育共同发展”的内涵，明确维护弱势群体教育权益的使命；政府以政治危机感和社会责任感来解决农村教育及其他“三农”问题；以立法和定向拨款有序地解决教育共同发展问题。

要以辩证唯物主义系统观为基础，以整体统筹和综合实施为主要内容，包括良性循环与动态适应、结构优化与有机结合、反馈调节与机制保障等概念和范畴在内的综合改革方法论指导农村教育的改革和发展。针对目前研究中存在的“农村教育不需要综合改革”的观点，与会专家从农村教育改革的历史、方法论角度进行了批驳。

笔者认为，经济学、社会学等学科领域的一些新的研究方法的引进有利于打破原先看待农村教育问题的方式，不再是从政治或行政层面将农村教育当成一个政治或行政问题来看待，而是从科学的、社会的层面将农村教育作为一个学科问题来看待。同时，比较研究的方法也会使学界跳出目前中国农村教育的现状，超越性地思考农村教育的应然和或然状态，从而扩展学界的思路，从世界农村教育的共相中思考农村教育的当然或可能的发展走向。

第二，从不同层面和角度对“以县为主”的教育管理体制进行了探讨。

一位国家督学通过对吉林省基础教育现状的分析认为，在吉林省四分之三左右的县财政处于“吃饭财政”的情况下，实施“以县为主”的政策不合实际，应该将重心上移。另有学者对此观点持不同意见，认为“以县为主”的教育重心已经是我国义务教育管理的极点，这在历史上是很大的进步，重心不可能再上移。目前我国多数县是能够实现“以县为主”管理的。与会代表就此进行了热烈讨论。

有学者认为，真正实现“以县为主”需要一定的时间和过程，它包含许多方面的内容，学校管理体制改革是一项重要内容。在欠发达地区，随着“以县为主”的深入，如何管理中小学的问题逐渐提上日程。如何分配县、乡两级政府中小学管理的权力和责任，始终是县以下地区基础教育的难题，而学校在管理中发挥怎样的作用也是应该进一步研究的。因此，与会专家主张建立各种配套制度，尤其是建立合理的投入机制，进一步强化政府在义务教育上的责任和义务，通过健全法人制度，给予学校更多的自主权，同时加强对县级以下部门的监督。

在这次会议上，笔者根据田野调查的结果对“以县为主”问题进行了深层次的剖析。笔者认为：国家的管制政策、“学而优则仕”的官本位价值取向是财政供养人口庞大的制度根源和文化根源；“分税制”财政体制以及不合理的义务教育成本分担格局使脆弱的县级财政重负难堪，成为各种违章操作的诱因；被地方“异化”的“以县为主”的教育管理体制是教育发展受到制约的深层次原因。

笔者再从另外的角度提出一个问题：“以县为主”之“为主”是什么意思？县级行政部门在农村教育中应该作为什么样的主体？首先是它主要是以县内学校集体的身份面对上级行政呢，还是以国家的身份面对一所所学校呢？这个问题其实关注到更实际的一些问题。例如：县主要是学校管理的主体还是教育资源分配的主体？对这些问题的追问都涉及县级行政在农村教育这一庞大体系中的明确责任为何。如果“以县为主”的“县”的定位不明确，责任不清晰，极易造成县级行政的卸责。因此，“以县为主”这一提法中的“为主”的含义对本书的言说有着极其重要的意义。本书在第三章还将对这一问题进行探讨。

第三，分析了农村义务教育课程的价值取向，提出课程改革在农村教育中的适切性问题。

对农村课程“为农服务”的价值取向进行反思。与会专家分析了“为农服务”课程不被认同的原因首先在于概念本身的内在缺陷（本源性缺陷：社会主体，学生主体谁为先后的问题；方法论缺陷：以“工具理性”和“教育实用论”为课程改革的方法论）。其次，缺少有效的实施策略和实践模式的支持，不是基于农村学生发展的需要。因此，“为农服务”的内涵需要重新定位，应该以农村学生为农村学校课程改革的直接价值主体和为农服务的首要对象；农村课程发展策略应以农科教结合、三教统筹以及国家、地方、学校三类课程的统一为“为农服务”的基本策略；以城乡教育的一体化和农村教育的信息化为“为农服务”的基础和前提。

农村教育课程缺乏适切性。与会专家认为，我国农村课程设置没有处理好文化课与职业技术课之间的关系，教师结构和专长不适应农村教育发展。农村教育课程缺乏适切性的原因在于农村基础教育的目的不明确，学习内容城市化，教学方法趋同化；评价制度不完善；学校的定位不清楚；教育结构不均衡；家长态度不明朗。对这些问题的可能性对策应是积极推进教育各方面的平等参与；各级政府和教育主管部门提供必要的制度、政策和物质条件；加快人事制度、户籍制度的改革，进行教育制度创新等。

第四，关注农村教师的生存和发展困境，从制度层面来积极寻求出路。

教师教育信息化已经成为知识经济时代的趋势，中小学教师信息素养亟需提升也成为社会共识。有的学者认为，教师信息化的建设使原本存在较大差距的区域之间、城乡之间的教师素质结构又增加了新的差距。有的学者则认为，城乡教育的根本差异是教育资源的差异，教师是最重要的教育人力资源，教师的信息素养提升是首当其冲的问题。应该尊重差异，转化劣势。利用技术工具与技术文化渗透，可以改善地域差异，缩小城乡差异。

课程改革给农村教师带来巨大压力。有的与会学者通过调查发现：学历要求给小学教师包括农村小学教师工作带来了很大的心理压力。教师承担的各种角色使他们处于超负荷运转的状态，素质教育和应试教育两难境地使农村小学教师产生心理负担。因此，得出结论：应该关注和维护农村小学教师的心理健康，从政策上提高农村小学教师的待遇和社会地位，学校要为教师创设良好的工作和生活条件，加强农村中小学教师的心理健康教育，营造校园宽松、民主的心理环境。

激励机制应作为教师工资制度中的重要环节和手段。有的与会代表借鉴博弈论提供的思路，提倡建立一种工资补偿机制，将工资与工作业绩相结合，实行不同等级的工资制。

笔者认为，农村教育要得到根本的改观，关键在于农村教师的素质和地位的改变。因此，如何提高农村教师的职业素质，如何提高农村教师的职业认同感、职业价值感是农村教育错综复杂的问题之中最值得关注的问题。农村教师的素质和职业感的提升又是处在一个问题系统之中，它牵涉农村教师的待遇问题、农村教师的工作环境和工作方式、农村教师的社会认同感等等诸多方面。因此，要解决农村教师的生存和发展的困境，对农村教育的制度设计不单单是一个经济层面的激励机制的问题，更是一个庞大的系统工程。这一系统工程其实已经在中国的城市教育中显现出来了。

第五，对农村基础教育与人口素质和就业的关系进行了探讨。

就农村基础教育和就业问题进行了深刻的论述。与会专家认为，教育不应受用人部门的制约，应培养创新型人才；但在实际中，用人部门确实制约着教育的发展，教育不为就业服务就只能培养“寄生贵族”。制约农村基础教育发展有四道墙：政府、教育者、家庭、用人部门。要加强基础教育和就业教育的整合，在坚持九年义务教育的基础上需要实施就业教育渗透，同时又不改变普通教育的性质。要以辩证法为指导，处理好全面发展与就业之间的关系。

分析我国农村人口流动的现状，发现农村流动人口与农村基础教育需求之间存在矛盾。有与会学者在充分调查研究的基础上，分析了目前农村人口大规模流动的状况，认为农村基础教育应该作出适当调整，满足他们的教育需求，促进农村基础教育的可持续发展。

第六，从文化学的角度分析农村面临的问题、教育在改造贫困文化中发挥的作用。

探讨了教育与贫困文化的关系。首先，从“贫困文化”与“文化贫困”两个概念的区别出发，重点阐述了贫困文化的深刻内涵。有与会学者指出，目前我国农村的贫困文化实质上就是一种小农文化，是一种下沉的文化，是一种前喻文化，而教育的使命是培养学生对贫困文化的一种警觉，并要发挥教育的社会功能，形成后喻文化，从而改造贫困文化。专家、学者们就“农村文化是一种贫困文化”这一论题展开了激烈的讨论。与之相反的一种观点认为：村庄、城市都是前现代的生活方式，民主、自由、科学也是前现代的思想。人类发展到今天，并没有创造出超越前现代的生活方式，甚至人类正在走向危机，正面临着精神家园的失落。当回过头来仔细审视和反思的时候，发现村落才是人类最有生命力的生存方式。

因此笔者认为，农村教育除了现实意蕴之外，是否还应当是一种教育类型呢？就像当今，谈到“农村”这个词时，人们往往不由自主地将之与“问题”一词联系在一起，这种观念已经遮蔽了作为一种独立的社会形态和生活方式而存在的农村；同样，我们是否也忽略了作为一种与城市教育并行且独立而健全存在的农村教育呢？是否忽略了面向与“城市化生存”并行的“农村化生存”而存在的农村教育呢？从文化学的角度来反思农村教育时，这成为一个问题。

（三）关于卸责的研究

卸责作为“责任”的悖论性存在首先被纳入应用伦理学的研究范畴。18世纪的“责任”主要还是一个法律概念，但到了20世纪70～80年代，它已成为蕴含丰富伦理内容的概念。在英语世界里，“责任”概念有多重表达方式，如“responsibility”，与义务相对应，强调的是一种对义务特别是法律义务的伦理补充。“duty”主要是与特定职业相关联的伦理职责，如教师应当不辱自己职业的使命，承担起这种职业所要求的伦理责任。“accountability”更多地强调作为公共行政与管理机构以及在其中工作的当事人必须使其行为后果具有“可计算性”、“可度量性”和“可解释性”，这种行为必须是透明的，其后果是可以进行问责和追究的。在教育领域主要是指教育行政责任。卸责是在如上三个层面对于责任的推卸和违背。

其次，作为社会伦理，责任伦理被视为衔接个体道德与社会法律体系的环节。实际上，责任同样可以是一种个人内心的道德诉求或责任感，同时又可以是通过强硬手段进行追溯的刚性法律责任。责任伦理也是衔接道德形而上学与实践性规范的环节，既可以上溯到当事者的形上诉求，也可以追溯到行为者的社会责任。责任伦理还可以是道义论和目的论的环节。道义论过于突出道德行为的动机，而目的论又偏于行为的结果，二者对行为本身或行为过程都缺少伦理关注。责任伦理在这一意义上也可以看成一种新形态的伦理理论。通过与法律、道德的互动，责任可以呈现出双重特性：一方面通过外在的强化，社会责任转为内在的、个人的基本道德修养或我们通常所说的公德意识；另一方面，又不失为一种社会的伦理规范，成为一个组织或一批人的行为指南。责任正是现代性社会的基本规范①。卸责就是对现代社会各种规范的侵蚀和瓦解。

最后，它还是新制度主义的重要研究范畴。张五常根据他的“佃农理论”阐述了他对卸责的看法。他认为，无论什么合约，一订下来，卸责的意图就存在。不同的合约安排会有不同的卸责意图，订约各方卸责意图的比重也会因为合约的形式不同而有所转变。若是交易费用为零（这包括监察履行合约的费用是零），也就是说，在合约中，并没有任何的责任存在，那么卸责的行为就不会发生。因此，卸责是在有交易费用的局限下，大家要争取个人最大利益的结果。所谓卸责及这些类同的行为只不过是在合约局限下争取最大利益的行为。在农村教育问题上也是如此，农村教育这一条链条上的每一个相关人都是通过合约联系在一起的，他们在各自的合约中都有自己的权利和义务，但是，当合约订下来之后，各人在动机上也是想尽多地从合约中得到自己的好处，因此就更多地搜罗自己的权利而逃避自己的义务，这样卸责就产生了。

因此，要解释行为，经济学学者不能不调查局限的转变，其中当然包括交易费用的转变。如果我们完全知道真实世界的局限转变，那么就必然完全掌握了交易费用的状况，因而就不用谈什么卸责了。局限发生了转变是可以观察到的事实，由此而产生卸责也几无争议，但要命的是在现实世界中谁能够洞悉局限的转变而使卸责不要发生呢？最后他的结论是：“卸责嘛，天晓

---

① 毛羽. 凸显“责任”的西方应用伦理学：西方责任伦理述评［J］. 哲学动态，2003（9）：24.

得，就是法庭也判断不了。”[①]

三、研究的意义

通过对农村教育长期调查发现，作为一个重要的研究领域，农村教育在学术研究上具有重大价值。目前我国农村教育存在许多问题。例如，农村教育培养目标问题、农村教育管理体制问题、城乡二元结构与农村教育关系问题、农村学生辍学问题、农村师资问题、农村教育投入问题、贫困文化与农村教育发展滞后问题、农村基础教育课程改革等问题，这些问题的有效解决是农村教育健康发展的关键。虽然这些问题产生的原因是错综复杂的，也是多层次、多方面的，但是个体和群体的卸责是其中的主要原因之一。这就使得本书的研究不仅从学理角度更从农村教育发展的现实角度来看具有重大意义。具体而言，本研究的学术价值和实践价值有如下几点：

（一）本书可以使我们了解农村教育的真实情况，为农村教育理论建设提供现实起点，克服现行教育政策忽视农村教育发展特殊性的盲点

农村教育能够作为一个独立的命题提出来，首先表明了它的独特性。农村教育相对于其他教育门类首先的特征就是它的地域特性和特殊的生存处境。这里的“农村”二字并不是概念地存在着，而是蕴含着一种现实土壤。这种现实至少有两个方面：一个方面是对于城市，农村是一个独特的现实；另一方面，不同地域的农村也有其独特的现实。目前农村教育理论有过分侧重逻辑理性的倾向，虽然农村教育理论的确也需要逻辑理性，但是逻辑理性要建立在农村教育现实的基础上，否则农村教育研究很难产生具有对农村教育实践有指导性的理论。因此，笔者通过参与全国大规模农村教育调查以及在进行田野研究的基础之上，揭示真实的农村教育发展现状，为农村教育理论发展提供现实起点。

城乡教育存在差别是一个不争的事实。面对这一事实，农村教育政策理论研究相对滞后，许多教育政策在农村已经违背了它们的本意。例如，新一轮课程改革忽视了农村教育资源匮乏的现实，使先进的教育理念在农村教育实践中被扭曲。因此，教育政策研究应该关注城乡教育的不同特点，制定符合农村教育实际的教育政策。

---

① 张五常．佃农理论的前因后果：应用亚洲的农业和台湾的土地改革［M］．易宪容译．北京：商务印书馆，2002：1～39．

（二）从“卸责”这个视角审视城市教育也有一定的现实和理论意义

农村对中国这样一个几千年的农耕社会具有极其特殊的意义，它是许多中国人的精神家园；农村社会对城市社会也有着极其重要的意义，因为在城乡二元结构刚刚打破的背景下，城市社会的主体是由“新移民”组成，“上数三代，我们都是农村人”是一个真实的写照。尤其在中国的中小城市，在市民社会还没有成熟的情况下，城市社会的许多运转还是遵循农业社会的习俗、方式。本书中揭示的一些问题，如“酒桌文化”、“官本位”等，在许多城市社会的教育中也是比较突出的问题。另一个方面，农村教育的问题比较突出，很多都是显性的，而城市教育中的许多问题是隐性的。本书分析的农村教育中的许多问题在城市教育中往往也以另外的方式存在着。因此，将农村教育各种错综复杂的关系纳入委托—代理理论的框架之中进行分析，有助于把握卸责问题的实质。这一框架对于分析城市教育中的各种问题（如教育产权问题、乱收费问题、教育寻租问题等）也同样具有借鉴意义。

（三）帮助被调查地区改进和发展农村教育，提升被调查地区的教育发展品质

在田野研究中，笔者担任D县教师进修学校校长助理一职，我调研的样本就直接面对着所调研地区特殊的农村现实。在调研的过程中，也经常与教育局接触，互相交流对于当地教育发展的一些看法，为他们规划本地区教育发展献计献策。笔者最终将把自己的研究成果提供给被调查地区教育行政部门和当地政府部门，为他们改进当地农村教育中存在的问题提供参考，以便促进当地教育健康地发展。

（四）本研究成果可以为政府和教育部门提供咨询

在教育部的资助下，笔者一直参与近两年农村教育研究所向国务院或教育部递交的专题研究报告的撰写工作。这些报告得到国务院和教育部的充分肯定，为政府决策提供了有力的依据。本研究将从农村教育问题归因的角度，全面综合地对中国农村教育存在的危机作出个案描述和解释，旨在引起教育政策制定和执行者对教育卸责问题的重视，并就中国农村教育发展中的一些共性的问题提出建设性的政策建议。

附件 田野日记节选

田野日记一：进入田野研究现场 2003 年 3 月 24 日

上午 8：30，在寝室楼前与前来送行的学友话别之后，校车载着我们农村教育研究所一行八人驶往此次农村教育调研的大本营——吉林省 D 县。

D 县是个农业大县，一直有着重教传统。县重点高中每年为各类重点高校输送 40 至 50 名优秀学生。该县的经济很不景气，教育在艰难中求生存和发展，但在很多教改试验中走在前列，如校本课程的开发，早在课改前很多年就已投入研制和使用。

D 县与东北师范大学从 20 世纪 90 年代初就建立了合作关系。前几年，县校交往非常频繁，曾多次组织东北师大年轻教师对口支援，东北师大教科院的一位老教授曾为 D 县教育所作的贡献至今还被 D 县教育工作者传颂。东北师大还为 D 县提供硬件援助（电脑、桌椅等），并且筹划在 D 县建立全国第一所师范大学的农村附属学校。东北师大对农村教育作出了特殊贡献，这是作为全国第一所进入二一一工程评审的师范大学的一个亮点。学校抱着加强县校合作的意图，让我到 D 县挂职锻炼，这也是东北师大在研究生培养模式上的一个新的举措，是研究生从象牙塔走出来投身到社会大课堂的一种探索和尝试，改变从书本到书本的经院式的研究方式。

但能否完成导师袁桂林教授委托我的调研任务“以县为主的教育管理体制和教育投入保障机制”的课题，说句实在话，我并没有把握。并且在这个过程中，我要寻找自己的博士论文方向，真的觉得压力很大，要对 D 县整个经济背景以及新实行的“以县为主”的运行状况存在的问题进行综合性考察，以一人之力实有不胜重负之感。且不说自身知识结构和阅历的缺欠（一直在校园里学习生活），关键的问题在于，我如何作为一名教师与进修学校的校长助理和教育局的有关部门负责人进行联系和沟通，如何在进修学校这个现场获得丰富的信息。

带着这样的困惑，我被“抛入”现场，一个简短的欢迎仪式使县、校双方都明确了此次合作的意图。中午，进修学校设宴款待，县分管科技、文教、卫生的县长王女士和教育局的三位局长及记者作陪。在酒桌上，我体会了中国的三套语言：传媒官语、校园讲义和民间语言。通过席间观察，我想现场的“守门人”应该就是进修学校校长李国君，而女县长也是我能否顺利开展工作的关键人物。李校长说他会尽量制造我与县长接触的机会，并希望借此能获得县里对进修学校的经费支持。此外，他还让我抓科研并对全县小学英语教师进行培训。

明天，李校长就要带我去农村学校听课，这么快就要进入工作角色是我始料未及的，但我坚信一点，在D县的调研生活将是我人生的一个亮点。

田野日记二：调研的高原期　2003年5月17日

在D县调研一个月了，现在心里很困惑、茫然，对自己挂职锻炼的意义陷入追问之中，校园文化与县域文化的冲突使我的角色转换充满了焦虑和不适。

或许这和最近发生的一些不快有关。

昨天，李校长对我讲，由于东北师范大学有意向为D县农村学校争取20万元项目投资告吹，教育局局长大发雷霆，甚至扬言将我逐出D县，不再予以接待，这使我感觉很尴尬。李校长说主管教育的王县长倒是还愿意继续合作，希望早日落实东北师大农村附属学校在D县建成的计划。

原本打算今日走访教育局，现在只好暂时搁置。

第一章　教育卸责的概念诠释和致思理路

耶和华说："谁告诉你赤身露体呢？莫非你吃了我吩咐你不可吃的那树上的果子吗？"那人说："你所赐给我、与我同居的女人，她把那树上的果子给我，我就吃了。"耶和华神对女人说："你做的是甚么事呢？"女人说："那蛇引诱我，我就吃了。"

（《圣经·创世记》）

这是世界上最古老的关于卸责的记载，无论人们站在什么样的立场上看待这一记载本身的真实性，谁都无法不严肃对待这一记载本身的深刻性和沉重性。

一、教育卸责的本体界说

讨论教育卸责问题，首先需要明了的是：什么是责任？人何以要负责？或者说，责任本身对于人的意义何在？明确责任的真实内涵和意义，即解决责任"是什么"和"为什么"的问题，是要求人负责以及指导人怎样负责的必要前提，在此基础上才能准确把握教育责任的内涵和意义，从而了解卸责何以发生。

（一）人何以要负责：责任的内涵和意义

教育责任是一个复合词，由"教育"和"责任"两个词复合而成。要界定教育责任的内涵，有必要将其分解，先从责任的涵义入手，因为教育责任与其他责任的涵义有所不同，并不在于责任的涵义发生变化，而在于责任前面的修饰词"教育"，在理解责任涵义的基础上才能理解教育责任的涵义。

在古代汉语中，"责任"是一个复合词，现代汉语中的"责任"是从古代汉语中的"责"发展而来的。"责"在古代汉语中是一个多义的概念，至少有六种涵义：一是求、索取；二是诘斥、非难、谴责；三是要求、督促；四是处罚、处理；五是义务、责任、负责；六是债①。

法学界对"责任"这个概念界定有三层涵义：其一，份内应做的事，实

① 王成栋．政府责任论［M］．北京：中国政法大学出版社，1999：2～3．

际就是角色义务，如“岗位责任”、“尽职尽责”等；其二，特定的人对特定的事项的发生、发展、变化及其成果负有积极的助长义务，如“担保责任”；其三，没有做好份内之事或没有履行助长义务而应承担的不利后果或强制性义务，如“侵权责任”①。责任，根据《汉语大词典》的解释，有三种含义：一是使人担当起某种职务和职责；二是份内应做的事；三是做不好份内应做的事因而应该承担的过失。

法学界和《汉语大词典》中的第一和第二种含义都可以归纳为“应尽的责任”或者履行责任，是一种“积极责任”，第三种含义是“应负的责任”，即承担责任，是一种“消极责任”。

“我们为什么要负责”是人们对责任问题的抽象思考。在探求这个问题的原因时，人们往往从不同角度和立场来思考这一问题。第一种是从孤立的个人主义角度，站在人是有理性的个人，是可以通过自己自由意志去选择自己行为的立场来考察责任的原因。另一种是把个人置于广阔的社会之中，个人承担责任的原因在于社会分工及各种角色相联系，并且在社会中以履行责任的方式来实现自己的功利目的。另外一种就是从超验的绝对律令来要求人负责。具体说来如下：

一是“道义责任论”。根据伦理学上的德性论传统，个人履行责任就是出于德性的内在要求，即出于个人内在良心的呼唤，出于个人实现道德目的的理性冲动。它主要根据“人的意志是自由的”这个哲学思辨前提，认为个人自由意志是履行和承担责任的基础和依据。一个人所以要负责乃是因为其违背了正当行为的道德命令，人有过错就要承担责任，是因为他的意志是自由的，他有选择善恶的自由，有作为与不作为的自由，有滥用自由的自由。

二是“社会责任论”。反对（否定）自由意志，并且从个人应为社会共同体而存在的社会本位的立场来看待责任问题。它认为社会是一个多元利益格局，个人所以要履行责任，就是为了实现财富、荣誉、地位等外在的功利的目标。“社会责任论”主张当具有反社会性格的人侵害别人利益时，必须对其采取一定的措施，因为他是社会的一员，应当为自己对社会的危害行为负责。

第三种是“命令论”的回答。这种回答把责任本身看成一种命令，一种绝对命令。这种观点的最著名代表是康德。在他看来，为了某种功利目的而履行某种道德责任，不是真正的道德行为。这样的命令往往采取“如果……

---

① 张文显．法学基本范畴研究［M］．北京：中国政法大学出版社，1993：184．

则做×”的形式，是相对命令。道德命令作为绝对命令，不依赖这个“如果”，而直接采取“做×”的形式。就是说，它是不讲条件的，是绝对的。这种命令论既以其非功利性与功利论相对立，也以其普遍性与诉诸个人特殊德性的德性论相区别。这种非功利、非个人、无条件的绝对命令体现出责任的崇高和威严：“职责呵！好一个崇高伟大的名称。你丝毫不取悦于人，丝毫不奉承人，而要求人们服从，但也决不以任何令人自然生厌生畏的东西来行威胁，以促动人的意志，而只是树立起一条法则，这条法则自动进入心灵，甚至还赢得不情愿的尊重……”①

从上述的三种责任伦理观中，我们可以发现从本质来说“责任”与两样东西有关：一是人的本质；一是人的自由。道德性、公共性是人的两种本质属性。作为道德性的人，他必然存在着超越的、先验的道德秩序在其生命内部，如美丑善恶这些价值性的存在，在人的心灵之中都有清楚的印记，并且这些存在并非因人而异，而是作为人之为人基本条件。也正是这些价值内容的存在决定了人在万物之中必然是一种超越性的存在。永恒感、道义感、神圣感、价值感、宗教感等超越性的印记真实地见证了人性在个体身上的真实临在。当责任以一种道义的声音或绝对命令的形式临到个体时，就是人的道德性本质的反应。此种意义上的“责任”并非出于利益的权衡或社会人际的互动，而是出于道德良心的催逼。当然这种道德意义上的责任也有积极和消极两方面。例如，“孝敬父母”，当这个道德责任临到个体并催逼其去履行时，就是一种积极的责任；当一个人因为撒谎或伤害到别人而受良心的催逼去向当事人道歉或补偿时，就是一种消极的责任。这两种责任都是道德上的绝对命令或道义的声音。那么这种道德或道义的责任是如何被赋予给人的呢？乃是通过个体人的角色或地位。例如，当你伤害人时，你就是伤害者的角色，那么你就应当有补偿别人的责任；当你处于儿子的地位时，你就应当有孝敬父母的责任；而当你是一个法官时，你就应当有公正断案的责任。也就是说，当你处于什么样的位置时，就意味着你处于相应的社会伦理、职业伦理约束之中。

那么，人何时受社会伦理的约束，何时受职业伦理的约束呢？这就要从人的公共性属性的视角来理解。人的世界是共同世界，人在世界中就是与他

① 沈晓阳．论责任的内涵、根据、原则［J］．重庆师院学报：哲学社会科学版，2002（1）：62．

人共同存在[1]。人与他人处在一个相互依赖、相互构成的关系之中。共同行动或者共同生活成为每个人的存在的形式[2]，没有一个人能够脱离他人而存在。人的公共性的属性决定了人必然处在一定的社会或关系之中，在公共空间中存在着。然而这种人与人之间相互依赖、相互构成的公共空间何以实现呢？从政治哲学的视角来看，这种公共世界乃是靠着人与人之间相互的责任而达致的。所以，责任也是人类打造公共空间的政治实践活动的前提。假若没有责任，那么人与人之间也就不会发生关系，甚至人与人之间连发生关系的必要性也不存在。因此，人的公共性的属性也决定了人一定处于一定的责任关系之中。尤其现代社会中，社会分工越来越细致，人与人之间的经济活动也越来越频繁，可以说在社会化大生产的背景下，没有一个人不处于被他人服务的关系中，几乎每一个人都处于为他人服务的关系中。在现代社会中生存着，就意味着你必须在这种人与人之间的服务关系中活着。然而，一旦你选择了一组服务关系，就意味着你处于一定的责任伦理关系之中。这种服务关系又可以分为两种：一种是临时性的；一种是长期性的（往往表现为职业）。从制度经济学的视角来看，这些关系的缔造取决于公共或个别的协议。

怎样才能构成一组责任关系呢？也就是说，一个人怎样才能够决定他要对另一个人负责呢？通过以上的分析我们可以发现，一般而言，构成责任关系往往有两种形式：一是绝对的伦理关系，如父母与儿女之间的责任关系；一是通过合约构成的关系，如用工合同中劳资双方的责任关系。本书考察的就是基于“委托—代理”的合约之上建立起来的责任关系。

绝对的伦理关系形成的责任是每个人都需要天然面对的，这是由人的一种根本属性——伦理属性决定的。但是，就人的社会属性而言，尽管人不能脱离社会和他人而存在，他与哪一个对象发生某种具体的关系很大程度上是出于自己的选择，亦即通过合约构成的责任关系人有很大的选择空间。当一个人选择从事教师职业时，就意味着他需要遵守整个社会公认的作为教师的职业规范；当一个人选择与另一个人进行某项交易时，他就必须遵循他们之间的约定。在这一过程中，人的职业选择或交易选择是由人的自由意志决定的。但是，一旦做好了选择，就必须受社会或彼此之间的合约的约束。所以说，对于本书考察的主要对象主体——农村教育的相关人而言，他们身上担负的责任并不是外在强加，而是与自己的选择有关。同时，他们选择了这样

① 海德格尔．存在与时间［M］．陈嘉映等译．北京：三联书店，1987：146．

② 汉娜·阿伦特．人的条件［M］．竺干威等译．上海：上海人民出版社，1999：18．

的职业，就意味着自己甘愿也应当履行相应的行政或教育责任。

但是，在当下这个道德失范的时代，人们很难单凭上述一种责任依据作为自己履行或承担责任的规范，因此需要三者的综合作用。“道义责任论”唤起人们的良心对于履行或承担责任的冲动。当它失效时，需要社会以完善的制度来规约。但这两者若最终不能转化为一种个人心里对于责任的绝对律令的遵从，卸责的情况就会常常发生。

（二）教育责任

根据对责任内涵和意义的分析，我们认为界定教育责任的基本内涵需要说明这样一些问题：其一，谁来负教育之责？即教育责任的主体，在本书中是指形成三层委托—代理关系中的代理人；其二，负哪些教育责任？即教育责任的范围。本书中对此的界定是以国家的教育法律法规和教育组织的规章制度为底线标准，以责任伦理和信念伦理的结合为最高旨归。其三，向谁负责？这涉及教育责任的评价主体等问题。在本书的分析框架中，同一层级的教育代理人要向委托人负责。其中，教育责任的主体和范围是紧密联系在一起的，教育责任的主体确定了，教育责任的范围相应地也就明确了。因此，对教育责任基本内涵的界定首先从教育责任主体的界定着手，然后明确教育责任的范围，在此基础上分析教育责任的评价主体问题。

1. 教育责任主体

教育责任可以分为两种类型：一种是与“体制”相对应的教育责任，它通常由办学、投入和管理三大活动领域构成；另一种是与“人”相对应的教育责任，这些人都要保障适龄儿童不可剥夺的教育权和受教育权。本书所谈的教育责任主体是由《义务教育法》确立的，它确立的与“体制”相关的教育责任主体主要是指各级政府及教育行政部门和学校，是一种组织责任，是维护教育共同体（即学校）生存和发展所必需的责任结构，一个完整的组织责任系统主要由政治责任、经济责任、管理责任三个方面构成；与“人”相对应的教育责任则是一种个人主体责任。因此，教育责任事实上有双重内涵[①]：其一，是教育共同体的责任结构；其二，是作为教育者的教师的教育责任。

① 田海平．教育权·教育责任·教育角色：教育伦理的三大课题透析［J］．南京化工大学学报：哲学社会科学版，2000（4）：5～10．

2. 教育责任范围

教育责任的范围主要包括法律责任和道德责任。凡是按照法律规定必须承担的教育责任都是法律责任。在法学上，责任一般是与惩罚联系在一起进行思考的，因为合理的、公正的惩罚要求以合理的责任原则为基础，以科学的责任认定为前提。

与法律责任相比较，道德责任的约束力相对较弱，更诉诸人内心的道德情感。然而具体分析，可以发现道德责任本身也具有不同的情况。代表道德下限的约束性规范要求的道德责任带有与法律类似的强制性和约束力，不履行这些责任必然导致社会秩序的混乱或社会利益的损害，因此应该受到舆论的谴责。代表道德上限的超越性规范要求的道德责任不带有强制性和约束力，它依靠的是教育责任主体自身的崇高的道德情感，不履行这些责任也不会对教育造成损失或混乱。但若是能自觉履行这一类的教育责任，会为教育带来极大的社会效应，有助于教育事业更好地发展。

3. 教育责任的评价主体

教育责任的评价主体通过评判和制裁的方式，为教育主体责任的履行提供有效保障的监督机制。这种监督机制可以分为两种类型：主观类型是指教育责任主体的个人良心。当代社会的特点就是责任主体之间的联系极为紧密，不同的责任主体所应承担的责任之间也存在着密切的关联。如果责任主体不具备应有的良心，那么他就很容易仅仅看到别人的责任而看不到自己的责任，这样就产生了卸责问题。教育责任的监督机制的客观类型是指社会、法庭、媒体、各种制度等。仅靠个人的良心、道德意识的强化在当前的社会还是远远不够的，因此需要建立完备的客观类型的教育监督机制。

同时，教育责任的评价主体的判定与教育权力的来源密切相关，谁赋予你权力，你就要向谁负责。在下面将要厘定的委托—代理关系中，教育代理人应该向教育委托人负责，但由于存在多层委托—代理关系，因此就出现多层级的责任结构。例如，教育部的权力来源是家长委托的中央政府，因此，教育部就有责任代表家长的利益制定各项教育政策，向家长负责。若是发生教育卸责行为，中央政府就应该代表家长对教育部进行问责。

同时，在教育责任的评价之中还有一个很重要的因素，就是教育责任评价的质素如何获取。例如，中央政府和教育部在评价地方政府以及地方教育行政部门时，他凭什么来获知地方教育的实际状况而进行评定？往往有两个渠道：一是地方政府和地方教育行政部门上报的资料或述职报告之类的材料；一是中央政府直接对地方教育的调查和了解。目前我国的评价制度中，以前一种来源为主。

（三）教育卸责

根据上述对于教育责任主体、教育责任范围和评价主体的厘定，我们可以这样定义教育卸责：教育责任主体在其责任范围内没有按照评价主体的标准履行教育责任的失范行为。

卸责原是新制度主义的重要研究范畴。张五常根据他的“佃农理论”阐述了他对卸责的看法。他认为，无论什么合约，一订下来，卸责的意图就存在。不同的合约安排会有不同的卸责意图，订约各方卸责意图的比重也会因为合约的形式不同而有所转变。若交易费用是零（这包括监察履行合约的费用是零），卸责的行为不会发生。因此，卸责是在有交易费用的局限下，大家要争取个人最大利益的结果。卸责如是，欺骗如是，取巧、偷盗、恐吓等行为皆如是。所谓卸责及类同的行为，只不过是在局限下争取最大利益的结果。最后他的结论是：“卸责嘛，天晓得，就是法庭也判断不了。”后来阿尔奇安（Alchian）受到张五常的卸责理论的启发，他和戴赛茨发表了以卸责为基础的公司理论①，是《美国经济学报》（*AER*）历来被引用次数最多的文章。

在教育领域里，无论是中央政府和教育部与农民之间的代理，还是地方政府和教育行政部门与中央之间的代理，他们之间的关系一经确立，他们就各自定下了各自的行动意图：尽多地从委托方那里攫取自己作为代理人的利益，获得更多的委托资源，而在自己的代理义务上却尽量少地向委托方支付。如果这发生在合约允许的范围内，就体现为追求权利的最大化和义务的最小化，这还属于“合法”的、仅在动机层面上的卸责；但是，在现实生活中，人的行动往往会发生“越界”，通过造假或信息不对称来“实实在在”地卸责。这种卸责使合约关系失去了基本的规范。农村教育的混乱就是由这些卸责带来的失范引起的。

从“卸责”角度切入来揭示各种教育失范行为并探讨其背后的原因是一项具有挑战性但极具理论和实践价值的工作。虽然张五常的结论是“卸责嘛，天晓得，就是法庭也判断不了”，但笔者依旧不愿放弃判断教育卸责原因的努力，并尝试通过对农村教育中存在的合约局限性的分析建构一系列能

① 张五常．佃农理论的前因后果：应用亚洲的农业和台湾的土地改革［M］．易宪容译．北京：商务印书馆，2002：1～39．

有效规避教育卸责行为的机制。

二、研究方法论

科学研究是一种以探索未知为目的的认识活动，研究方法则是为达到这一目的而采取的方式或使用的手段。因此，为了使本书的分析更加条理化以及使所探讨的问题和分析思路更加明朗化，本章将通过前提假设和基本研究方法对本书涉及的研究方法论作出说明，用来规范或指导以下各章的分析。

（一）前提假设

科学研究总离不开一些基本的前提假设，它是研究方法论的重要组成部分。本书研究的教育卸责问题的基本假设是指行文过程中的一些最基本的无须证明的事实，将其抽象概括出来作为本书分析之基础。它们是本研究方法论最基本的组成部分，构成本研究体系赖以建立和分析据以展开的逻辑起点或基本理论前提。这类假设一方面是通过对现实的观察归纳出来的，一方面也是为了建立理论体系的方便。事实上，各种理论研究都是以一定的假设为前提的，尤其是关于人类（性）行为的假设，虽然这在有些理论中的表现或隐或显，但前提假设对于各门学科的发展均具有十分重要的影响。可以这样说，在保持某一理论体系逻辑不变的前提下，仅仅出于前提假设的改变，该理论便可能面目全非。一些具有深远影响的理论发展就是通过前提假设的改变而实现的。例如，西蒙用“有限理性”假设代替“完全理性”假设后，人们对管理理论的看法就大不相同。

所以，本书在借鉴相关学科的理论成果的基础上，提出了两个最基本的前提假设——教育作为一种公共产品假设和“广义经济人”假设。本书的分析主要就是建立在这两个前提假设基础之上的。

1. 义务教育是一种公共产品

公共产品（Public Goods）① 是指为一个人所用的也可以在没有任何额外成本的情况下同时为他人所用的物品或服务。它具有两种特性：消费的非排他性和受益的非竞争性。所谓消费的非排他性是指只要有人提供了公共产品，不论其意愿如何都不能排除其他人对该产品的消费。所谓受益的非竞争性是指某个人或某个群体在享用公共产品的同时，无法将另一些人或群体排

---

① 孙国英等．教育财政：制度创新与发展趋势［M］．北京：社会科学文献出版社，2002：1～3．

除在公共产品的收益范围之外，即在公共产品数量一定的情况下，将其多分配给一个消费者的边际成本为零。确定一种产品是否是公共产品，要看其是否具有非竞争性和非排他性。如果二者都具备，则是纯公共产品，如国防、公共秩序等；如果二者都不具备，则是纯粹的私人产品。只具备二者之一的，则是准公共产品。外部效应是与公共产品密切相关的一个概念。它是指某个经济主体的行为对其他经济主体产生影响，而受影响者没有因为受到损失而得到补偿，也没有因为得到利益而付款的现象。

本书探讨的主要是义务教育阶段，对于义务教育的产品属性有以下几种讨论：

（1）义务教育是一种私人产品

认为义务教育是一种私人产品主要是基于以下两点考虑：第一，接受教育是任何个人生存和发展的必要手段，儿童接受义务教育阶段的教育也不例外。家庭在对义务教育作出判断和选择时，如在为社会公益、提高民族素质等而读书或为个人成长、发展乃至就业预期而就学之间，必然是根据个人的投入（能力和偏好）—产出（效用的大小）关系，即按利益最大化原则来盘算。无数家庭为子女选择好的学校和好的教师，为子女一级一级的升学而不惜代价，都是将教育作为私人产品在消费，或者将教育产品的这种私人性放在首先考虑之中。第二，义务教育也具有现实的竞争性和排他性。教育总是由一定的教育机构来实施，它们不管是公立的还是私立的，都会因办学历史不同，地理区位不同，经营理念、能力和教师水平的差异而导致学校教学质量等多方面不同[①]。例如，某所小学，名义上这一地区的儿童均可进入该小学就读。实际上，随着就学儿童人数的增加，班额可能会提高，师生比可能会下降。当学生数量增加到一定程度而学校办学条件又不能相应调整的时候，学生所能享受的教育服务质量将受到影响，这时的边际成本是正的。这所小学可以采取收费的手段限制入学，虽然名义上该地区的儿童都可以入学就读，但是那些不愿付费的家庭子女将不能得到该校的教育服务。

（2）义务教育是一种准公共产品

准公共产品在现实生活中大量存在。“拥挤性的公共产品”就属于这种范畴。它是指虽然某种产品的效用可为全社会所享用，但由于消费者数量的增加会导致拥挤，使得每个消费者从中获得的效益下降，即消费上具有一定

① 张学敏．论义务教育的融合产品属性及其投入［J］．西南师范大学学报：人文社会科学版，2003（4）：108．

的竞争性。另外，“价格排他的公共产品”也属于此范畴。它是指某种产品的效用虽然可以被全社会享用，但是产品可以定价，在技术上能够实现排他，那些不愿意支付费用的消费者会被排除在消费范围之外，即消费上具有一定的排他性①。

(3) 义务教育是一种公共产品

义务教育是通过立法规范受教育者家庭以及各级政府的行为，是一种具有普及、平等、强迫、无偿、最低限度和世俗性等多方面特征的教育制度。作为制度安排的义务教育具有强烈的公共产品特征。在普及了义务教育的地区，某个人的义务教育并不会妨碍其他人也接受义务教育，也不存在因某人没有或不愿付费就将其排除在义务教育的范围之外，即义务接受教育具有消费的非竞争性和具有受益的非排他性。它具有很高的外部效益，即教育在给受教育者及其家庭带来好处的同时对一个国家全民素质的提高具有重要意义。义务教育属于具有平等性质的商品，每个公民都应拥有平等的受教育的权利。因此从严格意义来界定，义务教育更偏向于公共产品一端，非义务教育则更接近于私人产品。

界定义务教育的产品属性的目的在于划分承担义务教育的主体责任，公共选择理论在这方面提供了一个很好的参考。公共选择理论是西方经济学的一个分支，研究的是西方民主社会中各成员的偏好与公共选择结果之间的关系。由于人们彼此在利益上的冲突，公共选择比一个人决策的困难程度要大得多。在这种状态下，政府的公共选择将首先要面临效率与公平的问题。

西方财政学中关于效率的概念是以 19 世纪意大利经济学家帕累托关于最适度条件的定义为基础的。帕累托的所谓生产“最适度”是指生产资源的配置已经达到了这样一种境地：无论怎样重新配置，已经不可能使任何一个人的处境变得更好，除非至少使另一个人的处境变得更坏。这种情况被称为“帕累托最优”。如果某项变化能使一些人的经济福利变好，而其他人的福利不会变坏，这种变化称为“帕累托改进”。人们通常是将“帕累托最优”的实现作为经济学意义上的高效率准则。但是值得提及的是，“帕累托最优”的概念侧重的是效率原则，而对公平原则并未给予足够的关注。阿瑟·奥肯指出：“任何一桩买卖都建立在充分的抉择之上：购买效率的代价，是收入和财富以及由此决定的社会地位和权力的不平等。”②如任何没有使穷人的状

---

① 孙国英等．教育财政：制度创新与发展趋势［M］．北京：社会科学文献出版社，2002：3．

② 阿瑟·奥肯．平等与效率［M］．王奔洲等译．北京：华夏出版社，1999：49．

况受得更坏但是使富人的状况变得更好的政策，虽然可以达到一种“帕累托改进”，但是加大了社会的财富差距，最有效率的经济运行可能产生极大的社会不公正。因此，人们提出：一个经济社会的理性追求应该是效率和公平相互兼顾①。

公平包括经济公平和社会公平两个层次。经济公平是市场经济的内在要求，强调投入与收入相对称。在公共产品中，由于它存在着不同程度的外部效应，而这些外部效应并不与个人需要相对应，而与社会公共需要相对应，况且这部分效应又难以用货币来计量。所以，按照受益标准确定的收费价格并不能真实地体现实际的受益程度，因而它体现的经济公平并不彻底。这势必造成受益与负担的脱节，失去了经济公平的内在要求。随着准公共产品“公共性”的提高，这种不公平性也就显得更为严重。义务教育具有提升国民素质，增强综合国力，弘扬本民族文化，传播人类科技、文化基础知识和提高大众的民主意识等外部效应，这决定了国家应作为义务教育供给的主要承担者。很显然，政府提供是最符合经济公平的要求，它体现了“谁受益谁负担”的原则。

社会公平是社会正义的客观要求，强调的是社会公众的机会均等和分配差距的合理性。在市场经济条件下，人们的收入差距会越来越大，这是市场经济条件下的必然现象，也是市场自身无法克服的矛盾。所以，市场提供无法实现社会公平，也就是所谓的“市场失灵”。如对教育收费，使穷人减少了受教育的机会，穷人在教育面前不能实现“机会均等”，这不符合人权的基本要求，也有悖于社会的“公平”目标②。

因此，公共产品的供给要考虑能力依据。根据基本公共服务的最低供应原则，即任何公民无论居住哪里都应当获得同等的最低水准的基本公共服务，当某些地方政府由于经济不发达而不能保证本地居民在正常条件下获得与其他地区同等的最低的基本公共服务时，上级政府有责任在财政上帮助那些经济不发达地区的政府。

目前我国义务教育的财政责任主要在地方较低一级政府。据国家教育发展研究中心统计，2000 年农村义务教育经费的 78%由乡镇负担，9%左右由

---

① 孙国英等. 教育财政：制度创新与发展趋势［M］. 北京：社会科学文献出版社，2002：13～14.

② 王金安. 准公共产品市场提供的效率与公平分析［J］. 财经论丛，1999（3）：37.

县财政负担，省里只负担11%，中央财政负担不足2%。造成这种局面的理由是义务教育是地方性公共产品。表面来看，义务教育的受益覆盖范围主要在地方区域，然而由于义务教育并不能给地方带来具体的经济收益，义务教育的收益更多表现为公民社会道德水平提高、文化素质改善等有助于增进社会整体利益的方面，因此它更像是一种全国性的公共产品。即使把义务教育视为地方性公共产品，它也是一种外溢性很强的地方性公共产品，因为义务教育阶段的学生往往在毕业以后通过上大学等途径，在地方较大区域内或者在全国范围内流动，使义务教育的收益外溢。在这种情况下，地方政府尤其是较低一级地方政府自然缺乏投资义务教育的积极性。义务教育的财政责任主要由地方政府负责的后果是，常常出现以拖欠、减拨为特征的政府责任转嫁，随意挪用、挤占义务教育经费的现象相当严重，长官意志代替政府组织行为的现象也大量存在。这是促使本书着力探讨教育卸责问题的原因之一。

2.“广义经济人”假设

人性是人类思想史上古老而又常新的永恒话题，任何社会科学的研究都回避不了对它的分析和解释。每一个时代、每一门学科的理论家都试图从各自的角度揭示人的存在本性，形成反映时代精神和学科特征的人性论，并以此为基础构建各自的理论大厦。本研究当然也不能例外。作为本书的基本前提假设之一，“广义经济人”假设是笔者在充分吸收和借鉴“经济人”的相关研究成果基础上提出的。

在经济学中，最基本的假定就是经济人的理性行为假定。自亚当·斯密以来的很长一段时间，人们一直把经济人看成具有完全理性和具有完全信息的。完整的“理性经济人”假设包含三方面内容：第一，“自利”假设，即追求自身利益是人们经济行为的根本动机；第二，“理性”假设，即追求个人利益的最大化是人们经济行为的目标；第三，只要有良好的法律和制度的保证，经济人追求个人利益最大化的自由行动会无意识地、卓有成效地增进社会的公共利益，社会秩序与公共利益是个人追求利益最大化的自然结果。这是经济人假说中最有意义的问题，米尔顿·梅尔斯把它称为“经济人的灵魂”①。现代经济学修正了经济人假定，认为经济人具有有限理性和不完全信息，个人只有在一定的约束条件下才可使自身效用或福利最大化的倾向和行为能力得以实现。

以詹姆斯·布坎南、道格拉斯·诺斯等人为代表的公共选择学派把古典

---

① 杨春学. 经济人与社会秩序分析［M］. 上海：生活·读书·新知三联书店，1998：12.

经济学中的“经济人”假设运用到政治领域，用以分析和考察政治家和政治官员的行为动机和行为方式。公共选择理论认为，官僚的所有活动也是遵照理性和自利的原则，遵循“成本——效益”的计算方法，他们也是追求个人利益最大化的经济人，在“政治市场”上追逐个人效用最大化，如权力、地位、待遇、名誉等，而把公共利益放在次要地位。所以，官僚对“官僚总效用”的追求就表现在对预算拨款、财政节余、在职休闲等因素的追求。这样，政府机构的膨胀、预算的最大化和腐败“寻租”现象就得到了很好的解释。因此，笔者接受公共选择学派从更广泛意义上关于经济人假定的观点，并以此作为分析问题的隐含条件之一。

上述分析表明，“广义经济人”是立足于自身利益、能够在自己所处的各种环境中进行有限理性分析、善于选择利益最大化的经济行为人。“广义经济人”追求自身利益最大化，在具体的社会生活层面就难免产生“搭便车”、敲竹杠、机会主义等道德风险，因此必须设计安排和构建严格的制度约束和规范这些行为，否则整个社会发展必将陷入混乱和无序状态。这些制度设计既要充分反映“广义经济人”利己属性的基本要求，又要充分考虑“广义经济人”容易出现的损人心理和行为，使正当的个人利益得到激励和保护，损害他人利益的行为得到抑制和禁止，引导人们的个人利益、他人利益、社会利益趋于一致，从而使整个社会经济发展保持正确的方向，驶向理想的目的地。

在本书研究范畴内，我们将农村教育各层各级的利益方都规定为“广义经济人”的假设。他们在各自的职责履行中都立足于自己的利益说话行事，他们也是在“农村教育市场”上追求个人利益最大化，而将公共的利益放在第二位。当这个市场中的人为着自己的处境而发出各种埋怨的时候，背后都有一个隐秘的动机——卸责；当他们积极地参与这种市场之中而对公共的福祉所建甚微的时候，人们也很容易洞察到其背后的隐秘动机——寻租。本书认为，这种“广义经济人”的心态卸责问题发生的个体前提。

（二）研究方法

问题决定方法。本研究的核心问题是教育卸责现象的归因及其解决对策。围绕这一问题有两条主线：一是各种卸责现象在农村教育中的具体表现；二是对教育卸责问题进行剖析和解决。前者决定了调查研究法；后者决定了文献研究法的使用。了解当下教育中存在的各种卸责现象必须走入真实的教育场域。因此，笔者首先参与了大规模的农村调研，在对全国农村教育有了大致的区域性了解之后，又选择了东北某农业县进行实地考察和全方位的访谈，这有助于比较全面深入地了解农村教育各个层级暴露出的卸责问题。另外，笔者还参与到该县教师进修学校的全县大规模的教研调查和研究活动，承担了一些教学任务。这些工作使笔者对行动者的教育观念和实践策略有了比较真切的理解和领会。后者决定了文献法的研究方法，因为必须纵观各历史阶段，并梳理各学科对于责任问题的探讨，才能给出卸责原因的准确判断。

本研究体现了教育批判理论学者的立场。“教育批判理论学者一般具有三项共同的特色。首先他们起源于对刻画出教育不平等和不公正的关怀；其次他们主张探询那些不平等和不公正的缘由，进而显示出他们所主张的教育过程的构架；最终他们寻求或计划矫正那些不平等现象。”①

另外需要交代本研究对于“农村教育”的界定问题。涉及人口和收入——消费方面的统计资料一般基于户籍性质分为“城镇”和“农村”，而教育统计资料经常使用的口径多为“城市”、“县镇”和“农村”。本书采纳教育的划分口径，把“县镇”与“农村”剥离开，这是基于县直属学校（初中和小学）主要招收县所在地的学生的一个事实判断。

1. 调查研究法

2002 年 9 月，笔者开始参与农村教育研究所组织的大规模农村教育调查研究，它是以 GDP 指标为依据，在各省人均 GDP（2001 年）排序表中基本等距地选择了 6 个省（分别为 2001 年 GDP 排名在第 4、10、15、21、26、31 的浙江、黑龙江、吉林、河南、四川、贵州），在每个省中分别确定了在各省人均 GDP（2001 年）排序表中处于中间位置的一个县（浙江长兴、黑龙江兰西、吉林舒兰、河南新县、四川井研、贵州息烽）为调查对象，这保证了调查具有更广意义上的可推论性。为保证调查的科学性和准确性，笔者参与研制各式调查表、调查提纲、问卷等调查工具 40 多种，试点调查 2 个县，对调查结果进行分析，在充分考虑调查过程的问题和调查结果有效性的基础上，又对这些调查工具进行了必要的修订。

在调查形式上，我们采取问卷、座谈、访问等形式，走访了地方政府和教育行政部门、农村中小学校以及有关农户，征求他们对农村教育存在的各种问题的意见和看法，与地方政府和教育行政部门的领导、中小学校校长、

① ［英］吉普森等．批判理论与教育［M］．吴根明译．台北：师大书苑股份有限公司，1998：55．

教师、学生、农民进行了大量访谈，并对有代表性的个案进行了整理，这使笔者在较短时间内对中国农村教育有了一个相对全面的了解，并形成了一些问题意识，为我进入田野作了很好的准备。书中无特殊标明的数据、图表均是引用农村教育研究所的调研数据。

2. 田野研究方法

本研究主要采用的是田野研究方法，即在自然环境下，使用实地体验、开放型访谈、参与型和非参与型观察、文献分析、个案调查等方法对教育现象进行深入细致和长期的研究。这种研究通常以归纳法为主要分析手段，在当时当地收集第一手资料，从当事人的视角理解他们行为的意义和他们对事物的看法，然后在这一基础上建立假设和理论，并通过各种渠道对研究结果进行相关验证①。

个案研究（case study）是以一个个体或一个组织（如家庭、社会、学校或部落等）为对象，对某项特定行为或问题进行研究的一种方法。个案研究偏重于探讨当前的事件或问题，尤其强调对于事件的真相、问题形成的原因等方面，作深刻而且周详的探讨②。

（1）个案的选择和资料的收集

笔者在长期的农村调研中发现，要想获得真实的数据，了解农村教育的真实情况实非易事。有关部门的统计数据常常是来自经过层层技术处理后的“泡沫数字”，自上而下得到的常常是很多失真的信息。要想了解真实情况，必须亲自走入农村，从事田野研究，这样才能最大限度地靠近真实的信息源。我希望通过自己入乡随俗式的参与式观察，获得对乡村生活方式和观念的理解，在此基础上进而分析和解释我关心的教育理论和实践问题。“村民社会用费孝通的话来说是个熟人社会，是个有着亲属远近区别的社会，是个有着许多忌讳和防范的社会。只有凭借亲友关系才能进入这样的调查现场，也只有进入村民认可的亲友关系网络，才能尽可能地保持现场。”③

因此，笔者选择了与东北师范大学有着良好的合作关系的吉林省D县④，采用“点面结合，以点为主”的办法选取具体的调查对象。2003年3

① 陈向明. 王小刚为什么不上学了：一位辍学生的个案调查［A］. 在行动中学作质的研究［M］. 北京：教育科学出版社，2003：321.

② 高耀明. 研究范式转换中的方法论困惑［A］. 中国教育·研究与评论：第五辑［C］. 北京：教育科学出版社，2003：167.

③ 曹锦清. 黄河边的中国［M］. 上海：上海文艺出版社，2000：15.

④ 本书对田野研究选择的县名和乡名进行了技术处理。

月，笔者首先以挂职锻炼的身份进入该县教师进修学校，利用该校校长（在进入现场前精心挑选的现场“守门员”）多年在农村工作形成的庞大的“关系网”来获取所需信息，他为我的调研提供了诸多便利条件，使我获取了大量丰富的第一手材料。

2003 年至 2004 年，笔者前后差不多用了半年的时间，在吉林省 D 县从事田野调查。调查着重了解农村义务教育现状中存在的问题。在第一期达百余日的田野研究中，我首先采取“自下而上”的方式，到农村中小学听课，观察农村学校，对农村教育有了感性认识之后，开始通过问卷调查和访谈等方式，接触乡镇财政所、经管站、农民、农村校长、教师和学生，收集实物；在初步了解农村义务教育的情况之后访谈了教育局、财政局、农业局、县农委等，获取官方文件等经验性材料，并启用亲友关系网络，进行去伪存真的工作。最后将这两方面获取的信息进行综合整理和分析，从不同侧面了解农村教育中存在的问题，后又根据补充调研的需要不定期重返现场。

该县位于吉林省西南部，是一个“五山、一水、四分田”的半山区农业县，全县幅员 2 521.5 平方千米，总人口 40.8 万，农业人口 30 万。全县共辖 19 个乡镇、229 个行政村。

2002 年，财政一般预算收入 6 338 万元，加上上级补助财力（税收返还 2 713 万元，原体制补助 496 万元，工资补助 4 594 万元）7 803 万元和转移支付财力（一般性转移支付 1 787 万元和税费改革转移支付 2 271 万元）4 058万元，全县实际可支配财力 12 608 万元，财政供养 16 541 人。财政供养人员中，全县教职工 6 428 人，占整个财政供养人数的 38.86%，教师工资占全县工资总额的 52.5%，教育事业费支出占全县整个财政支出的 45.57%。2002 年，农民人均纯收入 2 605 元。D 县经济基础比较薄弱，90 年代末连续三年遭受自然灾害，经济损失达 7 亿多元。

全县各级各类学校 256 所（教师进修学校 1 所、普高 2 所、职高 1 所、朝族 12 年一条龙学校 1 所、九年一贯制学校 2 所、初中 23 所、私立学校 2 所、农职校 2 所、中心小学 28 所，村小 192 所、特教 1 所、幼儿园 2 所），在职教职工 4 989 人，离退休教职工 1 439 人，在校中小学生 56 478 人。截至 2001 年年末，全县共有各类校舍 272 461 平方米，其中教学楼 40 栋 80 389 平方米，平房校舍 1 922 072 平方米。在平房校舍中，建在 70 年代末前的校舍 63 037 平方米，占校舍总面积的 23.1%。2002 年，危房面积约 9 627 平方米。

第二次进入现场，笔者选取了 D 县的一个乡镇——爱泉乡，住在一个村里，主要采用以村落为基础的社区研究法。这种社会人类学的小型社区研究有助于从微观层面来“解剖麻雀”，通过对中国最小的一个教育单元的观察，可以以一种文化整体论的方式来透视农村教育。这种“显微式研究”方法的真正可操作性意义在于：研究者加入到一个他所能真实观察和把握了的小地方中去，参与当地人的生活，把这个社区的文化当成一个相互关联的整体去观察，并记录下当地人的真实生活表现。这也体现了人类学提出的“小地方，大社会”的思考逻辑，在一个村落这样的小地方，同样可以感受到整个国家的权力运作，这样的研究思路又提醒研究者们把关怀视角拉近到村落的有限区域之内，通过细致入微的研究来把握国家权力与民间生活之间相互影响的关系①。

本书选择分析的爱泉乡位于D县中南部，距县城35千米，辖8个村，半山区，交通不发达，经济以种植玉米、水稻、大豆为主，在全县属于经济落后乡镇。全乡总人口10 220人，农业人口8 760人。人均收入1 200～1 300元，但上报数字是2 000～3 000元。该乡有1所初级中学，教师37人，学生260人；6所完全小学，2所简小（均3个教学班），83名在岗教师，885名学生。师资水平不一，总体教学水平居全县下中游。

在田野调查过程中，我坚持记录田野日记，我深知这是个案研究的最重要手段，并且将访谈录音逐字逐句地整理出来，进行登录、编码和归档。有的研究结果按照主题进行归类，如按学校、社区和政府不同责任主体；有的按事件发生的时间序列对研究结果进行描述，如关于教师上访的过程。最后，笔者将全国大规模的农村调研与深入田野的个案考察结合起来，采用叙事和学理分析并存的写作风格，尽量用直白的文风、朴素的文字将自己的发现过程和对于现象的学理分析呈现在读者的面前。

三、分析框架：委托—代理理论

由于笔者本身对田野研究这种方法掌握得不是很娴熟，深知能否抓住并阐释社会事实的深层意义，需要调查者深厚的理论功底和大量知识的储备以及较强的生活感悟能力。因此在进行田野研究之后努力挖掘本土概念的同时，在西方理论界提供的“译语”中努力寻找各种价值目标和认识工具，“委托—代理”就是我在“译语”阅读中发现的一个“宝贝”，它为我提供了

① 赵旭东．权力与公正——乡土社会的纠纷与权威多元［M］．天津：天津古籍出版社，2003：9～10．

一个驾驭纷繁复杂的农村教育现象的分析框架。

（一）委托—代理理论的引入

新制度经济学中的委托—代理理论（Theory of Principal－Agent）是用来研究现代公司所有权和经营权分离造成的委托人利益受损的现象，最初由科斯（Coase）（1993）、延森（Jensen）和麦克林（Meckling）（1976）、珐玛（Fama）和延森（Jensen）（1983）等人提出来，后来由众多的经济学家和公司治理专家加以扩充和发展，现已发展成为一种比较成熟的公司治理问题分析框架。

委托—代理理论认为，行为主体包括委托人（Principal）和代理人（Agent），他们追求的目标并不完全相同，委托人总是期望代理人按照自己的利益行事，因此对代理人的监督和控制面临着增大交易成本的问题。“委托—代理”理论所要解决的核心问题是：如何向代理人提供最优的激励和责任机制以降低交易成本，以保证目标的有效实现。委托—代理理论建立在三个假设基础之上：首先，信息不对称假设。该假设认为，委托人和代理人在信息占有关系中地位是不对等的，掌握信息多（或具有相对信息优势）的一方称为代理人。掌握信息少（或处于信息劣势）的一方称为委托人。其次，经济人假设。该假设认为委托人和代理人都是追求自身利益最大化的经济人，这是委托—代理关系产生的必要条件。最后，利益不一致假设。作为独立的经济人，委托人与代理人都有着较强烈的自利倾向，他们都追求既定条件下的自身利益最大化，二者之间不可避免地存在利益的冲突。

农村义务教育涉及各级政府之间、农村学校与农民家长之间复杂的契约关系，我们可以通过委托—代理理论得到清晰的呈现和解释。农村教育运行过程中涉及的委托—代理关系包括三个层面，如图1所示：

第一层委托—代理关系存在于农民家长与中央政府、教育部之间。农民家长作为“初始委托人”将其子女接受教育的权利及所需资源委托给中央政府、教育部经营，教育部作为农民家长所需要的教育服务的“教育代理人”提供满足其教育利益的服务，具体来说就是制定既能满足城市又要兼顾农村家长利益需求的教育政策。

第二层委托—代理关系存在于中央政府、教育部与地方政府和教育行政部门之间。在这一层委托—代理关系中，中央政府、教育部作为“中间委托人”，地方政府（省市县镇）、地方教育行政部门作为代理人（如果具体细分，又可以形成三层委托—代理关系），执行中央政府及教育部的各项政策，并且提供地方教育公共产品。

第三层委托—代理关系存在于地方政府、地方教育行政部门与农村学校之间。地方政府、地方教育行政部门为农村学生提供的教育服务最终是通过农村学校完成的。作为“最终代理人”，农村学校主要通过学校管理者委托教师来履行学校的各项规章制度，完成教学任务，并要向作为学生监护人的农民家长负责。

如图 1 所示，在农民家长和农村学校之间的委托—代理关系所以用虚线来表示，是基于对事实的判断。笔者在进行大量农村调研的过程中发现，农村学校与农民家长的联系极为松散，农村学校很少主动与家长取得联系，家长也不主动到学校获取孩子在校的各种信息，他们之间的交往多发生在学生交费或辍学时。城市学校与家长的互动性很强，如每学期的家长会和平时的电话沟通等。因此，本研究对农民家长和农村学校形成的委托—代理关系的探讨主要是放在第四章论及学生辍学问题时进行。

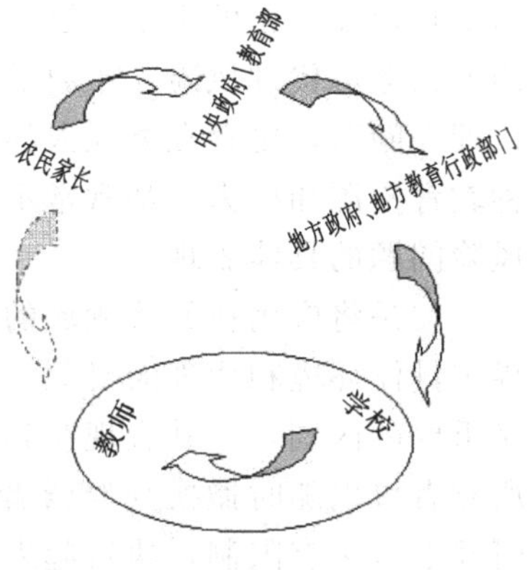

图　1　农村教育委托—代理关系图

在这三层简化了的委托—代理关系的划分中，我们可以看到农村教育中复杂的链条关系。农民家长作为“初始委托人”通过各级人民代表大会向中央政府和教育部表达自己的教育利益需求，中央政府和教育部接受委托并层层委托各级政府和教育行政部门实施各项教育政策，这种委托链条以作为“最终代理人”的农村学校提供农民所需的教育服务而结束。在这些复杂的委托—代理链中，每一层的代理人都向委托人负责。在农村教育的运行中，由于链条多，存在严重的信息不对称，并且由于各种监督和激励制度不完善，经常出现“道德风险”和“逆向选择”这两种主要的委托—代理问题①。

① 这两个术语都是保险研究中的常用术语。“道德风险”主要是指代理人在确保自身效用极大化的前提下，损害委托人或其他代理人效用的行为。这主要表现为代表人在达成有效合约，自身利益得到保障的前提下，不采取措施维护委托人的合法利益，而无视甚至纵容损害委托人利益行为的发生。在教育中的体现主要是代理人在执行各项政策和规章时的变通。所谓“逆向选择”主要是指委托人在不了解可能对自己产生不利影响的信息的情况下与代理人签订合同所面临的对己不利的困境。它在教育中的表现主要是各种教育政策和规章制定时的合法性的缺失。

（二）对于分析框架的本土修正

委托—代理理论是本书贯穿始终的分析框架，对其进行本土修正有双重含义：一是要将这个西方理论放在本土语境里，一套具有解释力的“译语”需要扎根在真正的本土问题之中。中国区别于西方的委托—代理理论在于，西方只考虑代理风险，主要的问题是代理人问题。我国国情独特，不仅存在代理人问题，更存在委托人问题：除了农民家长以外的各级委托人掌握着各种教育资源和权力，却常常不承担相应的风险责任，各种寻租现象都是委托风险问题的具体表现。

二是将应用在经济领域的一套核心概念放置在教育学语境中，需要重新界定具体环境和代理的对象。教育代理人与经济代理人之间也存在着明显而又重要的区别，尤其表现在其问题行为的风险系数的不同：第一，私人企业所有者可以随时撤换其经营者，而对教育代理人的罢免在程序上比较复杂，时间上也多有限制，执行起来也会更困难些。第二，相对而言，由于教育代理人的问题行为产生的负效应显现出来需要较长的时间，短期内难以被发现，甚至“永远”不会被其委托人发现。第三，教育代理问题的责任承担主体也往往很难明确界定；有时虽能明确界定，往往因“法不责众”、“法不加尊”的政治习惯以及其他形形色色的政治庇护使本来的责任承担者免受制裁。第四，企业所有者可以通过横向比较发现问题，而教育公共服务的垄断性和威权性往往使各种比较缺乏充分的、令人信服的依据。鉴于以上以及其他一些因素，即使在那些有着某种程度的相似性的方面，教育上的“委托—代理”与经济上的“委托—代理”有着不可忽视的区别。所以，从严格意义来说，本书的方法论只能说是政治经济学的方法，而非纯粹的经济学方法；本书也不想简单套用经济学中同名概念逻辑来分析教育问题，譬如经济学委托—代理理论将信息优势者称为“代理人”，将信息劣势者称为“委托人”，而本书只从（准）“所有权”和“经营权”的意义上区别这两种角色。本书从一种极为宽泛的意义上运用“委托”和“代理”这两个概念，他们之间形成的契约关系“是这样一种契约，这种契约准确地描述了与交易有关的所有未来可能出现的状态，以及每种状况下契约各方的权力和责任”[①]。建议用政治学的契约论思路来理解本书的一些基本概念更易于把握主旨。

从一定意义来说，我国教育委托—代理结构受国家政体制约，实行自上

---

① 张维迎．所有制、治理结构与委托一代理关系［J］．经济研究，1996（9）：3.

而下的多级委托和自下而上的多级代理，是一种依靠行政命令支撑的集权式代理；委托—代理链长，这些无疑增加了不确定性和信息的不对称性，为委托人问题和代理人问题的产生提供了便利条件。在以下各章会具体分析委托—代理问题在各个层级中的表现，寻找其背后的原因，并尝试设计一系列激励和约束机制使教育委托人和代理人的目标趋向一致，从而使国家的教育利益达到最大化。

四、相关概念的阐释

一个古老的故事：在伊甸园中，始祖亚当、夏娃偷吃了禁果。上帝问亚当：谁告诉你赤身露体呢，莫非你吃了我吩咐你不可吃的那树上的果子吗？亚当说，你所赐给我，与我同居的女人，她把那树上的果子给我，我就吃了。上帝对女人说：你做的是什么事呢？女人说，那蛇引诱我，我就吃了。

当上帝质问亚当时，他将责任归咎于夏娃，夏娃又推到蛇的身上。这是人犯罪堕落后罪性的第一个表现：卸责。上帝因此诅咒人类，他惩罚的顺序是由蛇及女人，最后是男人，但是程度越来越重[①]。这是上帝制定的规则：犯罪——问责——惩戒。他不因人似乎合理的解释而放弃追究责任。他的惩戒使人们知道，犯罪的代价不会因卸责的理由似乎合理而减轻，为的是要使人生发敬畏之心，避免再犯罪。

西方文化就建基于人类具有的这些“卸责”的罪性基础之上，所以他们制定完善的制度规则去制约人罪性的蔓延造成的恶果。承担责任必须有以下几个前提：

（一）责任和自由

人是一个能动性的主体，人类社会也是一个有机性的社会，这是历史唯物主义对人和人类社会的一个基本判断。这两种属性是有着其内在的联系的。人的主观能动性决定了人类个体之间一定会存在着一定的差异性。不仅如此，就是同一个体在不同的时间也存在着一定的差异性，这就决定了人并不是机械地存在着的，而是在一定意义上自由地存在着。因此，人与人之间的合约关系也不可能是一种绝对的局限规定（如同那种事无巨细的操作规程，人只需要像机器一样照着做就行了。在这种关系中，人只是实现合约的手段，而合约在人类社会中存在的必要性表现为它是人以及社会存在的手

① 参见：圣经（中文和合本）[M]. 南京：中国基督教三自爱国运动委员会，中国基督教协会，2006：3.

段)，而是一种范围的局限规定。在许多时候，合约甚至只是表现为一种结果的规定性。再从另外一个方面来思考这个问题，“责任”一词除了是一种法律关系的描述，同时还是一种伦理关系的描述。如果合约表现为一套操作规程的话，那么这套规程与其执行者之间就是一种工具关系，而非伦理关系。如果这套规程事无巨细，那么合约的不能完成就有一种极大的可能：规程依赖的条件发生了变化，因为人是能动的，社会是有机的。如果是这样的话，也无法谈及责任。

当我们在人与人的关系之中使用“责任”一词时，就意味着我们将合约的履行与否纳入到道德伦理的视角，因此这一过程中的任何判断都势必与道德善恶相关。但是，道德上的判断关涉的不是人的外部关系，而是人的动机，就是人私自的隐秘选择。因此，既是选择，责任主体就必须有自由意志，这是履行责任的能力和条件保障。如果他在善恶之间没有选择的自由，就无法对后果承担责任。本章开头所引圣经文本的背景是：当初，上帝造人，是“按他的形象造男造女”，他的形象不是指外貌，而是指属性，其中上帝赐给人一个很重要的属性就是自由意志，人类可以选择利用这个自由意志顺从上帝的命令：“园中各样树上的果子，你可以随意吃，只是分别善恶树上的果子，你不可吃，因为你吃的日子必定死。”也可以选择听从蛇的诱惑，相信它所说的，“你们不一定死，因为神知道，你们吃的日子眼睛就明亮了，你们便如神能知道善恶”。但选择听从谁，就决定了不同的结果，顺从上帝与他永远同在伊甸园，或者背叛上帝听从蛇，而承受违背命令的后果。这是运用自由意志必须承担的后果①。

西方社会深受基督教伦理的影响，认为即使个人有绝对的自由，也不意味个人可以任意选择。自己设定自己的目标，意味着必须自己为自己的选择负责，不能推卸责任给环境和别人。人是有自由的，因而是有责任的。一旦进行了自由选择的行动，就要承担行为的结果，不应有任何的推辞和后悔，因为自己就是自己行为的唯一制造者。人是自由的，不要指责外部原因。意识到了自己的自由才能意识到自己的责任。自由是自己的自由，因而真正的责任心首先体现为对自由的自己负责。任何人的自由意志都不能担保自己的选择是绝对正确的，但只要他们行使了自己的自由意志，他们就必须为其后果承担全部责任。任何寻找外在根据和援引权威力量来为自己道德行为的后果进行的辩解，都意味着企图逃避自己的责任。人应当尽量不为自己的罪行

---

① 参见：圣经（中文和合本）[M]. 南京：中国基督教三自爱国运动委员会，中国基督教协会，2006：2.

或过失寻找借口，推卸责任；作为道德主体，人应当毫不犹豫地承担自己行为的一切责任。这种责任观总是围绕着自己的自由意志来立论，强调的也是对自己负责，明显区别于中国式的责任观。中国式的责任的动力或者是名垂青史，光耀祖宗，或者是尽忠尽孝，绝不是来自自己，因此责任也不指向自己，而是天下。这就容易假借为集体负责之名而损害个体的利益，许多以谋取部门利益的名义而中饱私囊的行为就说明了这一点。

（二）权力和权利

权力和权利是一对与责任密切相关的概念，我们先对其进行辨析，再探讨它们与责任的关系。从法律的角度来说，权力和权利是两个不同的法学范畴，前者属于公法范畴，后者属于私法范畴。公权力（公共权力）是指以维护公益为目的的公共团体及其责任人在职务上的权利，它与责任相对应。它有如下几重含义：一是政治上的强制力量，如国家权力，就是国家的强制力量，像立法权、司法权、行政权等；二是职业性权力，即由职业而产生的一般公职权力，如学校里的教师、行政人员、后勤人员等一般从事某一具体工作的人员，其中也包含职位性权力，即由一定职位而生的公职权力，如教育行政机关的厅长、局长、科长等依其职务等级的不同而享有并行使的某一具体范围的、某一具体方面的权力。

权力具有双重性，即权力既有其组织性、建设性和创造性的一面，又有其破坏性、侵犯性和腐蚀性的一面。权力的双重性是由权力行使者具有双重身份决定的。一方面，权力主体是个人，因具体职责而产生的权力是由从事该职业或就任该职位的人所拥有；另一方面，个人作为权力主体其权力具有代表性，真正的权力主体是国家及其所属机关或具体群体，个人的这一权力并不真正属于个人，他们履行的具体职责是国家或群体权力的一部分，他对该项权力只有相对的行使权或履行权，无处置权和占有权，一旦将他与该职位或职务相分离（如退休、免职、撤职等），他便不再拥有这类权力。正是由于权力的这种非个体性和具体行使权力主体的个体性之间的差异和矛盾，决定了权力行使主体在具体行使权力时，出于某种“私心杂念”而“假公济私”，干一些权力“私有化”的事情，从而出现权力对其“母体”即它所代表的国家利益的损害和否定，即由权力异化出现的“双重性”①。在探讨中国

---

① 王淑琴，白玉博．论法治方略实施中公权力与私权利的边界［EB/OL］．http：//www.yfzs.gov.cn/gb/info/xsll/2003-08/22/165394670.html，2003-08-22.

国家政权与乡村社会之间的互动关系中，杜赞奇将权力视为一个中性概念，“它是指个人、群体和组织通过各种手段以获取他人服从的能力，这种手段包括暴力、强制、说服以及继承原有的权威和法统”①。

私权利主要指法律赋予普通公民的一种权益和资格。它表现为享有权利的公民有权作出一定的行为和要求他人作出相应的行为。例如，我国公民依法享有受教育的权利，这就需要国家为其提供受教育的机会。权利的行使必须以法律为依据，即依照宪法和法律行使正当的权利。当权利受到侵害时，国家应依法使用强制手段予以恢复，或使享有权利者得到相应补偿。权利是制约权力的一种方式，它为权力的行使划定了界限，超越它就是侵权行为。法治的意义也就在于此，公民的权利被以法律的形式固定下来，任何侵犯公民个人权利的行为，即使是以国家权力的形式出现，也应受到惩处。以权利限制权力是法治国家的体现，更是社会民主、文明、进步的体现。

对权利和权力关系的考察可以采取自下而上和自上而下的双重视角，前者以权利为本位，后者以权力为本位。我国是一个有着几千年“人治”传统的国度，“加之中国又具有数千年‘集体本位’思想的潜在影响”，致使“个人本位”和“权利本位”意识淡薄，公权力侵犯私权利现象时常发生。“文化大革命”就是权力的无所不在和无所不能，而权利保障极其微弱乃至发展到极端的结果。现代社会实现了从臣民社会到公民社会的转变，社会从权力时代过渡到权利时代，个人则从传统的单位人变成社会人、自由人，国家管理的目标则由传统的为某种社会的“中心任务”服务转到为具体的每一个公民个人服务。二者的联系表现在以下几个方面：

其一，权利应当是权力的本源。权力是为巩固、捍卫权利而存在的。若没有对权利主体利益的巩固和保障，就失去了设置国家公权力的社会客观基础和必要条件。

其二，权力是权利的后盾，即无权力的保障便无从享受权利。权利主体对权利享有的最实际的表现就是依照法律规定对某一项具体权利的行使。权力是国家强制力的象征，是统治阶级意志的物化（哲学意义上的物，广义的物），是权利主体实际享受权利所赖以安身立命的后盾。

其三，权力与权利离不开法律这种形式和载体，法律离不开权力与权利这两部分主要内容。简而言之，法律同权力与权利之间的关系是形式与内容

---

① ［美］杜赞奇．文化、权力与国家：1900—1942年的华北农村［M］．王福明译．南京：江苏人民出版社，2003：4.

的高度统一[①]。

二者的区别主要表现为：

其一，享有者范围的大小不同。作为政治意义上的权力，是同一定的职务相联系的，其享有者的范围是特定的；就法律意义来说，权利的主体一般多为公民、法人或者其他社会组织；权力的主体只能是被授予某一项权力的各级国家机关及其公务员；权利行为一般是权利主体个人意志支配下的民事行为、经济行为或其他法律行为；权力行为则是代表国家行使的立法、司法、执法和管理国家事务的公务行为；权利行使一般体现的是权利行使者自身的利益；权力行使体现的是国家利益，不是行使者自身的利益。

其二，二者行使的选择性与非选择性不同。权力不仅是享有者在职责范围内有从事一定行为的资格，而且意味着享有者必须从事该行为，它既不能转让，也不能放弃，否则就是渎职或失职。权利虽是法律规定或保护其享有者从事一定行为的资格，但并不意味着法律要求其享有者必须从事该行为，其权利有的可以放弃或转让。如《教育法》中规定，人们有权接受义务教育阶段以外的教育，也有权利放弃。

在教育领域中，以权力侵犯权利、以权力压制权利的事屡有发生。在一些教育官员的头脑中，常常只有权力概念，没有权利意识。他们可以随心所欲地运用自己手中的权力进行各种谋取私利的人事安排，忽视甚至完全无视教师或学生的权利，导致工资拖欠、学生辍学的事件频频发生。真正尊重教师和学生的权利，把权利放在权力之先，是政府和教育行政部门工作的要义，是教育工作得以顺利进行的良方。教育行政部门履行的教育权力应当以人们教育权利的充分行使为宗旨，而事实上却总是以对教育权利的侵害来施行教育权力，如教育乱收费问题、对学生流失的控制不利问题。

责权对等原则也是基于平等精神，不过这种平等不是指人与人之间在责任上的简单平等，而是指在责任与权利之间的一种对应关系。作为一个平等的主体，有同样的权利就应负同样的责任，有不同的权利就应负不同的责任，这种责任与权利之间的对应关系也是一种平等的形式。因为平等对待原则并不意味着每个人的责任都是一样的，而是意味着作为责任主体的人格是完全平等的。但涉及具体的责任，则应该根据个人社会角色的不同而有所不同。

---

① 严军兴. 略论权利与权力之关系［EB/OL］. http：//www. legalinfo. gov. cn/gb/yjs/2003 - 03/25/content _ 20884. htm，2003 - 03 - 25.

不能设想教师与校长享有同样的权利，因而也不能要求教师与校长负起同样的责任。在人们的各种责任之中，职业责任、社团责任、亲属责任、公民责任等角色责任，都应该遵循责权对等的原则；在人与人之间的商品交换和其他各种交换活动中，也应该遵循责权对等的原则。这一原则具有广泛的适用性和较强的操作性，所以在社会生活中起着主导作用。责权对等原则实际上是契约观念的体现。契约的本质是平等主体之间的互利关系。因此，履行契约赋予的责任就是对他人平等权利的尊重，是对人与人之间互利关系的尊重。从广义来说，整个社会就是一个通过社会契约联结起来的整体。在这种契约中，每个公民放弃一定的权利以维护社会的安定和秩序，而这种安定和秩序本身又是保障个人权利的必要条件。因此，履行自己的法律和道德责任，就是对这种社会契约的遵守。

教育权利已经有了法律保障，但通过法律保障的权利存在两个问题：它少于教育应当拥有的权利；这些有限的权利也常是教育还没有真正获得的权利。在教育权力和权利之间的冲突没有处理好的情况下，教育卸责就不可避免：

1. 公权力的扩张导致公民私权利的侵害

“权力总是趋向于无限地扩张，而权力扩张的最大受害者是人权。”因公权力扩张造成个人权利侵害，在教育领域中乱收费问题就是一例。

2. 公权力的私化导致公民私权利的侵害

教育行政部门行使权力应当公而不私。运用权力谋取私利或部门利益是公权力私化的主要表现。例如，乡镇政府领导在“以县为主”前常常在人事关系上利用手中的权力安插亲友当教师，培植唯命是从的农村学校校长。

3. 公权力的怠用导致公民私权利的侵害

权力行为的目的不在于权力主体的个人利益而在于公共利益，弃权必使公共利益受损，有违权力设立的初衷，所以权力不可放弃。很多教育行政官员抱着“不求有功，但求无过”的消极态度对待本应用来造福于民的权力，不能出台积极有效治理教育问题的政策法规，使公民教育权利不能得到有效保障。例如，乡镇政府对待辍学问题不采取任何积极行政手段进行干预。

4. 公权力公共性能的弱化导致公民私权利的侵害

公权力的公共性质决定了它的公共性能，其运作与公共秩序、公共利益相关联。由于一些掌握公权力的部门因涉及上级或自身利益等原因，怠用甚至放弃手中的公共权力，从而使公共利益受损并导致公民的私权利得不到保护。具体言之，就是在立法或政策制定上对优势集团利益的特别照应，而这种公权力的公共性能的减弱或丧失会直接或间接导致对公民私权利的侵害。我们许多做法往往是以牺牲公民的权利为代价换取所谓公权力的实现。在许多教育政策制定的过程中，表现为教育部门对农民家长的利益未能充分考虑。

在公民意识不断提高的同时，政府官员的服务意识、责任意识还在原地踏步。政府的服务功能依靠各个职能部门来实现，职能部门的有效运转则要靠执掌权力的官员尽职尽责。要更好地履行责任，需要权力。权力是因责任而诞生的。权力分为上、下权力，即：上级赋予的权力，下级认可的权力。只有上级的授权，难以服众；只有下级的拥戴，难成大事。遗憾的是，对上级负责而不是对民众负责依然是很多官员的行动指南，“权为民所用，利为民所谋”成为写在纸上的口号。一方面是权利的觉醒，另一方面是权力的麻木。导致这些问题的原因，有的是重义务轻权利、重官轻民、重国家轻个人、重城市轻农村等观念上的，也有的是权力的有效制约手段不完善等实体上的[①]。因此，对公权力和私权利合理的定位是解决教育卸责问题的方法之一，必须要弘扬人们的权利意识，以规约权力的不当行使。

（三）责、权、利

马克思主义认为，人类的经济利益关系、政治利益关系和文化利益关系构成了全部社会关系的总和，只有这种社会关系的总和才是人的本质的体现。所谓利益，是指人们对于能够满足自己需要的处于稀缺状态的客观对象的占有程度。人与人之间的利益关系实质上是一种对能够满足自身需要的稀缺的客观对象的占有关系。谁对这种与需要有关的稀缺对象占有得越多，谁的利益就越大[②]。利益是履行责任获得的回报。利益因人的需求不同而呈现多样性。因温饱、安全需要薪资和福利；因交流需要组织、团体；因自由、尊严需要认同和尊重；因自我价值、信仰需要成就和作为。

教育利益是人们对于能够满足自己教育需要的稀缺资源的占有程度，人们之间的教育利益关系则表现在对这些能够满足其教育需要的教育资源的占有关系。

教育利益分配不均衡是影响教育责任履行的重要因素，如果没有保障各

① 王淑琴，白玉博．论法治方略实施中公权力与私权利的边界［EB/OL］．http：//www.yfzs.gov.cn/gb/info/xsll/2003-08/22/165394670.html，2003-08-22.

② 胡象明．利益相关性原理对分析政府经济政策行为的方法论意义［J］．中国行政管理，1999（12）：54.

个教育主体的正当利益，那么一切教育方针、教育制度的确立，课程设置和人员任免中要求的责任，只是空洞的口号，无法操作，因此应对各个层级关涉的利益进行分析和理性的评价，这才是保障责任能够得到履行的最佳通道。

权利与利益相关。权利就是受到法律保护的一种利益，所有的利益并不都是权利，只有为法律所承认和保障的利益才是权利。权力与利益紧密相连：利益是行使权力追求的目标；权力是创造利益、获取利益的有效手段。没有利益，权力的行使就失去意义。因此，利益是权力的核心。权力追求的利益并非都是私利，权力创造的利益也并非都是为了自己。从理论来说，权力创造的利益有两大部分：一部分为公利，为他人、为社会创造的利益；另一部分为私利，为自己创造的利益。在私利中又分为两类：一类是合理合法的个人所得，如工资、奖金等；另一类是不合理的非法所得，即以权谋私的部分①。“权力不仅是一种内在的或固有的现象，而且，它与历史进程中的利益集团交织在一起，对此，我们不能视而不见。”②

人类历史是一个以各种团体方式共同谋求生存和发展的历史。在维系团体所必需的各种社会关系中，责、权、利关系是最基本的关系。对于一个团体而言，能否根据大家认可的原则来处理内部成员之间的责、权、利关系，是决定其生存与发展的内在原因；能否协调好与其他团体的责、权、利关系则是决定其生存与发展的外在原因。虽然在不同的历史时期或社会经济发展的不同阶段，人们处理责、权、利关系的原则和方式各不相同，但对于处在相同历史背景或社会经济发展阶段的不同团体，其处理责、权、利关系的原则和方式不可避免地要互相影响和借鉴。其结果是形成社会公认、大家遵循的原则，并在此基础上建立起社会经济发展的秩序，使社会经济发展进入健康运行的轨道。

我国各项体制改革的一个重要原则就是责、权、利的统一。人们对责、权、利关系（或责任与权利的关系）进行深入研究和正确处理，源于 20 世纪 70 年代末期的农村经济体制改革。随着我国农村推广实行各种形式的家庭联产承包责任制，“责、权、利相结合”这一根据联产承包责任制总结出来的六字诀很快传遍全国，成为我国经济体制改革遵循的一条重要原则。贯彻“责、权、利相结合”原则，要求做到：第一要责、权、利三位一体，即责任、权力、利益均统一于责任承担者一体，责任者既是责任的承担者也是权力的拥有者和利益的享受者；第二要责、权、利互相挂钩，使成员能够有

---

① 陆德山．认识权力［M］．北京：中国经济出版社，2000：31～32．

② ［美］杜赞奇．文化、权力与国家：1900－1942 年的华北农村［M］．王福明译．南京：江苏人民出版社，2003：11．

责有权有利，克服有责无权或有责无利的责、权、利脱节状况；第三要责、权、利明晰化，使成员知道具体的责任内容、权力范围和利益大小①。责、权、利是责任、权力、利益的组合。在表述中都是责、权、利相统一，而非权利责、权责利、利责权或利权责，这说明责任、权力、利益是有先后顺序的。有责任、完成责任，需要权力；因为承担责任、履行责任，获得利益的回报。

责、权、利需要平衡，缺少任何一方都会造成错乱和失衡。只有责、权，会缺少行动的动力；只要权、利，就缺少人性的善良；只有责、利，将缺少成功的概率。时常听到这样的怨言："没挣那份钱，不管那些事。"这就是责、权、利顺序的颠倒，先求利，再尽责②。

在教育这一场域中，我们可以发现很多责、权、利不对等的情况。因为场域就是一个权力的分配场，处于场域中的个体或群体为了自身的利益会争夺其中的资源。"从分析的角度看，一个场域可以被定义为在各种位置之间的一个网络（network），或一个构型（configuration）。正是在这些位置的存在和它们强加于占据特定位置的行动者或机构之上的决定性因素之中，这些位置得到了客观的界定，其根据是这些位置在不同类型的权力（或资本）——占有这些权力就意味着把持了在这一场域中厉害攸关的专门利润（special profit）的得益权——的分配结构中实际的和潜在的处境（situs），以及它们与其他位置之间的客观关系（支配关系、屈从关系、结构上的对应关系，等等）。"③ 教育场域正是这样由不同的委托—代理人在错综的关系中把持各自特殊利益的网络。下面笔者将探讨三层委托—代理关系中由于财权、事权分离，在教育投入、管理体制和课改中的各种教育卸责现象，揭示以卸责为核心的委托—代理问题，并从制度层面来探讨由于责、权、利不对等造成的卸责原因，同时也从"广义经济人"的假设中分析卸责问题的人性根源。

---

① 杨世忠．责权利关系定量分析初探［J］．经济与管理研究，1997（1）：29．

② 毛丽娟．责权利的错位与失衡［EB/OL］．http：//www．donews．com/donews/article/6/66593．html，2004-08-17．

③ ［法］皮埃尔·布迪厄，［美］华康德．实践与反思［M］．李猛等译．北京：中央编译出版社，1998：133～144．

第二章　教育政策制定的合理性和合法性反思

我们在第一章中已经简要介绍了农村教育中存在的三层委托—代理关系，这一章我们主要分析存在于农民家长与中央政府、教育部之间的第一层委托—代理关系。从应然性的角度来说，政府是负责履行供给公共产品职能，提供公共服务，以公共利益为目标的公共权力机构，它主要通过制定各项合乎公共利益的政策来履行对公众的责任。政府手中的权力是由公众委托的权力，受公众制约。政府的决策过程是一个政治过程，是一个权力和利益分配的过程，这是由政策的本质属性决定的。公共利益是政府制定各项政策的价值基础，若有悖于这个价值基础，就会出现合法性的危机，动摇作为一个现代政府存在的根基。作为政治学的一个重要概念，合法性是对政府的一种政治价值判断。这种判断基于两个因素：一是国家政策规范本身、政策制定过程和政策执行过程的“实然”是否符合人们心中的“应然”，公众对于现行的各项政策是否信任、支持和认同；二是实现政策的目标是否兼顾效率和公平两个维度。作为义务教育的提供者，政府的主要职责是保证教育起点的尽可能公平，即为每一个孩子提供相同机会、相同质量的基础教育，以体现社会公正以及自己存在的合法性。在公平理念的指导下，要在数量、质量和成本上追求效率。如果公共政策能够有效满足这两个要求，就能维系其权力的合法性，并有助于政府的运作和社会的稳定。

在本书讨论的第一层教育委托—代理关系中，农民作为“初始委托人”将其子女接受教育的权利及所需资源委托给教育部经营，教育部作为农民家长所需要的教育服务的“教育代理人”提供满足其教育利益的服务，具体来说就是制定既能满足城市又要兼顾农村家长利益需求的教育政策。如果教育代理人不能制定符合公共利益的教育政策，不能为每一个公民提供平等的教育服务，或者因为地理位置差异失去基本的国民教育待遇，我们则可将其视为卸责。下面，我们从教育投入管理体制、教育方针和课程①三个重要维度

① 本书选择这三个维度参考了余秀兰著《中国教育的城乡差异——一种文化再生产现象的分析》（教育科学出版社 2004 年版）一书。教育方针和培养目标是教育的方向，课程是实现教育目标的载体，教育投入管理体制是教育目标实现的保障，因此笔者选择分析这三个维度中的相关教育政策。

来梳理新中国成立以来中央政府制定的教育政策是否满足了这种公共利益需求。

一、教育投入管理体制造成的城乡差异

新中国成立以来，中国的基础教育投入体制大体经历了六个发展阶段。教育投入体制是受经济体制和财政体制规约的，因此教育投入体制在每一阶段都表现出与经济体制一致的特征。具体而言：

（一）第一阶段（1950～1953）

这一阶段由于政治经济体制实行了高度中央集权管理，基础教育管理体制也相应建立起“集中统一，以条为主”的权力结构模式。教育经费也按照中央统一国家财经工作的决定，实行“统收统支”的集中财政体制。在教育投入和管理体制上，《政务院关于统一管理1950年度财政收支的决定》实行中央统一财政，三级管理体制：中央直接管理的大中小学经费列入中央人民政府预算，由财政部掌管；各大行政区、省市掌管的县立中学以上教育事业费分别列入各大行政区及省市预算内。专科以上的国立学校由中央人民政府委托大行政区代行开支，并且暂列入大行政区预算内开支。乡村小学、县教师、教育馆的经费，可由县人民政府随国家公粮征收的地方附加公粮解决。各城市的小学教育经费可征收城市附加教育事业费解决。

（二）第二阶段（1953～1970）

全国财经工作会议后，财政体制改为“划分收支，分级管理”，即开始了“条块”结合、以“块块”为主的体制。因此，从1953年起，基础教育经费列入国家预算计划，实行中央统一领导，中央、省（市）、县三级管理的“块块为主”体制。由于当时的特殊国情，政府把力量放在工业化和城市发展上，在农村先天不足的办学条件不能满足教育需求的情况下，政府还是在1953年11月举行的政务会议上通过了《政务院关于整顿和改进小学教育的指示》[①]，其中对于乡村公立小学，以整顿提高为主，一般不作发展，而将重点放在工矿区、城市特别是大城市。1954年9月，《教育部、财政部关于解决经费问题程序的通知》指出：“国家预算，分为中央预算和地方预算，实行分级管理。”开始实行“条块”结合、以“块块”为主的管理体制。

---

① 何东昌．中国人民共和国重要教育文献［M］．海口：海南出版社，1998：263．

1956年，毛泽东在中央政治局扩大会议上作了重要讲话。《论十大关系》讲话中指出，“应当在巩固中央统一领导的前提下，扩大一点地方的权力”。根据这一指示精神，中共中央、国务院于1958年8月发布了《关于教育事业管理权力下放问题的规定》，提出“今年对教育事业的领导，必须改变过去条条为主的管理体制”。这导致各地因经济发展水平不一致的教育投入不均衡，城市学校的经费投入明显优于农村学校。而且农村的非正规教育占较大比例，城市教育拥有更多的正规重点学校和更好的教育资源，所以城乡教育已经开始形成较大的差距。

（三）第三阶段（1970～1985）

基础教育的统一财政和分级管理。在这一阶段，虽然农村中小学教育在规模上迅猛扩大，形式上花样翻新，但其目标、内容和方法已背离教育规律，总的财力、物力和人力资源的投入水平受到当时经济发展水平和管理体制的限制，仍处于相当低的水平。

1980年国家进行了经济体制改革，实行“划分收支，分级包干”的新财政体制，亦即财政分权或分灶吃饭。在此背景下，基础教育财政管理体制给予地方，尤其是农村贫困地区和少数民族地区专项补助。改革开放以后，受经济政策“让一部分人先富起来”的影响，教育上也贯彻效率优先的非均衡发展战略的指导方针。由于集体化的废除和责任制的引入，农村经济生活发生了翻天覆地的变化。改革对激励农户增加家庭收入起了很大的作用，教育投入和管理体制的改革受到国家行政财政体制改革的影响，改变了由财政部门和教育部门协商联合下达教育事业经费支出指标的方式，而是改由中央、省级预算下划到各县预算，各县预算内安排由各县自定。

（四）第四阶段（1985～1992）

基础教育地方负责，分级管理。1985年5月，《中共中央关于教育体制改革的决定》指出，要把发展基础教育的责任交给地方，有步骤地实行九年制义务教育。实行基础教育由地方负责，分级管理的原则。后来就形成了“县办高中，乡办初中，村办小学”的做法。因此，农村教育经费的筹集和管理下放到乡镇或村一级，城市中的学校却继续接受政府的资助保障，城市学校成为改革的最大收益者，教育政策贯彻集中人力和物力资源，以城市为中心，而农村教育的问题在整个80年代日益恶化。到了80年代后期，农村教育成为每年人民代表大会和人民政治协商会议热门议题之一，各地代表都为农村教育方面积聚的众多问题大声疾呼。农民代表在讨论全民义务教育法（1986 年 7 月生效）时直击要害，指出农村儿童的失学率在迅速攀升，新文盲也随之出现。大家认为，义务教育法中规定的全民九年制义务教育的目标根本无法实现。而且指出，义务教育法实施已经 5 年了，但因为没有实施的机制，该部法律只是一部徒具虚名的“豆腐法”。1985 年中共中央发布的《关于教育体制改革的决定》中提出了“实行基础教育由地方负责，分级管理的原则”，这极大地调动了地方各级政府（尤其是县、乡两级政府）办学的积极性。但是在实行分税制以后，县、乡财力受到削弱，出现了财政逐级上收，事权层层下放的情况。越到基层，财权与事权失衡的情况就越严重，农村义务教育等很多需要大量投入的基础性项目归乡镇负责，以致一些地方出现了乱收费、乱摊派和教师工资拖欠等情况。

在这一阶段，农村经济发展迅速，教育总投入逐年增加，但这些投入都是由于经济发展需要和农民认识的转变而进行的自发投入，国家财政投入水平并不高。虽然《义务教育法》对于农村基础教育的投资管理体制进行了法律规定，但因当时财政管理体制尚处于变革之中，国家财政投入的重点也没有放在农村基础教育上，农村基础教育发展速度虽然加快，但总体水平不高，而且存在许多问题。据 1990 年第四次人口普查统计，到 1989 年，全国 15 岁以上人口中，文盲、半文盲的比例为 15．88%，初中文化程度和小学文化程度的劳动力占总人口的 70%，其中绝大部分都在农村。

（五）第五阶段（1992～2001）

这一阶段的教育投入以国家财政拨款为主，多种渠道筹措教育经费。1992 年，江泽民在党的十四大上指出，到本世纪末，基本普及九年义务教育，基本扫除文盲。国家制定了“基本普及九年义务教育、基本扫除文盲”的标准，规定了不同地区达标的时间表，并开展了由各级人民代表大会监督、由各级政府实施的“双基”达标活动。在这一阶段，农村教育财政管理体制逐步走向制度化，财政投入水平显著增加。可以说，每一阶段的教育投资体制都曾有过积极作用，都把解决农村基础教育发展问题作为重点，但都未能从根本上解决农村教育经费严重短缺的问题。农村教育经费短缺存在两个突出特征：巨大的地区差距、城乡差距和这种差距的扩大趋势。这种情况的直接后果是，农民承担了义务教育和高中阶段教育的绝大部分成本，近年来高等教育体制的产业化改革又使农村的一大部分资金以教育投资的形式流向城市，加剧了农村教育资源短缺的问题。财政部曾于 1999 年组织过一次对我国“普九”工程资金投入缺口的调研，认为如果要全面达到“普九”标准，至少还需对国内1 053个县投入资金总计约354亿元。北京大学教育学院王蓉博士表示，这一数据只是在一个较低物价标准上的保守估计，实际需要只可能高于这一数字。毫无疑问，这一具体情况的存在促使决策者对义务教育财政投入体制进行改革，使今后的改革措施能在一定程度上弥补农村基础教育在教育资源存量和人力资源存量方面的缺口[①]。

（六）第六阶段（2001年至今）

2001年《国务院关于基础教育改革与发展的决定》中要求进一步完善农村义务教育管理体制，实行“在国务院领导下，由地方政府负责、分级管理、以县为主”的体制。“以县为主”体制的提出促使“农村教育农民办”向“农村教育政府办”过渡。在这一体制的推进过程中，教师工资拖欠得到部分解决，乡镇教育机构被撤销，县级政府在对教育资源的统筹配置上拥有了更大权力。但实际上这一体制是对上一阶段的发展，仍属“分级办学，分级管理”这一体制框架下作的调整。

总体而言，这次教育管理体制改革的主要目标是为了促使“农村教育农民办”向“农村教育政府办”的过渡，旨在减轻农民负担，保证农村教育的正常运转。中央要求各地在实践过程中要加强各种配套改革，这些主要是围绕“一增三保”[②]展开的。就当前农村教育的问题从表现来看，学校经费缺乏，教师的收入低，各种乱收费加重了农民家长的负担，学生辍学现象严重。但这只是问题的一个方面，并不是农村教育的根本问题。农村教育的根本问题是发展问题。“以县为主”即使做到了“一增三保”，也不可能解决农村的发展问题。现在农村实行的税费改革有利于减轻农民负担，促进农村社会的稳定和发展，但同时大大减少了农村义务教育的经费来源，如果不加大转移支付的力度，不建立教育经费保障机制，有可能带来农村教育整体性的发展危机。更重要的是，这项管理体制没有突破中国社会长期以来的二元结构框架，城市里的优质教育资源与农村捉襟见肘的困境形成鲜明对比，城市和农村教育的巨大差距不能借着“以县为主”的管理体制的变革而得到多大

---

① 吕炜．教育部人文社科重大项目“农村基础教育的公共投入政策研究”的一部分［J/OL］．http：//academy．dufe．edu．cn/resources/yanjiucankao/21．pdf，2004－12－05．

② 一增：税费改革后，农村义务教育经费有所增加，增加多少由当地财力决定。三保：保工资、保运转、保安全。即保证教师工资按时足额发放，保证农村义务教育正常运转，保证教师和学生安全。

改观，这其中的根本原因是我国长期以来在城市和乡村实行分治政策，新中国成立50多年来没有进行根本性变革。作为社会子系统的教育处于这种境遇也就不足为怪了。全面建设小康社会，关键是农村的发展。农村的发展关键在教育，但教育的发展关键在于政策制定者的公平教育观。现行的“以县为主”的管理体制主要体现的还是一种对于稳定和秩序的偏好，而对于政策补偿的必要性缺乏应有的政府作为。

二、城乡教育培养目标的不同价值取向

教育方针是党和国家根据政治、经济的需要，为实现一定的教育目的而制定的教育工作的总方向，是教育政策的总括。它是一个历史的范畴，具有鲜明的时代特征。它要求国家或执政党根据所处时代的实际情况，制定反映时代发展要求的、关于教育发展的指导思想和基本纲领。它是对各级各类学校教育培养人的质量规格的总体设计。教育培养目标是对某一级、某一类学校培养人的质量规格的设想或规定。教育目标[①]有两个基本组成部分。第一部分：对培养何种社会成员（角色）的规定。这方面曾有过多种提法，如培养“劳动者”、“建设者”、“接班人”、“公民”等。这是教育目标的核心部分。教育要培养何种社会成员，随着社会经济制度、政治制度变化而变化，因民族文化传统不同而各异。第二部分：对教育对象形成何种素质结构的规定。这也就是对受教育者思想、道德、心理、知识、能力、体质等方面素质的教育要求和规定。在对新中国成立以来教育目标结构的分析中我们会发现，国家设计了城乡不同的教育培养目标，而且这个目标在不同的教育政策中不断地得到强化。

（一）第一阶段：新中国成立以后的17年

建国以后迫切需要巩固政权，从根本上改变旧中国教育的半封建半殖民地性质，建立起为社会主义服务的文化教育体系。第一代领导集体对教育方针最典型的表述是：“教育为无产阶级政治服务，教育必须与生产劳动相结合，使受教育者在德智体诸方面都得到发展，成为有社会主义觉悟的有文化的劳动者。”

在具体的培养目标上，农村教育主要是培养直接服务于农村的劳动者，起普及教育的作用；城市教育要负担更多的提高和升学任务，培养各种服务

① 班华．中学教育学［M］．北京：人民教育出版社，1992：105．

于城市多种行业的技术人才。这种价值取向在1953年以后尤为突出。

1953年12月1日《教育部、扫除文盲工作委员会关于1953年冬学工作的指示》中说："农村许多高小毕业生要求升学，他们的家长也要求他们升学，这是容易理解的，这反映了人民物质生活水平的提高和文化要求的日益高涨。人民政府也在努力适当满足人民的这种要求，这不仅可以从几年来教育事业的迅速发展得到证明……但是由于我国经济发展水平的限制，由于我国目前必须目光集中，大力发展重工业，还不能用更多的人力物力财力发展初级中学，所以，这种要求在目前还不可能完全满足。因此，引导农村高小毕业生参加农业生产，乃是解决他们的出路问题的基本办法……实行农业的社会主义改造，发展农业生产，是我国过渡时期总路线总任务的主要内容之一；在我国社会主义社会建成以后，农业仍然是整个国民经济的重要组成部分。因此，参加农业生产的高小毕业生应该树立长期从事农业生产的思想，辛勤劳动，埋头钻研，把自己锻炼成为掌握合作化农业的能手。"①

1960年，全国文教工作会议再次强调："在学校布局、学制、教学内容等方面反映城乡特点，体现以农业为基础和适应农业需要的思想同样也很差。对农村教育体系全日制、半日制和业余的三类学校的发展比例，教育部通盘考虑统筹安排不够，过去偏重全日制。而全日制学校的学制，假期制度城乡没有区别，教学要求相同，课本也一样。过去教育部所编的课本内容，也是反映城市和工业情况多，反映农村和农业情况少，甚至课本插图画楼、堂、馆、院多，画娃娃穿的衣服也多是城市式样，而对农村生活反映少，对为农业服务、提倡艰苦朴素讲得也不够。"

这些政策体现了新中国第一代领导集体重视对农民进行教育，并且在制定教育政策的指导思想上贯彻"向工农开门"的方针，致力于农村教育和扫除文盲教育。但是，在城乡教育的培养目标上不同的定位已经开始凸显：城市教育负担更高级人才的培养，而农村教育主要是培养直接服务于农村建设的劳动者。

（二）第二阶段："文化大革命"期间

"文化大革命"爆发以后，教育事业遭到全面严重破坏。贫下中农取得了对农村学校的领导权，但是由于他们没有教育经验，在学校采取极"左"的管理方式，并且由工农充当教师，文化水平较低，给学校的教育质量带来

---

① 何东昌. 中国人民共和国重要教育文献［M］. 海口：海南出版社，1998：268～269.

致命的摧毁。“文革”时期招生政策也有重大改变，强调政治身份，以“群众推荐”和“领导审批”代替考试升学，因此工农兵有极大的优势。很多学校（如农学院）都搬到农村办学，还废除了重点学校制度。这些教育政策似乎是为了消除脑体差别、城乡差别，但是事实上使教育成为这场错误的政治运动的牺牲品，农村教育呈现一片凋敝景象。

（三）第三阶段：1978 年至 90 年代末期

党的十一届三中全会以来，随着党和国家工作重点的转移，教育在现代化建设中的战略地位被确立，教育方针在改革实践中得到发展并逐步完善。1978 年，邓小平在《在全国科学大会开幕式上的讲话》中首次提出培养科学技术人才是教育战线的重要任务，并在 1983 年提出了“教育要面向现代化，面向世界，面向未来”。后来又规定了新的历史时期教育工作方针：“教育必须为社会主义现代化建设服务，必须与生产劳动相结合，培养德、智、体等方面全面发展的社会主义建设者和接班人。”由“教育为无产阶级政治服务”改变为“教育必须为社会主义现代化建设服务”，反映了教育在经济建设中的地位和作用，并适应当时党的工作重心转移的需要。培养人的标准从“劳动者”变为“建设者和接班人”，也体现了时代对受教育者不同层面的新的要求，但对于具体的城乡教育培养目标上，差异愈加显著。

1983 年，中共中央、国务院下发《关于加强和改革农村学校教育若干问题的通知》。其中明确提出：“农村学校的任务，主要是提高新一代和广大农村劳动者的文化科学水平，促进农村社会主义建设。一定要适应广大农民发展生产，劳动致富，渴望人才的要求。一定要引导广大学生热爱农村，热爱劳动，学好知识和本领。必须通过宣传教育，采取切实措施，纠正目前社会上片面追求升学率的倾向。”①这里突出了教育要为当地经济和社会发展服务，强化学生热爱农村、扎根农村的思想，并且在升学和就业方面制定了明显有利于城市学生利益的教育政策。

1989 年 3 月，国家教委在《关于农村教育改革实验情况的报告》中说：“中国农村教育走什么道路？这是长期以来没有解决好的问题。现在农村教育的弊端主要表现在多数地方的教育结构基本是单一的普通教育，片面追求升学率的倾向比较严重，职业技术教育和成人教育薄弱。农村学校基本上还是城市模式，并且缺乏地方特色。95%以上不能升入大、中专学校的人回到

① 何东昌．中华人民共和国重要教育文献［M］．海口：海南出版社，1998：2087．

农村，既缺乏建设农村的思想准备，又缺乏基本的生产技能。教育的这种状况严重地脱离了当地经济建设、社会发展和人民改善生活的实际需要。”①在这份反映当时农村教育情况的报告中，关注的是回到农村的那95%学生的生产技能问题，而非打通他们进入城市工作的通道或者考虑如何提高农村教学质量，使通过升学进入城市的学生数量得到提高。

整个90年代的教育基调都是以效率优先，兼顾公平。城市教育资源的效率不断提高，而对农村教育的公平考虑却没有切实的措施。1999年6月，中共中央、国务院在《关于深化教育改革、全面推进素质教育的决定》中提出："进一步推进农科教结合，全面推进农村教育综合改革，促进农村普通教育、成人教育和职业教育的统筹协调发展，使农村教育切实转变到主要为农村经济和社会发展服务上来。"

人的社会角色决定了他的社会功能，因而要求具备相应的素质结构。人的素质结构又制约着社会功能的性质和水平。长此以往，农民就被束缚在土地上，几乎没有什么文化生活，从事简单的体力劳动，而城市教育就以培养高素质的人才为己任，他们享受着丰富的文化资源。

（四）第四阶段：21世纪的教育新篇章

党的十六大报告从全面建设小康社会、实现中华民族伟大复兴的全局出发，深刻阐述了教育的战略地位和作用，进一步明确了新时期党的教育方针，即"坚持教育为社会主义现代化建设服务，为人民服务，与生产劳动和社会实践相结合，培养德智体美全面发展的社会主义建设者和接班人"。显然，十六大报告对党的教育方针有新的发展，第一次把"为人民服务"纳入教育方针，写到教育旗帜上。但是，问题的关键是提供服务的对象"人民"是否包括农民这个庞大的利益群体。

2003年9月19日，新中国历史上召开第一次由国务院专门研究部署农村教育工作的会议。温家宝总理在会议上的讲话中强调，发展农村教育有利于提高农村人口的素质，有利于缩小社会差别和实现社会公平，有助于积累国民经济增长的后劲。没有农村全面"普九"，没有农民素质的全面提高，就很难实现全面小康。对于农村教育作用的认识在新世纪达到了前所未有的高度。紧接着，《国务院关于进一步加强农村教育工作的决定》明确了农村教育教学改革的指导思想：全面贯彻党的教育方针，坚持为"三农"服务的

① 何东昌．中华人民共和国重要教育文献［M］．海口：海南出版社，1998：2854．

方向，增强办学的针对性和实用性，满足农民群众多样化的学习需求；必须全面推进素质教育，紧密联系农村实际，注重受教育者思想品德、实践能力和就业能力的培养；必须实行基础教育、职业教育和成人教育的“三教统筹”，有效整合教育资源，充分发挥农村学校的综合功能，提高办学效益。最后，农村基础教育培养目标落脚点是培养“新型农民”。

这种提法似乎符合党提出的与时俱进的要求，但实则不然，因为农民在我国历来是身份的象征，是阶层的概念，而不是职业的概念。目前农业劳动者（农民）约占全国总人口的60%，比重较大，今后几十年的发展应定位在减少农民人口，壮大中间阶层人口比重，而非源源不断地增加“新农民”。现代社会制度化的教育往往以合格公民加某类职业为培养目标，如技术专家、科学家、教师、医生等。农村教育提倡培养“新型农民”不符合现代社会制度化的教育思想。按照目前农村教师队伍实际状况，只能传授简单的农业生产常识，其结果培养的只能是传统农民。我们应该实事求是地承认和反思过去对农民的种种不平等偏见，从而建立平等的公民观和平等的教育观。用城乡统筹或城乡一体化的思路考虑问题，应该提倡培养合格公民①。这个目标无论城市基础教育还是农村基础教育都是共同的，教育培养目标的差异应体现在各级各类学校上，而非城乡教育上。

半个世纪过去了，在这里我们可以看到农村教育的培养目标始终没有脱离为当地建设服务的宗旨，虽然每个历史时期提出的教育方针城乡都是统一的，但在具体的培养目标上，城乡差异处于不断的强化过程中。农村教育是在城乡分治的理念指导下前行。在这种指导思想下，城乡学校的办学方向和课程内容在不同历史时期也体现出“城市中心”的价值取向。

三、城乡课程政策比较

课程政策的发展变化是通过一系列课程政策载体来体现的，分析课程政策具体而有形的载体就是课程计划、课程标准和教科书。下面就从学理的角度揭示课程在这三个政策载体上体现出的城乡差别。

新中国成立以来的课程政策建立在强调统一的中央集权理念的基础之上，课程政策的三种主要载体的制定和修订的权力主要集中在中央，虽然经历了中央集权——地方分权——中央集权——地方分权的变动，但从总体来

---

①　袁桂林．以城乡一体化思路谋划农村基础教育发展战略［J］．新教育，2004（1）：14．

看仍然是以中央集权型为主的。前后两次集权与分权的内涵和范围也有很大差别。

在新中国成立以来的50多年里，我国学校课程的变化受课程政策影响的程度是非常明显的。这充分体现在新中国成立以来我国课程计划（教学计划）、课程标准（教学大纲）和教科书的频繁变动之中。在这50年里，国家共颁发课程计划（教学计划）20多套，除了“文革”期间，差不多每一至两年都要发布一套新的课程计划，而且这些新课程计划的颁布都是一种自上而下的政府行为。这一事实充分说明，我国课程计划的制定和修订的权力主要集中在国家一级的教育部门，地方和学校在这方面是没有任何发言权的。课程标准也一直是由国家教育行政部门制定的，国家几乎包揽所有的决策权。地方教育当局和学校仅仅是一个执行单位，是行政链条上的一个环节。学校教什么，教多少，如何教，材料从何而来，学生要达到什么标准，全部由中央政府制定的课程政策决定。由于没有给地方课程和学生学习留有余地，使教学内容脱离当地实际和学生特点，不仅造成了“千校一面，万生一书”的局面，也影响了地方和学校对课程开发的积极性①。

在我们下面对于课程政策文本的分析中会发现，作为包含着“城市中心”的价值观的语言载体——学校课程，制约了乡土知识的自我表达，促成了乡土文化的自卑和自毁情结。“城市中心”是在文化优越感和文化霸权的掩盖下出现的，为城市经济利益服务的文化心理压迫模式。它的传递也多是以一种灌输的方式。弗莱雷犀利地指出，传统的灌输式教学法内化了压迫者的意识，使得被压迫者沉默无声②。这使得地方文化难以在课程政策制定中被充分考虑，造成城乡教育巨大差异也就成为必然结果。

（一）第一阶段：新中国成立以后的17年

新中国成立之初，课程政策的制定目标定位于改变解放前国统区教育的性质，并总结老解放区的教育经验，确立新教育的指导思想。

新中国成立初期，课程权力绝对是中央集权型的，地方和学校几乎没有课程权力。1958年8月，中共中央、国务院在《关于教育事业管理权力下放

---

① 胡东芳．新中国课程政策的历史回顾与理论思考［J］．清华大学教育研究，2002（4）：64～65，67．

② ［巴西］弗莱雷．被压迫者教育学［M］．顾建新等译．上海：华东师范大学出版社，2001：25，27．

问题的规定》中明文指出，在课程体制上，“各地方根据因地制宜、因校制宜的原则，可以对教育部和中央主管部门颁发的各级各类学校指导性教学计划、教学大纲和通用的教材、教科书等，领导学校进行修订补充，也可以自编教材和教科书”。这是我国课程权力下放的第一次尝试，对于调动地方办学的积极性，适应当地经济及社会发展需要起到了积极的作用。但由于权力下放过快过猛，又缺乏必要的法律、法规和行政规章制度的约束和规范，中央的宏观调控没落到实处，出现乱定指标、乱下命令、滥用权力的混乱局面，致使教育质量普遍下降。

1964 年 9 月 10 日，教育部让全国各地以《河北省教育厅关于农村小学教育问题的报告》为参考，注意贯彻“两条腿走路”的方针，普及农村小学教育，积极试办半工半读、半农半读学校，逐步推行两种教育制度。

河北省农村简易小学的学习年限有长有短，课程设置有多有少，教学要求有高有低。但大体上可分为以下三类：一是一般的简易小学，可学四年，设语文（包括写毛笔字）、算术（包括珠算）、常识（包括农业生产歌和史地常识）三门课。语文方面要求识 2 500 字，能看懂通俗读物、地方报纸，会写毛笔字，写得整齐清楚，会写便条、通知、书信、合同、公约、挑战书等简单的农村应用文和记叙文。算术方面，要求学会整数小数的四则运算，简单的百分法，普通的度量衡计算，会写家庭日用账，会算工分账，珠算学会加减乘除，达到熟练使用。常识方面要求懂得一些农业生产和社会生活中常用的知识。二是少年识字班，主要是培训年纪比较大的失学儿童，可学两年或一年。设语文一门课，或设语文、算术两门课。语文方面，要求识 1 500 字，达到扫盲程度。算术方面，学会简单的加减乘除，要求能够看懂或会记普通的日用账和工分账。三是简易高小，半耕半读，学习两年。主要是招收不能经常坚持全日制高小学习的初小毕业生，以及已经学完一般简易小学课程有条件继续学习、需要深造为简易小学毕业生。设语文、算术、常识三门课，可在一般简易小学各样教材的基础上继续提高。语文方面要求学会 3 500字，达到全日制高小语文程度。算术、常识也应该继续加深加宽，达到或接近全日制高小算术和常识的程度。民办简易小学教师一般是从本村知识青年中由群众就地聘请的，他们的特点是一般不完全脱离生产，往往是一边劳动，一边教书，半耕半教，但他们缺乏教学经验，特别是不懂得复式教学，不会管理儿童，迫切需要培训提高①。

与此同时，同样为了贯彻执行"两条腿走路"的方针，"在采取多种多样形式适当发展中、小学教育事业的同时，应当努力办好作为中、小学教育事业的骨干的全日制中、小学校。在全日制中、小学校中，又必须首先集中力量切实办好一批基础较好的中、小学校，以便尽可能快地提高教育质量，提高教学水平"。这批确定要办好的全日制中、小学的学校名单由省、市、自治区教育厅（局）在现在领导干部较强，教师、校舍、设备等条件较好的全日制中、小学校（包括当地高等学校、机关、厂矿企业举办的基础较好的全日制中、小学校）中选定②。

由此我们可以看出，课程政策采用不同的城乡课程计划和课程标准，并且在课程实施的办学保障上，对于城市有明显的倾斜政策，体现的也是城市为主导的课程文化。

（二）第二阶段："文化大革命"期间

教育领域出现无政府状态，教育事业遭受严重摧残，撤销了原教育部，成立了军事管制小组。学校被任意裁减、搬迁，停止招生，学制缩短，课程改变。推行贫下中农管理学校，大搞"开门办学"。

（三）第三阶段：1978 年至 90 年代末期

"文革"以后，课程权力又收归中央，课程权力的集权状况一直到 80 年代末。1979 年 3 月 29 日，《教育部关于印发加强外语教育的几点意见的通知》③ 中要求必须加强中小学外语教育。中学外语课和语文、数学等课程一样，是一门重要的基础课，应当受到充分重视。目前首先在重点中学和有条件的城市中学开设，三五年内城市中学要普遍开设，并要不断提高教育质量。城镇中学和农村中学的外语课可在条件具备后逐步开设。小学外语课要在保证质量的前提下，在重点小学和有条件的大中城市小学逐步开设。

1983 年，中共中央、国务院在《关于加强和改革农村学校教育若干问题的通知》中明确提出："农村小学的办学形式要灵活多样。学制五年、六年

① 何东昌．中华人民共和国重要教育文献［M］．海口：海南出版社，1998：1311.
② 何东昌．中华人民共和国重要教育文献［M］．海口：海南出版社，1998：1133.
③ 何东昌．中华人民共和国重要教育文献［M］．海口：海南出版社，1998：2287.

并存。并可实行高低年级分段。要办一部分按教育部规定教学计划开课的全日制小学，特别是认真办好区、乡中心小学；也可办只开设语文、算术、常识、思想品德课的小学；还可以开办多种形式，主要学好语文、算术的简易小学或教学班组，包括半日制、隔日制、巡回教学，等等。各类小学的教学内容，都要注意联系农村生产、生活的实际，考虑学生的接受能力和多数教师经过努力达到的水平，进行必要的调整和修改。高年级应适当增加农村应用知识和技能的内容。教学应讲究质量、注意学生的全面发展。教学主要力求形象、生动，实效良好，条件允许时要尽量运用现代化教学手段。”①

1984 年 8 月《教育部关于全日制六年制小学教学计划的安排意见》② 提出了城乡两套全日制六年制小学教学计划，在这个教学计划中无论是课程门类还是课时安排都体现较明显的城乡差异，农村的语文和数学课时间比城市多，所占比重也较大，而城市的体育、音乐、美术、劳动课时间比重则比农村大，但是城市的语文课中开设说话课，有的还开设课外阅读课。农村则在语文和数学课中强调与农村生产生活相关的实用知识。

总体而言，这一时期无论是在课程计划、教学大纲上，针对农村的课程政策都是强调农村生产经验知识的掌握，而在现代化工具学科（如英语）的传授中，对农村的不利条件不是努力改善，保障教育公平，而是体现效率优先，继续拉大城乡教育差距。

1992 年颁布的《九年义务教育全日制小学初级中学课程计划》中规定了地方课程，由地方政府规定统一的课程计划与教学大纲，教材实行“一纲多本”。1996 年颁布的《全日制普通高级中学课程计划（试验）》中规定，学校应该合理设置本学校的任选课和活动课。1999 年全国第三次教育工作会议上确定了“国家课程、地方课程与学校课程”三级课程管理体制，标志着我国的课程政策的重大转变，使农村学生利益保障有了制度基础。

（四）第四阶段：新世纪的课程改革

2001 年，全国开始进行新一轮的课程改革，笔者参与了农村教育研究所对此进行的大规模调查。调查中，地方和学校普遍反映，统一集中的课程体系导致课程决策、开发的权力高度集中在一部分人手里，课程开发主体单

---

① 何东昌．中华人民共和国重要教育文献［M］．海口：海南出版社，1998：2087．

② 何东昌．中华人民共和国重要教育文献［M］．海口：海南出版社，1998：2207．

一；地方和学校一直处于一种课程“局外人”的位置，压制了地方和学校的课程意识和课程能力。各地对高度集中统一的课程体系表达了非常强烈的意见，迫切要求课程体系为地方和学校留下足够的管理和开发空间。越是经济发达的地区，这种愿望和要求就越是明确和强烈。他们理解的“地方”是一种充分“分化”和“发育”的地方，是一种具有主体意识的地方，包括“省、市、县”三级在内，而不是笼统的省一级的地方。但同时对地方的理解、对地方职责的权利的理解、对地方在课程实施、管理、开发中的能力的评价，又表现出比较明显的怀疑、矛盾和无奈的心态。

根据我们收集的农村课程改革调查资料显示（图 2、图 3、图 4、图 5）①，72.0％的中学教师和 59.2％的小学教师认为“新教材的内容适应农村经济和社会发展”的程度为“一般”和“较差”；54.10％的初中教师认为“新教材的内容适应学生发展需要”的程度为“一般”和“较差”；但也有 68.3％的小学教师认为“新教材的内容较好地适应了学生发展需要”。

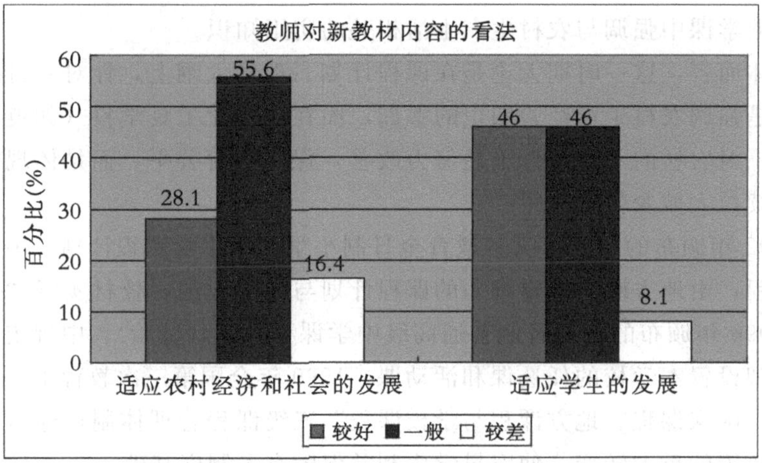

图 2

① 2003 年 9 月至 12 月，教育部普通高校人文社会科学重点研究基地东北师范大学农村教育研究所对吉林、安徽两省的部分农村中小学进行的有关义务教育课程改革实施情况的调研。调查对象（被试）为农村初中的学校领导 37 人，教师 385 人，学生 3 584 人，学生家长（包括务农、经商、外出打工和企事业单位公职等各类人员）3 484 人；农村小学的学校领导 28 人，教师 240 人，学生 1 355 人；有关县（市、区）的各学科教研员 33 人；有关县（市、区）教育局和乡镇的领导 27 人。取得的各种数据用 SPSS 统计软件进行了处理。

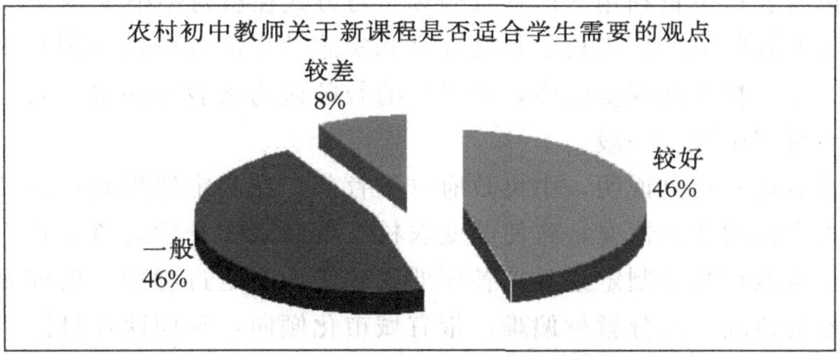

图　3

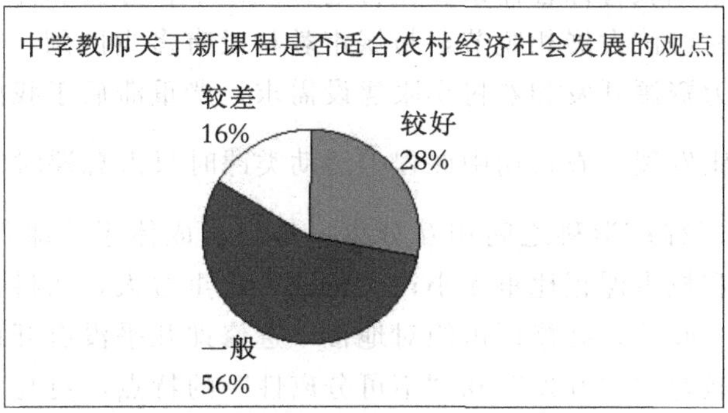

图　4

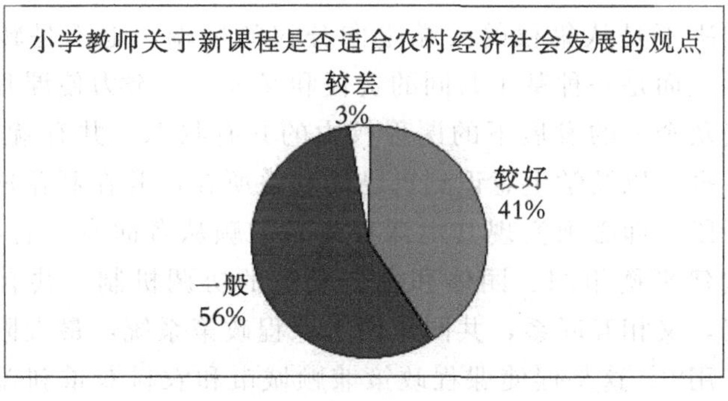

图　5

一些教师反映，教材中的许多内容（如自选商场、用酸奶瓶和易拉罐做工艺品等）带有城市化的倾向，脱离农村实际；许多学科的课程标准和教材要求应用的一些课程资源和学习方式（如参加少年宫活动、参观展览馆和博物馆、使用因特网等）在当前大多数农村地区很难实施，而农村生产和生活的内容以及农村可资利用的课程资源和学习方式在教材中很少涉及。

通过对教师关于新教材的难易程度和实施效果的评价进行调查，统计数据显示，在农村新课程实施中，30.1%的教师认为新教材偏难，61%的教师认为新教材实施效果一般。

上述数据和意见说明，中央政府（教育部）在制定课程政策时没有充分考虑广大农村的实际情况，致使改变农村学生命运的升学渠道受到不同程度的阻碍。从课程政策制定来看，各项课程政策的制定过程中，出现无视农村学生利益的情况，部分教材偏难，带有城市化倾向，致使课程目标不能很好地满足农村学生的需求。

旧的农村基础教育课程体系和教材过分强调学科分类和体系，与新世纪农村科技和农村经济发展相脱节，与城市教材没有多少区别，种类单一，已不适应农村人力资源开发和农村小康建设需求，严重滞后于我国农村经济和农村教育的健康发展。农村初中课程中活动类课时只占总课时的$\frac{1}{10}$，而绝大部分是学科类课程；学科之间相互分离，每门自成体系，课程繁多，达13门；地方课程和校本课程比重太小；文化课程比重过大，而科技活动课程比重过小，只占400节；必修课占绝对地位，选修课几乎没有开设。这些课程既不符合农村教育“双开发”和“不可分离性”的特点，更与农村社会、经济发展和农村劳动力转移的现实需要相脱节。

就中国的课程集权现状而言，课程分权是中国课程政策改革的必然走向，但这走向决不是从集权的极端走向分权的极端，也不是转变成各自为政，互不相干，而是一种基于共同的责任和义务——努力使课程能够充分促进国家、社会及个人的发展下的课程权力的共有状态。共有就是要使地方、学校或教师、家长以及学生意识到自己的利益所在，并在利益冲突中有反映意见和要求手段，即必须实现其由课程体系的顺从者向参与者的角色转换，并促进政府构建平衡组织、团体和个体利益的协调机制。共有是既相互独立，各司其责，又相互联系，共同作用于课程政策系统，最大限度发挥课程政策系统的作用①。这是促使课程政策兼顾城市和农村双重利益的重要制度保障。

从以上对于教育投入管理体制、教育培养目标和课程设置的分析可以看

① 参见：胡东芳．新中国课程政策的历史回顾与理论思考［J］．清华大学教育研究，2002（4）：64～65，67．

出，长期以来政府的重工轻农政策形成了今天城乡分割的二元经济结构造成的城乡相对独立的教育公共产品供给体系。城市实行的这种以政府为主导的公共产品供给制度，无论从数量上还是质量上都优于农村教育公共产品。相对于城市而言，农村很大程度上实行的是以农民为主的“自给自足”型教育公共产品供给制度，大多都是由农民以上缴税费的方式自己承担，公共产品数量短缺、质量不高是其基本特点。除了“文化大革命”特殊时期的教育规律被扭曲之外，国家的教育政策“城市中心”的倾向不断强化，无论是在教育投入管理体制的沿袭、教育目标的设计还是课程政策的实施都是在将城乡教育不断分化拉大，有悖于教育公平的理念。

四、教育政策合法性危机剖析

党的十一届三中全会以后，我国农村教育事业有了很大发展，为将我国沉重的人口负担转变为人力资源优势作出了积极贡献①：

第一，“普九”、“两基”与农村职业教育和成人教育事业使农村人口素质明显提高。

普及九年义务教育和扫除青壮年文盲工作取得了令世人瞩目的历史性成就。2002年年底，全国“普九”人口覆盖率达到91%，初中入学率达到90%，基本实现了国家规定的基本普及九年义务教育、基本扫除青壮年文盲的“两基”目标，这是新中国成立以来我国教育史上的一次新跨越。目前，我国人均受教育年限达到8年，超过了世界平均水平，我国受教育的人均水平在9个发展中的人口大国居于前列，令世人瞩目。农村职业教育和成人教育有了很大发展，县、乡、村三级农民培训体系初步形成。5年来，中等职业学校共培养农村学生1 300多万人，培训农村劳动力4.6亿人次，培养了一大批科技示范户和致富带头人，涌现出一批为农服务的先进典型。

第二，“以县为主”的农村教育管理体制为农村教育的发展创造了机遇。投入力度的加大为农村教育的发展带来了巨大的变化。这是继“两基”之后我国农村教育实现的历史上的又一次新突破。

截至2003年5月底，98%的县、市、区将中小学教职工工资管理上收到县；94%的县、市、区将农村中小学人事管理权限上收到县，“以县为主”的新体制开始确立，农村义务教育管理体制取得突破性进展，使多年来影响

① 陈志伟，时晓玲．教育部举行新闻通气会：周济部长畅谈农村教育成就和目标［N］．中国教育报，2003-09-16（1）．

农村义务教育发展的一些突出问题正在逐步得到解决。拖欠教师工资的情况有明显好转，解决中小学危房步伐加快，切实减轻了农民负担，同时也有力地促进了政府职能的转变和公共财政体制的建立。

各级财政对农村义务教育经费投入明显增加，农村义务教育投入格局发生变化。1997年，全国农村义务教育经费预算内拨款为430亿元，占当年义务教育总投入的54.8%。2002年，全国财政预算内对农村义务教育的拨款达到了990亿元，占当年义务教育经费总投入的78.2%，五年间增加了1.3倍，初步实现了从“农村教育农民办”到“农村教育政府办”的根本性变革。

近几年来，中央财政对农村义务教育的支持明显增加，主要体现在工资性转移支付和农村税费改革转移支付。2002年两项转移支付用于农村义务教育的总数达243.47亿元，对于保证中西部地区中小学教师工资发放起到了决定性作用。此外，中央财政加大了对农村义务教育的专项支持。中央财政投入到农村义务教育的各种专项，1997年为10.73亿元，到2002年增长到95.84亿元，增加了7.9倍，五年年均增长54.95%。2001年和2002年，中央财政每年在补助中西部地区加强农村贫困地区义务教育、农村中小学教师工资补助、消除中小学危房、信息化建设、资助困难学生等方面的专项经费投入都达到了80亿元以上。据测算，2002年，中央财政的投入占全国农村义务教育经费总量的28%以上，占中西部地区农村义务教育经费总量的43.2%和财政预算内支出的56%，占中西部地区农村义务教育教职工基本工资支出的72%。这对于保证中西部地区中小学教师工资发放起到了决定性的作用。

第三，农村中小学教师队伍建设得到加强，中小学乱收费问题得到进一步治理。

加强农村教育工作必须把提高农村教师队伍素质摆在突出位置。目前已有22个省份出台了中小学教职工编制标准实施意见并积极进行编制核定工作。2002年农村中小学代课教师比2001年减少11万多名。农村小学专任教师学历合格率达到97%；初中教师学历合格率分别达到86.5%。

我国治理农村中小学教育乱收费取得成效。全国已经有548个国家扶贫开发重点县、115个省级扶贫开发重点县在农村中小学实行“一费制”，中小学收费进一步规范，乱收费问题得到进一步的治理。

此外，贫困地区义务教育办学条件得到了一定程度的改善，帮助家庭经济困难学生完成义务教育学业工作得到加强，农村中小学素质教育扎实推进，义务教育阶段课程改革实验工作以及信息技术教育取得了进展。

在看到农村教育取得的伟大成就的同时，我们也应清醒地认识到：从整体来看，我国农村教育还相当落后，还面临着一些突出的困难，与中央关于解决好农业、农村和农民问题的要求还很不适应。因此，需要进一步剖析中央政府及教育部制定的教育政策产生各种问题的原因。

第一层的委托—代理问题主要表现为逆向选择，即委托人在不了解可能对自己产生不利影响的信息的情况下与代理人签订合同面临的对己不利的困境。也就是说，长期以来，农民家长对于自己子女接受的教育并没有意识到是在一种没有充分保障自身利益的情况下进行的，他们很少怀疑他们将自己手中的教育权利交给政府以后，自身的教育利益是否得到了有效的保障。没有农民家长的有效监督，政府也很难正视教育政策合法性危机的存在。现对产生这种委托—代理现象的原因试析如下：

（一）代理人卸责：政府官员的“经济人”冲动

新制度经济学中的公共选择理论认为，国家和政府都是一个抽象实体，政府职能由具体的个人行使，这些人也是追求自身利益（包括薪金、权力、名誉、社会地位和休闲等）最大化的经济人，他们也一样受普遍认同的经济理性的支配，并在制定和执行各种政策时体现他们的选择偏好。从历史的角度纵观教育政策制定的价值取向是与中央领导人的偏好密切相关。

新中国第一代领导人多是农村出身，对农村有着天然的感情。尤其是毛泽东与中国农村和农民有着难解的情结，因此新中国成立初期教育政策中要贯彻“教育为工农服务”的方针，当时“严重的问题是教育农民”（毛泽东语）。由于中央领导的特殊重视，新中国成立初期，农村教育被列入社会发展的重要日程。到了“文革”期间，把绝大部分知识青年下放到农村去，希望通过这种方式把知识分子与农民结合起来。“广阔天地，大有作为”成为当时流行的口号。

随着社会发展的变化，工农对立的二元社会结构逐渐形成。新中国推行了牺牲农业以支撑重工业发展的政策，在为中国建立独立自主、相对完整的工业体系的贡献中使中国农村付出了沉重的代价。各级政府领导由于工作生活在城市之中，为自己的孩子创造良好的教育条件是一种很自然的需求，因此在教育政策中向城市倾斜似乎成为一个必然的选择。在教育领域，将有限的资金集中于带有各种招牌的重点学校，层层设置重点学校的制度加剧了基础教育领域内部资源配置的失衡，导致地区内、区域内学校之间差距的拉大。重点学校绝大多数设在城市、城镇，从而有利于城镇学生的升学。这种把学校、学生分为不同等级，为了选拔少数“尖子”而使多数学生的利益受损、强烈竞争性的教育，是违背义务教育的性质和宗旨的，但成为每一级教育和财政主管部门普遍的行动逻辑，乃至成为官员们的第二天性。自然，这种行动逻辑的背后体现着利益集团的利益。教育资源的掌控者所以至今咬定“重点扶持”的价值取向（当然是“不平等取向”）不放松，主要动机可能不再是如其标榜的为了所谓“人才”的“早出”、“快出”，或者通过树立“典型”来“带动一般”。实际上，重点倾斜的学校正是他们子女就读的学校。正是那些掌握着资源分配的官员们的子女更多地占据了一系列重点学校的座椅。

有这样一个统计：1960 年代初的广州，能够有 70％至 90％的学生升入大学的当地重点中学中，只有 11％是工农子弟，48％为 1949 年前入党的干部子弟，余者则为原居住区居民（1949 年之前的富裕阶层）的子女。2003 年实行的一项对马鞍山市的调查显示，在该市的初中毕业生中，出身于“上层”家庭者有 69.1％进入了该市“最好的高中”，而占人口大多数的下层的相应比例则只有 5.1％。另一项对北京、重庆等十城市高中教育公平状况的调查也显示：占人口不过 10％的党政干部、高中级管理人员和专业技术人员的子女占去了被调查重点高中 42.1％的名额。在北京市，这一比例则达到 57.3％。某经济大省财政厅与省城某全国知名重点中学达成的协议则更加反映了赤裸裸的交换关系：该中学每接收一名财政厅官员的子女，将拨付 50 万元的教育经费①。

从上面这则材料中我们可以看出，教育行政官员与其他人一样是追求自身利益最大化的，所以需要有完备的监督来防止权力权利化，避免教育行政官员以私利僭越公共利益，以保障教育公平。作为最初委托人的农民家长由于各种原因，缺乏对代理人的监督积极性，由于信息不对称、不确定以及责、权、利关系的扭曲造成的教育服务数量少、质量低下，无法满足农民的教育需求。由于教育的周期性长和教育官员任期制之间的矛盾，教育代理人问题不能得到及时有效的解决，这些就造成了农村教育凋敝的现状。农民家长承担的教育责任远远大于享受的权利，不平等和弱势是农村教育的特点，这需要国家基于公平正义的原则作出制度性的创新和安排，需要建立城乡一

① 张玉林．中国教育不平等状况蓝皮书［EB/OL］．http：//www．usc．cuhk．edu．hk/wk．asp，2005－04－23．

体化的教育服务供给体系，向城市和农村提供均衡的教育公共产品，并且制定弱势补偿政策。

义务教育是奠定一个人终生资历、学力和参与社会竞争的资本，但被贫困吞噬的农村教育很难保障受教育者的基本权利。为此要加快农村经济和社会发展，真正减轻农民负担。必须从根本上改变这种非均衡的城乡教育公共产品供给制度，调整政府公共支出政策，加大中央财政对农村基础教育的投入力度，贯彻执行九年义务教育。这是政府的责任和义务。中央政府和教育部作为第一层教育代理人担负的责任极为重大，但长期以来的教育政策已经明显违背了教育公平和正义的道义原则。这其中有历史造成的原因，也有官员作为“广义经济人”的个人原因，这造成了农民的利益长期在政策中得不到反映。

（二）委托人卸责：农民家长权利的缺失

在调研的过程之中，我们发现了一个令我们极其惊讶的现象。如果说各级政府和教育行政部门出于“经济人”的寻租冲动，还时而不时地“过问”农村教育的话，那么作为农村教育最初始的委托人——农民在这其中的表现几乎就是完全的“哑然失声”了。财务、行政霸权等方面的纠纷还常常出现上访的现象，他们在教育方面的失声已经到了一个彻底的地步。本书试图这种现象回到本书基本的分析框架——“委托—代理”关系中考察。

第一层委托—代理关系中既存在代理人没有履行好代理责任的问题，又存在委托人不成其为委托人的问题。这是因为第一层委托—代理关系中的委托人——农民家长，由于其与政府形成的委托—代理契约是不成文的和隐形的，委托人作为利益主体的身份不直接，不分明，因此农民家长虽然名义上是委托人，但实际上难以实现委托的效果，并且长期以来农民的权利状况一直令人堪忧。

虽然我国宪法规定了每个公民的权利是平等的，但《中华人民共和国全国人民代表大会和地方各级人民代表大会选举法》规定：自治州、县、自治县的人民代表大会代表的名额，由本级人民代表大会常务委员会按照农村每一代表所代表的人口数四倍于镇每一代表所代表的人口数的原则分配。也就是说，四个农民拥有的代表数等于一个市民拥有的代表数。尽管不是全部，这至少是农民成为政治上的弱势集团的一个原因。根据这样的规定，在权利上，在政治上，8 亿农民就变成了 2 亿农民。他们就很难与 5 亿城镇居民抗衡。从经济学角度来看，正如布坎南所说，一致同意是帕累托最优的政治对应物。不言而喻，前提是平等的投票权。也就是说，在权利上不平等，在经济上就无效率。一个社会中最大的人群被压缩了权利，各项政策就会出现系统性的偏差①。仅从几十年的教育政策史及其后果来看，缺少一个反映农民利益的、平衡的政治结构，城乡利益集团力量对比相差悬殊，在于城乡居民作为社会系统的两类行动者，对教育资源的控制、结构位置、行动的能力和可能性，存在着明显的不平等和能力反差，这些差异又通过社会相互作用的过程对权力资源的积聚和教育政策安排的损益产生了巨大的影响，是许多损害农民家长利益进而损害全社会利益的教育政策轻易出台的重要原因。

何以造成这样的状况？按理说农民是农村教育链条中最有权力说话的一群啊！我花了很长时间思考这一问题。最后，为了更清楚地表述，我想暂时撇开农村教育，从农民的基本生存状况的角度，以土地为例来谈这个问题。

农村的基本定义总是离不开土地这一基本特征。作为最基本的生产资料，土地一直以来都是农村经济牵一发而动全身的根本命脉。因此，在农村众多纷繁芜杂的问题之中，土地问题是最具代表性也是最具根本性的问题。当我涉足农村教育这一领域时就想到，农村教育肯定不单单是一个独立的地域性的教育问题，不能脱离农村这样一个大的问题生态而独立地考虑。尽管做好了这样的思想准备，但是，当本人真正进入到现场时，却发现农村问题实在芜杂，很难理出头绪。但当我看到了那一片片的黑土地以及在其上辛劳佝偻着的身影时，不禁敏感地觉察到土地应当是这一团乱麻中的第一个结点。因此，笔者想以土地问题为例描述农村和农民的基本生态。

2003 年《经济日报》一条消息说，今天我国失去土地的农民有 2 000 万，他们的状况如何呢？某省抽样调查表明，在被调查的 455 户失地农民中，被安置就业的只占总人数的 1.1%，参加养老保险和医疗保险的也分别只有 6.2%和 8.1%。这部分人群的现状是：打工没人要，经营无门路，办厂缺本钱，就业难度大。今后我国的失地农民每年还要增加几百万人，为了城市发展和基础设施建设等而让出赖以生存土地的失地农民，但如果不能合理地安排他们今后的生活和工作，必将积累下诸多棘手问题。②

土地也是一种不动产，并且土地的流出和货币的流入，这看上去也极像是一种以农民和土地征用者之间的一种商品买卖，但是为什么这种农民在其

① 盛洪．“让农民自己代表自己”［N］．经济观察报，2003 - 01 - 27.

② 仲大军．中国需要第二次土地革命［EB/OL］．http：//www. dajun. com. cn/tudisiyou. htm，2005 - 06 - 01.

中吃亏的不合理的交易状况会如此“顽固”地存在于“合理”的交易现实之中？并且，作为交易主体之一方的农民却无力主使交易成败或价格的高低？笔者认为造成这种状况的根本原因是土地产权的不明晰，而土地的产权现状的考察需要回到历史语境之中寻找它的成因。

建国初期，我党为着彻底完成新民主主义革命的历史任务，反抗美帝国主义的侵略，领导全国人民开展了土地改革、抗美援朝和镇压反革命三大政治运动。土地改革运动在1950年6月中国人民政治协商会议第一届全国委员会第二次会议讨论通过土地改革法草案后在广大解放区展开。

1958年3月，在成都召开的中央工作会议上，根据毛泽东的建议，会议通过了《中共中央把小型的农业合作社适当地合并为大社的意见》。文件下达后，福建、河南、辽宁等省农村开展联乡并社的工作。同年5月，中共八大二次会议确定了“鼓足干劲，力争上游，多快好省地建设社会主义”的总路线。在这条总路线的指引下，“大跃进”运动逐步形成，各地相继加快了小社并大社的进程。同年7月，《红旗》第3期和第4期发表陈伯达的文章，转述了毛泽东构思的公社思想：“我们的方向，应该逐步地有次序地把工（工业）、农（农业）、商（交换）、学（文化教育）、兵（民兵，即全民武装）组成为一个大公社，从而构成为我国社会的基本单位。”随后，毛泽东到河北、河南、山东农村视察，不断宣传他办大公社的思想，中共中央并派人到河北省徐水县搞公社试点。1958年8月17日至30日，中共中央政治局在北戴河举行了扩大会议。经过讨论，会议通过了《关于在农村建立人民公社问题的决议》，决定在全国农村普遍建立人民公社。决议还认为人民公社是建成社会主义和逐步向共产主义过渡最好的组织形式，并认定共产主义在中国即将实现。北戴河会议后，全国迅速开展了农村人民公社化运动，并于9月10日公布了北戴河会议《关于建立农村人民公社的决议》。到10月底，全国农村人民公社化全部完成，原有74万多个农业生产合作社改组成为26 000多个公社，参加公社的农户有1.2亿多户，占全国农户的99%。人民公社的特点是“一大二公”。

从1978年底安徽省凤阳县小岗村生产队18户农民签订全国第一份包干到户合同起，以包产到户、包干到户等为主的责任制迅速在中国得以推广。1987年，全国有1.8亿农户实行了家庭联产承包为主的责任制，占全国农户总数的98%。关于土地承包期限的问题。1984年中央提出土地承包期15年不变，当时许多第一轮承包合同尚未到期，即使是1984年签订的合同也要1999年才能到期。但中央在1993年又提出再延长承包30年，并提倡“增人不增地，减人不减地”。2003年3月启动的《中华人民共和国农村土地承包法》也重申了“耕地的承包期为三十年”，在此基础上规定“承包合同生效后，发包方不得因承办人或者负责人的变动而变更或者解除，也不得因集体经济组织的分离或者合并而变更或者解除。”（24条）并规定“承包期内，发包方不得收回承包地，不得调整承包地，且不得单方面解除承包合同”（26、27、35条）。

在新中国成立以来的这样一段历史变迁中，我们发现，农民先是以土地改革的形式从地主的手中分得了土地，拿到了土地的所有权。但是后来国家又通过政策鼓励，使所有农民将手中的土地联合成为一个个生产集体。在这种联合中，我们发现，土地的产权有两种理解：一是既不属于国家，也不属于个人，而是属于介于二者之间的集体。在法理意义上，这集体（人民公社）应当属于民间自愿性的生产合作组织。另一种理解就是土地的产权属于个人，但是交给集体来管理。从中国历史的实际状况来看，那段时期的土地产权应当取第一种理解。但是，当“文革”结束以后，实行家庭联产承包责任制，土地以承包的形式由集体（原来的人民公社）承包给个人，但就是在这个时候，中国几万个叫做“人民公社”的办事机关一下子转变成为乡镇人民政府，尽管这个时候，土地还是在以集体的形式发包，但是，那个集体是谁？人民公社这样一个集体机构已经转变成为国家政权性质的人民政府，因此并不能说是集体（自愿性的生产合作组织）了。谁来发包可能不重要，但是，土地是谁的很重要，因为涉及究竟谁有权力对它进行征用和转让？从另外一个角度来看，它不是农民的，那么土地从农民那里被夺走了之后，谁是征地补偿的获利者？农民要获得这样的补偿应当找谁？现在的实际情形是，土地征用的补偿并不能到农民手中，而是被它的所有者（那个不知道是谁的“集体”）所有。这种情况产生的根本原因就是土地产权的不明晰。

土地集体所有使我国土地承包经营权变成了一种复合形态的权利，使它具有了身份权、债权、物权和行政管理权等多重法律性质。身份权是指，凡是社区集体成员都可凭其身份获得承包土地，这种权利是变相地将农民永远捆绑在农村和土地上。债权是指，集体组织仍有权对承包土地进行调整。物权性质是指，由于随着家庭承包制的发展，集体组织不再对承包地做其他投入（指除了水利等农村公共性投入之外的投入），而承包人对农业生产中的投资份额越来越大，承包地上的种植物、养殖物都归承包人所有，土地承包经营权已逐渐表现为对承包地的排他性占有、使用和收益的权利。说它具有行政管理权性质是指，很多地方的税收、提留、定购乃至计划生育都纳入了土地承包合同。[①]

因此，土地问题不单单是土地问题，它更是整个农村问题中的基本问题。土地问题的产权不明晰也带来了整个依附于其上的其他农村问题的模糊不清。现在，在农村随处可见的过度开发、污染型企业的泛滥、农民工工资的拖欠等问题的纠葛，组成了复杂的农村问题的大背景。当我们来考察纷繁芜杂的农村问题时，还会发现一个特征，就是农村问题的背负者——农民在面临这些问题时，他们的反应往往只有一个，就是无计可施，任人宰割。是什么因素造成了这样的状况呢？为什么当农民的利益受到侵害时往往没有办法"讨个说法"呢？我想，这之中有一个很重要的原因就是"欲告无门"，农民无法找到一个去处可以给这些问题一个说法，也没有谁站出来说"我对此负责"，无法找到这些问题的责任方和问责方。我认为，农村问题所以如此紊乱，一个很重要的原因就是面对农民的种种卸责现象，导致农村问题始终得不到解决，并且日积月累，造成今天这样的局面。造成这些卸责现象的原因就是农村各样资源的所有权模糊不清，在"委托—代理"的结构中双方的身份不明确，因此权责也就不明确。当享受权益时，谁都来申明自己对土地所有权地位，争做委托方，争取土地资源中的各项权益；当需要负责任时，却都推卸自己的"集体"身份，不愿做农民土地所有权的代理者，规避面向委托方农民所当尽的责任。因此，一个模糊的、不合理的合约本身也就成为谋利和卸责的避风港。

本书关注的教育问题也是如此。农村教育资源的所有者模糊导致农村教育中的各种卸责或无处寻责的现象无处不在。这种权责状况给农民带来的最根本的打击就是剥夺了他们的问责权，使农民的任何发言都没有法理上的合理性。实际上，在农村义务教育中，经费的百分之八十都是来自向农民征收的教育附加费。如果从经济的权属关系来看，应该将农村教育视为农民所有，尽管县级以上的政府只负担了百分之二十，但是农村教育的所有权被他们实际地控制着；如果从历史来追溯，今天的农村学校都是原来"大集体"时期的社办学校，但即使将农村教育视为乡镇集体所有，乡镇政府的性质也是一个疑案，这个问题与土地问题是一回事。在实际生活中，农民若能对学校说上什么话，所依据的就只能是他与学校的直接经济关系了：他向学校交了学费，学校就应当为他的孩子提供良好的教育，但是其实连这一点也不成

---

① 仲大军. 中国需要第二次土地革命［EB/OL］. http：//www. dajun. com. cn/tudisiyou. htm，2005 - 06 - 01.

立。因为在九年义务教育中，农民向学校缴纳的费用只是基本的直接的教育成本，而义务教育的主体费用并不是由农民直接缴纳，因此缴纳的基础费用恰恰成为无需对农民负责的理由，因为你交的只是你孩子自己直接用的部分①。在教育资源所属如此复杂的纠葛中，谁应当对农村教育担负责任？无人回答。事实上农村教育就像农村的土地一样，当有利可图时，人人都申明对其的所有权（唯独没有农民），来瓜分它的利益；但需要担负对它的责任时，人人都对其敬而远之，无人过问（唯独农民承担了一切）。所以说，当我们谈到最初的委托人——农民卸责时，也包含着他们难以问责②。

农村教育的权责混乱还不仅于此，农民无法问责还有一个很重要的原因，就是他的委托人不明确。我国从乡镇一级起，往上直到中央的五级行政单位都有人大，尤其县以上行政单位的结构组成均如此，由人大统领一府两院，而且上一级的人大是在下一级人大的基础上产生。因此，严格地说，教育行政部门作为"一府"的一部分，它的权力是由同一级人大赋予的。但是，我国的实际权力结构是由上而下的，各级教育行政部门实际受上一级的教育行政的领导更大。如果按照由上而下的行政结构，无疑农民委托的对象是中央政府，他若要问责，就需要寻找全国人大或国务院以及教育部；如果按照人大产生的结构，那么农民问责就应当找乡镇或县人大。因此，发生在农村教育中的权责危机不但表现在农民拥有什么上，甚至他把拥有的委托给了谁都说不清楚。这种状况使农民这位握有最大法理问责权的委托方在自己的最大权利上却茫然不知所措了。

农民家长作为委托人由于对教育资源的所有、分配不具备充分权利，不能追求和分享作为委托人本应享受的收益，也无需分担相应的风险和补偿相应的成本，所以造成农民家长不具备监督动力，既定的契约目标难以达成。而且监督的成本大，监督者没有积极性，每个农民家长监督教育公共权力执行需要花费时间和精力，而这部分的机会成本对自己来说则非常大。中国农民是天然的个人主义者。他们最为关心的是自己的直接利益。他们在利益判断上的近视和投机主义行为决定了他们的"搭便车"行为大量存在。虽然他们普遍感到了教育负担重，也希望有人出头主张权利，在一般的情况下他们

---

① 当本书与坐在书桌前的你见面时，中国的农村以及农村教育已经发生了巨大的变化，农民种地已经无需缴纳任何税费，甚至有的地区开始实施义务教育阶段全免费，这种趋势从减轻农民负担的角度确实值得额冠相庆。但是，笔者又有另外一种担心：从问责的角度，这是否会造成农民在农村教育上更加丧失话语权？

② 这层意义上的卸责（无法问责）是指农民在委托代理的关系中面向学校以及各级政府时。

也愿意参加这些活动。但是，如果这种活动会给他们带来直接的经济负担，他们就会算计这种利益上的得失，大多会退出这种行动。也就是说，反对加重农民负担得到的收益具有公共物品的属性，收益并不会因是否参加反抗行为而受到影响，可是参加对抗基层政府的成本却主要由个人承担。因此，一旦需要为此付出实际性的代价时，单个的农民存在着“搭便车”的心理，希望别人去监督而自己坐享其成必然会导致监督的缺乏。这种成本个人化而收益公众化的状况就决定了这种体制外的组织生命力极为有限。目前，那些农民自发组织大都因无“活动经费”而不能开展活动这一情况就充分说明了这一点。

即使农民家长具备监督动力，愿意行使自身的教育权利，愿意表达对农村教育服务的愿望，也会由于难以对政府运转或其管理成功与否进行准确衡量、评价并实施相应对策，找不到高效率的表达途径，从而造成代理者为公众提供的农村教育服务与委托者所需要的廉价而且高效的农村教育服务之间存在一定差异，造成代理人与委托人相互之间漫长的博弈，给监督和反监督带来极大的社会交易成本。

根据奥尔森的理论，农民在政治结构中的弱势恰恰因为他们人数太多。每人分摊的共同利益太少，而团结的成本太高。在社会博弈中，农民家长尽管人数众多，但他们始终是弱势集团，缺乏利益表达的渠道和强度，在利益表达——利益综合——教育政策制定和实施的整个过程中都不能积极地参与和有效地施加影响，不能通过组织化的反抗来争取自己的利益，导致有关教育政策安排不能保证他们作为“最少受惠者的最大利益”，反而是不断地损害和剥夺他们的利益，这使城乡教育差距形成路径依赖上的积重难返和持续强化之势①。

我国农民由于受几千年小农经济下封建文化的影响，还存在着浓厚的封建思想，缺乏参与、自主意识，相反却存在有崇官、拜官、怕官意识，当他们的利益受到侵害时，往往采取消极对抗的办法。詹姆斯 C. 斯科特把生存伦理置于分析农民的政治活动的中心，得出“安全第一”原则是体现在农民秩序的许多技术的、社会的和道德的安排中的。但人们很容易把这些安排浪漫化、理想化。“相反，它们仅仅意味着一切人都有权利依靠本村资源而活着，而这种活着的取得，常常要以丧失身份和自主性为代价。”农民的检验

---

① 李成贵. 国家、利益集团与“三农”困境［J］. 经济社会体制比较，2004（5）：57.

标准极可能是“剩下多少”而不是“被拿走多少”[①]。农民们还不习惯组织起来，建立在自愿的基础上的、相对独立的利益集团，通过正当的利益表达渠道，表达自己的利益要求。即使有一些“农民精英”愿意建立保障农民权益的组织，但文化素质偏低，对自己的行动目标和方式缺乏系统的思考，并且缺乏必要的法律保护意识。组织内部的分工合作缺乏系统性，其成员也不稳定。这些因素使这些体制外的农民组织的运作成本增加。

从委托—代理关系来看，除了存在委托人对于政府的监督严重不力的问题，而且对作为代理人的政府的激励机制也很不足，激励机制常常失灵，代理人的决策往往不是最优的，因为只有一个政府，它垄断了绝大多数教育服务的供给，缺少竞争对手，没有生存危机感。政府教育官员实行的是常任制，但求无过是很多人的工作目标，这使符合农民利益的教育政策产生的动力不足。这种政策权力机制的畸变在某些农村地区的教育政策制定过程中显得尤为严重，为权力拥有者进行“政策创租”和“抽租”提供了便利条件。在他们制定各项教育政策的过程中，农村家长缺乏权利意识，并且不善于利用各样的渠道保障自己的权益，不能对政府制度制定的合法性进行有效监督，这就使农村家长的委托人地位事实上处于“虚位”状态。作为庞大的农民家长群体却长期处于社会权利贫困的境遇，他们的声音没有在制定政策的过程中得到反映。信息不对称造成的不利境地进一步得到强化，农村教育处在被抛弃的边缘。因此，建立一种农民家长的联合组织是解决这个问题的关键，笔者在第五章将会对此进一步探讨。

---

① ［美］詹姆斯 C. 斯科特．农民的道义经济学：东南亚的反叛与生存［M］．程立显等译．南京：译林出版社，2001：9．

第三章 教育政策在地方执行阻滞

第二层委托—代理关系存在于中央政府、教育部与地方政府、地方教育行政部门之间。中央政府、教育部代表家长利益制定各项教育政策的同时又作为委托人，委托地方政府（省、市、县镇）和教育厅（局）作为代理人（如果细分又可以形成三级委托—代理关系）形成新的委托—代理关系，代理人的主要责任是执行教育部制定的各项教育政策，为本地提供教育公共产品。“以县为主”以后，县级政府承担农村教育管理的主要责任。因此，本书主要探讨中央政府、教育部和县级政府（财政局和县教育局等）之间存在的委托—代理问题，它主要表现为中央教育政策在地方的执行阻滞，即教育政策因地方政府的执行不力导致中央教育政策目标不能完全实现甚至完全落空的情形。

一、教育政策执行阻滞的表现

教育政策执行阻滞通常有以下五种表现：第一，教育政策执行表面化，政策在地方执行过程中只是被宣传而未被转化为具体的操作性措施，使教育政策产生的作用大大低于政策目标的要求，只是象征性合作。第二，教育政策执行局部化，名义上说把中央教育政策的统一性与地方的多样性结合起来，使中央教育政策得到实事求是的贯彻，但实质上是按照自己的利益需求对政策进行选择性执行。第三，教育政策执行扩大化，地方政府在执行上级政策过程中为了达到个人利益或局部利益，附加了一些原教育政策目标没有规定而且不恰当的内容，致使政策的调控对象、范围、力度、目标超越政策原定的要求，影响了既定政策目标的有效实现，如“搭便车”收费。第四，教育政策执行全异化。政策执行全异化是指当利益的调整不利于地方政府或引起政策对象不满或抵制时，地方政府缺乏有效执行教育政策的积极性，把执行中出现的问题推给教育部，指责政策的不完备性或不合理性。实际上是他们利用信息优势，根据自身利益对政策进行各种变通。上级深得民心的好政策要么是长期得不到执行，要么是对自己有利的部分就执行，无利的部分就不执行，要么是“变样”执行，出现“上有政策，下有对策”的局面。这种貌合神离、偷梁换柱的执行态度使得上级政策名存实亡，目标落空。下面，笔者结合全国六县调查和东北农业县半年的田野研究对各种教育政策执行阻滞问题进行分析①：

（一）教育投入问题：杂费风波和政府采购

虽然现在我国基础教育实行“以县为主”的管理体制，但有很大部分县级财政是“吃饭财政”，欠发达地区甚至是“赤字财政”，根本无从保证教育经费的正常投入，中小学学费、杂费错位使用现象普遍。有些地方政府无视农村学校运转的艰辛，依旧通过政府采购谋取个人或部门利益。

1. 杂费风波——第48号提案

2003年，在吉林省D县政协十一届一次会议上，4位政协委员提交了《关于减免财政对学校自费生收费比例的建议》（以下简称为“建议”）。《建议》中指出：“县财政每年都从两所高中的自费生收入中提走80%，中、小学杂费中提走50%共计307.8万元用于县财政教师开支，致使学校所剩的一点费用根本满足不了教学需要，更不要说发展教育事业了。提走的仅为300多万元，对县里经济只能是杯水车薪，然而教育却寸步难行。建议政府能够从长远考虑，免收或减收几所学校的这笔费用，造福子孙后代！”

财政局答复如下：根据国务院1996年颁布的《关于加强预算外资金管理的决定》，按照“预算内、外收支统管”的原则每年重新核定一次年度收支。首先，按统一确定的标准对编内的实有在职人员、离退休人员等核定了工资性支出；其次，对编内人员核定了办公经费支出；再次，核定了公用取暖费、车辆燃料和修理费支出；这样合计计算出某一单位或部门的“支出总需求”。然后，再对各单位的预算外收入和其他各项收入扣除成本（费用）之后计算出净收入作为“抵支收入”。最后，用“支出总需求数”减去“抵支收入数”计算产生“财政补助数”作为年度财政对该部门或单位的财政补助资金。因此，“提走80%或50%”的问题是县教育行政主管部门对各学校预算外收入的管理办法。

财政局最后的结论是：一定时期内，事业发展的需要是无限的，而资金供应保障能力是有限的。各项事业都要快速发展，把想办的一切事都办好，这只能是作为一种愿望，不可能都成为现实。只能是用有限的资金去尽力保证无限的事业发展需求，在各种复杂矛盾的相互交织中寻求相对的资金供求

---

① 调查研究以GDP为依据，在各省人均GDP排序表中基本等距地选择了6个省，它们是2001年GDP排名在第4、10、15、21、26、31的浙江、黑龙江、吉林、河南、四川、贵州，在每个省中分别确定了在各省人均GDP排序表中处于中间位置的一个县，即浙江长兴、黑龙江兰西、吉林舒兰、河南新县、四川井研、贵州息烽，共6个县为调查基本样本。此外，还利用吉林省D县的田野研究为补充样本，以保证调查有更广泛意义上的可推论性。

平衡。推动和促进教育优先发展，固然是县政府和财政部门义不容辞的责任，但是，全县的经济和其他社会各项事业也绝不是可有可无的，特别是16 000多名“吃皇粮”人员、下岗职工、城镇“低保”人员和优抚救济对象的生活以及国家机器的运转等各方面都需要政府的财政资金予以保证。因此，不能将抵资收入全部作为部门和单位的自有资金全部留用。

财政局的这种说法是将政府承担的教育事业费和教育公用经费混为一谈，用教育事业费来掩饰教育公用经费投入的不足。事实上，早在1996年7月11日《国务院关于加强预算外资金管理的决定》中就已经规定，农村教育事业附加费等13项数额较大的政府性基金（收费）实行收支两条线管理，加强财政、审计监督。基金（收费）收支在预算上单独编列反映，按规定专款专用，不得挪为他用，也不能平衡预算。同年12月16日，为加强教育收费管理，规范教育收费行为，防止教育乱收费现象，国家教育委员会、国家计划委员会、财政部制定了《义务教育学校收费管理暂行办法》，其中第十条规定：杂费、借读费作为专项资金，由学校财务部门在财务上单独核算，统一管理。义务教育的杂费、借读费收入应全部用于补充学校公用经费的不足，不得用于教师工资、福利、基建等开支，任何部门、单位和个人不得挤占、挪用。所以，D县4位政协委员的建议是符合国家政策精神的。

调查发现这种现象比较普遍（见图6、图7），长兴、兰西、舒兰、新县、井研、息烽分别有30%、29%、9%、50%、51%、100%的学校反映所收杂费被上级提成，其中兰西、舒兰、井研三个县中小学学杂费被上级提成的比例较高，个别学校被上级提成比例高达80%。被提成的学杂费有的用于发放教师工资，有的用于偿还“普九”遗留债务，还有的不知去向，使本来就捉襟见肘的农村中小学公用经费更是雪上加霜。

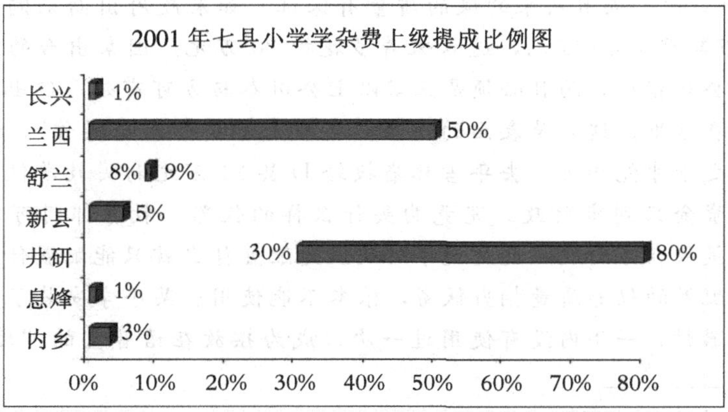

图 6

说明：我们共调查了长兴 16 所小学、兰西 15 所小学、舒兰 21 所小学、新县 20 所小学、井研 21 所小学、息烽 10 所小学、内乡 2 所小学。

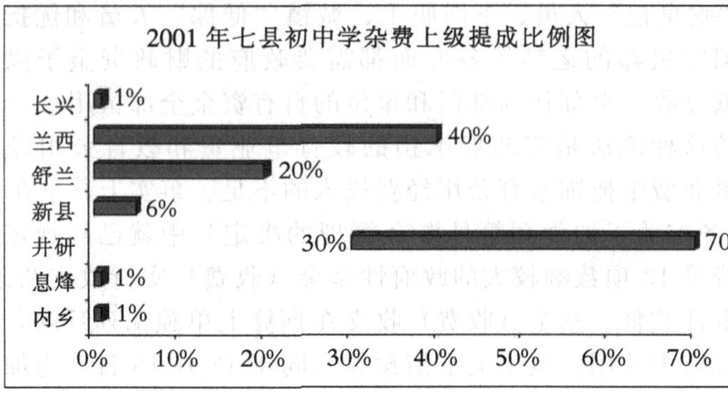

图 7

说明：我们共调查了长兴 14 所中学、兰西 15 所中学、舒兰 21 所中学、新县 20 所中学、井研 21 所中学、息烽 10 所中学、内乡 4 所中学。

2. 政府采购中的不规范现象

调查发现，有的地方实施了政府采购制度，由分散的各校采购集中到县政府部门统一采购，但是在操作过程中问题较大，基本还是主管领导一人说了算。D 县农村学校冬季取暖煤的采购过程就是一个典型的例子[①]。

目前，政府采购不仅仅在教育方面，在其他方面也存在着一定的问题。国家实行政府采购的目的是避免基层腐败，其出发点是好的，但又引发了其他问题的产生，主要是导致了原来的“小腐败”变成了目前的“大腐败”。我用一个简单的例子来说明。D 县今年要为全县的学校购买煤，假设实际需要资金 20 万元，而且买来的煤的质量有保证。如果政府出面采购，则需要资金 30 万甚至是 40 万元，这意味着多花掉 20 万元。国家出台的政策是政府采购要公开招标，而且必须是三家以上公司参与方可有效，但出现问题的根源也就在这里。这只是表面的现象，实质上都是“暗箱操作”，都是在领导的授意之下才能购买。去年吉林省拨给 D 县 24 万元购买教学仪器，而且要求该项资金只到市财政。究竟购买什么样的仪器，教育部门可以提供标准，但决策权在市财政，就是说市财政认为配置什么就只能配置什么。但市财政最后配置的仪器质量相当低劣，根本不能使用。某小学安装了市财政配置的语音器材，一年内没有使用过一次，成为摆放在语音室的“垃圾”。而

① D 县教育局局长访谈. 2003 - 11 - 21.

且市财政根本不需要教育部门对该仪器进行质量验收和任何签字，就独自完成了购买行为。

再拿煤炭采购来说，县财政的领导首先要到各煤厂"了解情况"，这只是走形式，根本不起任何作用。购买行为完全是在领导的授意之下完成的，哪个煤厂的煤好（的判断标准）由领导说了算，（但）最终购买的产品的质量相当低劣。在购买现场双方商定每吨120元，但是，当厂方将煤运到学校之后，学校却发现花120元买的煤的真正价值可能只有80元。更严重的是数量不足，假如某所学校一年取暖需要50吨煤，实际到位40吨就相当不错了。全县每年要消耗掉几千吨煤，可见其中的差价太惊人。所以政府采购导致了更大的腐败，应有的监督机制不完善或者是形同虚设导致了这一现象的发生。如果把采购权下放到基层，可能也会产生一定的问题，但都是小问题。

虽然这位局长对于政府采购的评价不是非常全面，但通过他列举的现象可以发现，政府采购中的不规范行为在教育领域的影响是比较负面的。

（二）人事制度改革："一个都不能少"

2001年6月，国家召开了全国基础教育工作会议，决定实施的"以县为主"的管理体制要求建立和健全以县级教育部门为主的教育人事、教育管理体制。因此，D县政府决定以县职业高中作为试点，授权教育局领导和职高领导对该校进行人事制度改革。

D县职业高中1983年建校，占地面积40 000平方米，建筑面积9 400平方米，其中教学楼建筑面积7 500平方米，学校共有65名教职工。建校20年以来，学校由建校之初的两个专业班发展到拥有十几个专业的大型职业教育中心，1997年被吉林省教委评为"全省职业教育先进集体"。D县职业高中具有良好的办学条件，拥有全县最大的教学楼，县内一流的学生宿舍，学校汽修实习室是D县唯一的省级达标汽修实习室。虽然学校具有本地一流的办学条件，其生源却呈锐减趋势，教师和学生的比例几乎达到了1∶1。人事制度改革势在必行，所以职高被列为进行人事制度改革的试点。县里希望通过减员增效来改变职高现状，走出职高的生存危机，并为其他学校的人事制度改革作出表率。

一场轰轰烈烈的改革开始了，人事制度改革委员会经过多方研究，制定了裁员规则，按照各项标准打分，准备裁减排名在后的22人。在分别找他们谈话时，这22人都认为其他21人的确应该被裁掉，但自己不应列在其中。其中有一位负责管理校园林木的员工摆出这样的理由："我这么多年工作兢兢业业，任劳任怨。双休日，我是常常领着家人来浇花、剪树。怎么可以裁我?"教育局领导一听很有道理，就去核实。职高校领导证实了此事，但补充了一点，"他周一到周五从来不上班"。其他被裁掉的教职工也罗列了"充分"的理由来证明自己承受这样的安排是多么不公平。这22个平时不相往来的同事，因为面临同样的危机而加强了联系。他们联名上访，四处活动，各显其能。最后，县政府以"保持稳定"为由，使这场人事制度改革以"一个都不能少"落幕。其他学校的人事制度改革也进展维艰，慢慢搁置下来。

这场失败的改革过去两年之后，也就是2003年，国家人事部颁布《关于深化中小学人事制度改革的实施意见》，规定这次改革的主要任务是："加强编制管理，调整优化中小学教职工队伍结构；进一步完善校长负责制，改进和完善校长选拔任用制度；实行教职工聘用（聘任）制；完善中小学教职工工资保障机制，建立、健全分配激励机制；促进人才合理流动。"按照国家此次制定的编制标准，该县超编1 700多人，按该省最近试行定编标准超编1 200多人。对此，笔者访谈了该县教育局局长，他坦诚地道出了自己的苦衷：

我县现在人事核编上大的动作没有，一是不敢动，二是敢动也不能动。人事问题太敏感了。谁都看到人事制度改革的好处，但谁也不去抓人事制度改革。为什么呢？道理非常简单，这直接触及人的利益，而咱们国家社会福利保障太差。

就拿我们县的进修学校来说，现在他们有60人，无论谁去看，都会感觉到进修学校这个地方不需要这么多人。它有30多人足够了，而且用30人比现在要强。为什么现在不用30人而用60人呢？主要是这些人你没办法不让干，这些人中的一部分不仅不起作用，从某种程度上他还起负作用。有些人一天比较忙，有些人翘着腿叼着烟卷看你干，然后再找你的毛病，而在赚的工资上，他与你赚的是相等的，有什么好处的时候他甚至比你还要多。为什么呢？他闲着可以去挣呀，你忙得没工夫挣。所以，这时候干工作的人积极性就没有了。

目前，就城里这块，有很多单位可以拿下去，有很多人可以减下去。为什么不减呢？上面没有政策，减完了就有毛病。那么，如果真把这些人减下去，不用减多，就像D县，减去100人，效果会是什么样？100人意味着什么？要从钱的角度来看，100人意味着100万，这是以D县的工资水平为标准的，其他县可能意味着200万。一年就是100万，我们这100万如果能充实到教学之中去，你看那是个什么效果。

我们不难从上面的访谈中看出教育局领导对于人事制度改革的重要性已经有了充分认识，他们也看到人浮于事、互相推诿等人员冗余造成的种种弊端，但是不愿改变这种现状。这是由于触及人的利益问题，会使教育行政官员承担可能丢官的风险，并且引起很多麻烦。

笔者在D县调研时发现，校长老龄化问题严重，在一所学校当几十年的校长是常见的现象。针对这一问题，县教育局局长是这样解释的：

从整个干部队伍来看，我认为教育干部的年龄稍微大一些，经验也丰富一些，教学水平好像会高一些。我们感觉到，如果调换一下位置，他们的工作积极性可能还能上来些，人们对这个位置熟了就觉得无所谓，他不会有什么创造性。但（事实上）干部交流较少，动员起来的难度大。这里有这么多问题（要面对）：第一个，农村校长从甲校调到乙校，有一部分损失。例如，他在甲校有一处住房，从甲校调到乙校他要卖掉住房，卖时他肯定受损失。到新地方，他急于买房，花的价格又要高。咱们这块一分钱补贴没有。这不像在城市，从甲校调到乙校，从乙校调到丙校，只是坐几站车的问题，而这里没有方便的车。这是一个压力。二是学校还有大小之分，所以，动起来难度大，有些人年纪大了也不愿意动。假设把你调动了，这时你的感觉是：一，你受贬了，他马上可能出现另一种思维，说：你在整我。他不干，你怎么处理呢？你可以对他免职，但对于他，怎样选择都是消极因素。因此校长人事调动起来非常难。

另外，校长由远乡往近乡来愿意，由近乡往远乡去谁也不愿意。这是我说的第三个原因。第四个原因，整个教育系统从“文革”开始一直到现在，就没有形成一个校长调动机制。从我这个角度来讲，我实实在在也不想破这个先例。为什么呢？第一，压力特别大，可能造成反对自己的人特别多。第二，我无论怎么干，按照现行的管理制度，我也就干三年四年，我属于科级，还没有把这些问题做完就被砍下来了，这些问题都是很现实的。

如果就谈村小校长的话，可以对他们提出要求，但从教育政策的角度去要求他们不行，政策没有规定村小校长不能用年岁大的。为什么呢？因为有些人可能60岁了干得还很好，有些人可能18岁干得也不行，所以，不能去要求，只能说村小要求校长在业务上要加强。这还要考虑什么因素呢？校长的心理、乡镇党委的心理。例如，我是乡镇党委书记，我对你这个教育局局长说某某干得不错，都不用直说让你用他，你能不用这个人吗？你用他，乡镇就可以多支持、多投入一些，需要时三千五千立刻给你拨过去。你要不用他，用另一个人，那你就别指望乡镇再对这个学校投一分钱。

除了我说的这种普遍的现象以外，在老师年龄结构上受限制，也受威望的影响。师范毕业的教师相对会好一些，毕竟他是正规学校毕业的，但师范中的女生比较多，男生相对比较少。还有很多人不愿意去做这些事，有些校长我们找他谈，包括中心校的校长，有很多人愿意干，到一个学校问，100人中有80人愿意干，也可能有20人不想去干，但恰恰是不想去干的人能干好，而想去干的人不见得都能干好。你要注意调整和平衡领导班子。我们认为做事什么都不行的人往往极力争取去做一些事情，找一些领导去说一些话。还有，我们的后备干部队伍，到被提为干部的时候，往往人都已经老了。以我为例，大家都认为我的发展是非常快的。现在回想起来，我干工作最有积极性的时候是在我30多岁到44岁、45岁之间。但提我做副局长的时候，虽然这个位置我非常渴望得到，但说句心理话，我的工作积极性没有那么高了。教育就是这样，特别是农村教育，加上现在教师低工资的现象。现在，31岁左右的，同等级别的公务员比教师工资低五六百，但有些人宁可当公务员，一些有能力的都走了，不愿意当老师。另外，好的教师外流，无论小学还是初中，好的教师都被上一层学校挖走了。所以，这种人事制度使有能力的人我们用不了，好的还走。所以，我感觉这是一个教育中让人头疼的问题。

在这里，我们会看到县域内校长的任用问题的复杂性和独特性，这涉及学校本身所处的地理位置，校长的家庭居住地点，年龄心理，乡镇政府对教育的干预，以及县教育局领导任期短、不愿得罪人的特殊心理，等等。这些错综复杂的因素造成校长跨校流动困难。一个校长从他任职开始，只要不出什么大问题，一干就干到退休，这在我调研的县镇是非常普遍的现象，这种做法弊端非常多。

同时，笔者进一步了解到D县人事制度改革政策的落实非常具有“地方特色”。在“以县为主”以后，除教师工资外，其他的人权、事权还是受乡、镇政府干涉。在校长的任命上，上级文件规定：副校级以上由乡、镇提名，教育局和乡、镇共同考核，教育局下文件任命。但实际上，如果乡、镇不同意的校长人选，教育局就很难使其到该乡、镇的学校正常履行校长职能。乡、镇学校经常出现未经教育局考核就上任的“黑校长”，乡政府常常随意任命和撤换农村小学校长，任意调动教师的情况也时有发生。县政府对此的态度是“十多个乡（镇）长的智慧要优于一个教育局局长”，所以任凭乡镇政府越位行使教育管理权，造成“外行领导内行”的局面。

这种特殊现象的产生是因为教育经费不足的缺口县里无力弥补，所以只好在人事权力上妥协，这一方面与县域脆弱的经济无力承担庞大的教育支出有关，另一方面是由1985年以来实行的“三级办学，两级管理”模式的惯性所致。“分级管理”体制曾经调动了县、乡、村的办学积极性，推进了普及九年义务教育进程。但随着形势的不断变化，它成为当前教育改革发展的羁绊。乡党政对教育大包大揽，统得过死，极易滋生腐败。由于实行“包干制”，在经费管理上，乡镇克扣、挪用教育经费的现象普遍存在，拖欠教师工资、学校基建账目成为暗渡陈仓的最佳手段。在人事管理上，乡镇主要领导大包大揽，新的优秀毕业生很难吸纳到人员老龄化的学校，导致不合格教师充斥着教师队伍，教育质量无法得到保障。

这使得我突然想起临行前的最后一次访谈，和县政府宣传部的一个女部长聊起D县的风土人情，她说，D县人有种“大D”的情结，以到四平、辽源上学的学生为例，他们提起D县，很有优越感和自豪感。这种以家乡为荣的一个不好的结果就是形成了一种固守田园的传统，机构改革无法落实的原因也在于此，领导干部外调，多数都不情愿。因为在县城已经形成了一个密集的人情网络，每个人作为一个结点，都会牵动很多人。像裁员这样的事，多以“一个都不能少”落幕。对于教育的影响以收取择校费为例，县实验小学和中学校长告诉我，他们几乎一分钱都收不到，因为一个县城的人几乎都认识，只要拉关系，总会找到人来说情免掉这笔费用。有调查说，无论居住在哪里的两个中国人，只要通过五个人总能拉上关系，在县城，恐怕不超过两个人就可以办到。①

（三）课程政策执行阻滞

在第二层委托—代理关系中，课程政策作为教育政策的一部分也主要是由教育部直接制定，而地方政府和教育行政部门作为课程政策执行机关没有或很少参与政策制定过程。当利益的调整不利于政策执行机关，或引起政策对象不满或抵制时，政策执行机关缺乏有效执行课程政策的积极性，把课程政策执行中出现的问题推给制定机关，指责课程政策的不完备性或不合理性。实际上是他们利用信息优势，根据自身利益对政策进行各种变通，从而导致农村课程政策执行的僵化、停滞，不利于政策目的的实现。

① 摘自笔者的田野日记（2004年5月7日）。

1. 地方教材混乱

在我们对一位县教育局领导的访谈中，他对地方教材的混乱很是苦恼：

2002年秋季我县开始进行课改，随机性地编写了一本叫“绿色的吉林”的地方教材，这个就当做地方教材，要求在小学三年、五年和初中二年来开课，我们就得按照这个要求把这些课都教了。可是这学期马上又变了，新出了一本叫“家乡”，要求你在初中一年、二年开课，我们就开始讲这个课。马上今年秋季下来的教材当中又变了，明年春季开始要求开一个课叫“成功训练”。他还反映有关行政部门经常指令性地要求中小学增加一些课程，如民族政策教育、安全教育、环境教育、科技教育、国防教育、禁毒教育、职业指导、艾滋病教育、心理教育等，同时又大都配售教材。地方教育部门的同志气愤地说：“这些课就目前来看都不是我们国家基础教育正规课程计划里面的内容，但是这些课学生应不应该学习？应不应该掌握呢？应该学习，应该掌握。但国家行政部门就是盲目地没有计划地乱下课程计划，把底下的工作搞得很乱。今天告诉我们地方课学这一本，明天告诉我们地方课教那一本，但地方课一周就两节……他提出个题目就让中小学生去学，也不知道是谁指令他发这个文件，也不知道是谁开发的这个教材。卖书就有经济效益，而且甚至搞这个方面业务的人也不耽误经济上的效益，这就把底下（基层学校）搞得焦头烂额。

2. 农村初中“绿色证书”教育滑坡，职业课实效性差

自20世纪80年代中期以来，吉林省的一些县（市）在农村初中教育改革中特别是农（职）业技术教育方面积累了丰富的经验，为落实“绿色证书”教育的要求奠定了良好的思想基础。

近几年来，农村初中的“绿色证书”教育出现了滑坡的趋势。主要有以下四个方面的问题：农村初中现有的生产实习基地大都不景气，许多学校的基地被承包给个人经营，基地的育人功能、技术推广功能、生产示范功能几乎丧失殆尽；许多农村初中基本上没有能够胜任农业技术教育的专门人才，农技课教师没有来源；农村初中只能从事粗浅的农业技术教育，绝大多数农村学生对学习农业技术不感兴趣；“绿证”的培训和发放很不规范，“绿证”持有者应有的各种待遇难以落实。

有些地方教育行政部门的领导认为：经过多年探索，农村初中不应该多开职业课，应该实实在在打好基础。首先要高标准地完成九年义务教育，那

些粗浅的职业教育不用再搞。一位教育局局长说：

我对国家规定初中办学要增强“为‘三农’服务”的能力有一些异议，特别是对国家在九年义务教育阶段搞职业教育，我很不赞成。我想，咱们国家首先应该是高标准地完成九年义务教育，然后再去探讨职业技术教育或者其他方面的教育。九年义务教育如果不能高质量地完成，搞其他方面的教育没有意义；而假设九年义务教育高质量地完成了，粗浅的职业教育不用搞，学生自然就懂，自然就通了。说个最简单的例子，在农村种玉米、种土豆之类的，在课堂中一天不用学，回去就会种，就好像一种本能一样。这样的课，再拿到课堂上去讲，就没有什么大的意义。深层次的农业养殖、种植技术，国家产业化调整的相关技术，配合国家战略，我们开一点“绿色证书”教育课，确实很有必要，但是总的大前提，一定是要高质量地完成九年义务教育。我记得读过一本书，日本的索尼公司假设新增员工 150 人，而需要岗前培训的却不足 50 人。在高科技的现代企业，员工不经过培训或者简单培训就可以上岗。相比之下在咱们九年义务阶段里实施职业技术教育，好像就是一句空话。这些东西给老百姓的感觉，就是国家怕学生不能完成九年义务教育，怕学生流失，而把农村初中当成一个筐，什么都往里装。所以，以前实施的一些分流模式等，现在看来不应该倡导，应该下狠心坚决保质保量地完成九年义务教育。

3. 县级教研部门指导不到位

一些县级教研机构和教研人员难以胜任新课改的培训任务。许多一线教师反映：新课程培训内容的系统性较差，培训方式也比较单一，每位教师接受培训的时间短，次数少，收效低。有关调查资料显示，其原因主要在于：县级教研人员人数少，培训任务重。我挂职锻炼的 D 县教研员 22 人，中小学教师 4 874 人，人数比例为 1∶222；学历层次偏低，很多教研员是从民办教师转正过来的，课程与教学理论的素养不高；缺乏新课改的实际经验和亲身体验；教育思想和培训方式比较陈旧，等等。有人说，县级教研室实际上是“考研室”，教研员的主要精力在于研究考试，以考促教，以考促学。一些县级教研员仍然依照传统认知教学理论的观点指导中小学的课改和教学，他们关注的仍然主要是课堂上教师行为的规范性和课本上知识点的落实程度，很少有人了解和关注课堂上与课后的学生行为。表 1 所列是三县教研员的学历结构：

表 1　三县教研员学历结构表

	在岗人数	第一学历（本科）	百分比	最后学历（本科）	百分比
抚松	24	1	4.16	19	79.16
舒兰	31	3	9.68	13	41.93
D	22	3	13.64	15	68.18
合计	77	7	9.09	47	61.04

二、教育政策执行阻滞的原因分析

下面主要是从中央和地方责、权、利不对等，财政体制面临的困境和县城的官本位文化的影响等多重视角来分析教育政策在地方执行阻滞的原因[①]。

（一）中央和地方教育行政部门的责、权、利不对等

中央和地方教育行政部门的责、权、利不对等是教育政策执行阻滞的宏观背景。农村公共产品供给责任划分不合理，供给主体错位现象严重。提供公共产品、弥补市场缺陷是政府的主要职能。但在实际中，中央政府与地方政府在农村公共产品供给的责任划分上不尽合理。例如：基础教育、计划生育都是基本国策，都是为了全国人民的共同利益，是全国性的公共产品，这些事权目前主要由乡政府以及村承担，这样做必然导致乡镇政府事权大于财权，乡政府在事权无法转移的前提下，向农民伸手，通过权力敛取不合理的收入以应对不合理的事权，将是一种必然的选择[②]。我国中央和省级政府掌握了主要财力，但是没有负担义务教育经费的主要责任；县、乡政府财力薄弱，却承担了绝大部分义务教育经费。中国目前的义务教育财政体制本来应该由政府提供的公共产品或由政府与农民共同承担的公共产品成本，可是在经费筹措上过于依赖基层乡村和农民。级次较低的政府，其财力规模小，难以有效承担农村基础教育投入的职责；级次较高的政府，其财力相对雄厚，必须适当承担农村基础教育投入的职责。本来应该由上级政府提供的公共产品通过政府权威转移事权交由下级政府提供了，并最终落到乡政府和农民的

① 这部分主要观点已发表在《税费改革与农村义务教育投入的个案研究》（《教育理论与实践》2005 年第 2 期第 24～27 页）。

② 于建嵘. 我国现阶段农村群体性事件的主要原因［J］. 中国农村经济，2003（6）：76.

头上。

这种政府间财权与义务教育事权的不对称安排是我国义务教育特别是农村基础教育经费短缺的重要制度原因。这种情形也与教育政策执行中的权责分离有关。权力与责任应是紧密相连的，有权必负责。但在实践中，我国教育行政部门之间是领导与被领导的行政关系，而非监督与被监督的法律关系，这使上下级决策与执行、权力与责任关系表现为：决策制定在上级，执行实施在下级，权力在上级，责任在下级。各项政策指标任务的完成与否与下级有关领导的政绩挂钩。这种政策制定使一些不符合农村实际情况的教育决策被迫强制执行，有些地方就用有限的教育经费搞不切实际的教育“形象工程”。教育政策失误造成的损失，上级政府并不承担相应的责任，给予相应的补偿，而是要下级政府或当地继任政府来解决，下级政府或继任政府采取的解决办法最终使农民家长的利益受损。

当上级政府的政策能够满足农民的利益需求但是与下级政府的特殊利益要求相矛盾时，下级政府的种种对策自然应运而生，使政策施行受到阻滞。实际上，由于在制度设计上没有对地方政府加以严格规范，在改革开放后由中央政府下放给农民的权力往往被某些地方政府和基层政府所截流，并利用这些权力满足自己的特殊利益需求。因而，有些以追求“政绩”和特殊利益为目标指向的地方政府在进行学校建设时，往往违背甚至侵犯农民家长利益。我们知道，中国农民为现代化建设作出了巨大贡献，但是直到今天并没有得到相应补偿，没有对农民所作的贡献给予追加性的回报，这严重违背了代际之间的公正准则。因此，应从政策补偿的角度考虑实行免费的义务教育。要制定相关的法律改变地方随意挪用、挤占义务教育经费的现象，防止长官意志代替政府组织行为，并且要改变目前各级政府义务教育财政支出的比例不合理的状况，需要使义务教育财政运行机制法治化，尽快制定《教育投入法》，做到以法律形式保证各级政府对义务教育的财政支出的足额和公平，通过法律使教育转移支付资金和拨付程序成为常规的政府组织行为，加强义务教育财政预算的硬约束，把义务教育财政投入状况作为考察地方领导干部政绩的硬指标。这需要中央政府和省级政府树立公共财政观念，加大政府对义务教育的投入，建立和完善政府公共财政体制。

（二）现行财政体制和税费改革面临“制度供给陷阱”

税收分配体制限制了地方财政的调控能力。现行分税体制可以概括为“超收就分，短收就扣”。也就是说，如果按地方税收基数增加的“两税”

（消费税和增值税），县级财政只得到增加部分的 21.6%，国家分走了 78.4%。地方政府可以说是想尽办法增加财政收入来改变县级财政极端困难的局面，如果税收出现短收，对短收部分国家和省要从税收返还中全额扣除，所增加的财政收入与可用财力相差悬殊。

以 D 县为例，自 1993 年实行的分税制财政体制使 53.5%的公商税上缴国家，而大部分开支却要由地方财政自行解决，地方只有用 46.5%的财力解决 100%的开支。1993 年以前该县为财政补贴县，省每年补贴 329 万元，但分税制后的第五年每年要上划 870 万元，由名义上的补贴县变成了实质上的上缴县。另一方面，刚性支出不断增加使地方财政不胜重负。随着国家调资政策的不断出台，县里每年都有固定增长的刚性支出。一是正常滚动增长的工资，每年要增加开支近 350 万元；二是每年新分配大中专毕业生 450 人左右，增加支出近 180 万元；三是国企职工下岗基本生活费和最低生活保障补助支出每年需增加支出近 700 万元，并且这部分资金属于财政优先支付范畴，不允许拖欠；四是粮食风险基金过去由国家统一拨付，现在由市县财政承担较大部分，大约 300 万元。2003 年，全县财政收入安排到 10 510 万元，按照分税制财政体制计算的财力仅为 16 292 万元，而支出需求则达 22 567 万元，其中仅工资性支出就达 14 361 万元。财政资金供求矛盾异常突出。分税制以来，每年都有增支政策出台，且都为刚性支出，使本已不堪重负的县级财政不仅无法对地方经济发展实施必要的调控，而且连吃饭财政也做不到了。由于财政支出增长速度大大超过财力的增长，使县级财政困难逐年加大。

依据中央和省级政府的要求，D 县于 2002 年开始进行农村税费改革，并制定了《D 县农村税费改革试点实施方案》。农村税费改革的主要内容是“三取消”、“两调整”、“一改革”。涉及教育方面的有：取消农村教育集资等专门面向农民征收的行政事业性收费和政府性基金、集资；改革农村义务教育管理体制；由过去的乡级政府和当地农民集资办学，改由地方负责、分级管理、“以县为主”的体制；县人民政府负责中小学校规划、布局调整、统一发放教职工工资；由乡（镇）人民政府负责学校建设与管理校舍维修、危房改造、冬季取暖及改善办学条件。农村税费改革试点的配套措施对教育的影响主要表现在：调整农村中小学布局和优化教师队伍。全县撤并中小学 10 所；农村中小学教师工资由县里统一管理。衡量农村税费改革是否成功的重要标志就是确保农村义务教育经费正常需要得到满足，主要是做到“一增三保”。2000 年，全县乡统筹安排乡村两级办学经费 836 万元，村提留用于村小修建资金 113 万元，两项合计 949 万元。改革后全县乡级两级办学经费 1 175 万元，县农业委员会作出计划为教育多安排 226 万元。但财政局实际拨款 754 万元，比税改前少了 195 万元。农民寄予高度希望的税费改革没有从根本上使他们的利益得到保障，新一轮的税费改革没有逃脱"黄宗羲定律"①。这种情况在各地大量出现，使"以县为主"的管理体制面临跌入"制度供给陷阱"的危险②。

据国家统计局2000 年的统计数据，我国现有 2 109 个县级财政、4. 6 万多个乡镇财政。2000 年全国财政收入 1. 34 万亿元，其中中央占 51%，省级 10%，地市 17%，县、乡两级共计 20%多。据有关部门的数据统计，20 世纪 90 年代中期以来，中国县级财政赤字面一度高达 40%以上，而且越往西部赤字面越大，有的省份赤字面甚至在 60%以上。目前农村义务教育存在困难，亟需增加财政投入的地区，不仅集中在中西部贫困地区的县市，东部发达地区教育经费也有很大的缺口。薄弱的县、乡基层财政难以承担发展农村义务教育这一最繁重而艰巨的历史重任。

从财政主体结构动态发展来看，我国财政体制还存在着收入重心上移、支出重心下移的倾向。一方面，收入上移，县、乡财政成为层层集中财力的对象。从县财政与中央财政的关系来看，在分税制财政体制下，县需要将 75%的增值税和 100%的消费税上缴中央财政；中央财政对县的补助主要有税收返还和机关事业单位增加工资补助。这样县财政与中央财政之间存在的主要问题就是，中央集中各地的增值税、消费税收入增量较多，而地方得到

---

① 明末清初重要思想家、史学家黄宗羲（1610～1695）是研究农村税赋最深入、最系统的学者之一。他在《明夷待访录·田制三》中总结了唐代以来的农民税赋情况。他认为：唐初的租庸调制度本来分为土地税（即"租"，征收谷物）、人头税（"庸"，征收绢）和户税（"调"，征收麻布）。晚唐杨炎改革为两税法，虽然没有了户税和人头税的名目，其实这两项征收已经并入土地税之中。相沿至宋代，一直没有从中减去户税和人头税，然而在此之外重又开征新的人头税目（"丁身钱米"）。后人习以为常。到了明代和清代，每一次税赋改革都如此进行。就这样，黄宗羲揭示出一个历史现象，即：历史上每一次"并税"改制，就会催生出一次杂派高潮。后人把这种现象称为"黄宗羲定律"。

② 所谓"制度供给陷阱"，就是由于核心制度缺失，或者制度执行失范，或者制度供给的程序错位，或者安排制度与制度环境不兼容，或者成本无法分摊等问题，出现制度供给的边际效率下降、不变，甚至安排制度难以运行的现象，即不管出台多少制度都无法提高制度的效率，不仅新供给的增量制度难以发挥预期作用，而且过去曾经发挥过作用的存量制度也因其效率释放殆尽而难以像过去一样有效发挥作用。
邓大才．制度缺失与制度供给陷阱——论农业核心制度的缺失与创新．湖南农业大学学报：社会科学版，2001 (9)：1.

两税增量的比重却大幅度下降。从县财政与省级和市级财政的关系来看，1994 年分税制以来，省级和市级政府在中央集中一部分财力的基础上，又对共享收入和地方固定收入进行了分成，即又对县乡财力再次进行了集中。收入的上移使县乡基层财政财力薄弱，入不敷出现象严重。另一方面，支出下移，使县乡财政支出不断加大。在中央及省市财政与县级财政的关系上，在层层集中财政收入的同时，还存在着负担下放的倾向，即将部分应由上级财政负担的财政支出全部或部分下放给地方政府，这在基础教育上的表现特别突出。中央和省级政府在发展义务教育方面承担的责任明显不够，省级以上财政用于农村义务教育的支出很少，农村义务教育投入基本上是由县乡财政和农民负担①。

（三）"官本位"价值取向

在田野调查期间，笔者感受到县域文化是一种典型的"官本位"文化。由于县城没有繁荣的商业，人们的价值取向就是"学而优则仕"。这造成了各政府机关和事业单位冗员问题严重。县里的科局非常多，每一个科局编制上只有 20、30 人，但是实际上可能 200、300 人，机构重叠太严重。例如，某县 71 个科局，仅农业口就有农办、农业局、林业局、水产局、畜牧局、粮食局、土地局、烟草局等，都是可以合并的机构。其他如经贸局、工业局、商业局、企业局、轻工局等都是叠床架屋。一方面是县级机构要精简，另一方面乡镇机构也要继续精简，乡镇政府现在是六大班子，也是各种机构林立。县、乡两级政府供养人员占全国财政供养人员的 70%，但是它的财政收入仅占 21%，就是所谓"小马拉大车"。大车当然主要是由于吃财政饭的人太多。原来中央规定的全国乡镇一级吃财政饭的总编制是 200 万人，但现在是 1 300 万人，可能事实上是 2 000 万人或者更多。这么多人要吃饭，只能伤害农民，掠夺农民。要削弱官权，削弱官员对农民的伤害权、搜刮权，这样才能够解决农民的权利贫困的问题②。这样庞大的财政供养人口必然要使有限的财政重荷难堪，教育经费很难得到保障。

杜赞奇将政府借以统治乡村社会的"经纪人"（或称"中介人"）分为两类：一类为"保护型经纪"，他代表社区的利益，并保护自己的社区免遭国

---

① 吕炜．教育部人文社科重大项目"农村基础教育的公共投入政策研究"的一部分［EB/OL］．http：//academy．dufe．edu．cn/resources/yanjiucankao/21．pdf，2004 - 12 - 05．

② 胡星斗．关注农民的权利贫困（在《南风窗》中国改革座谈会上的发言）．http：//www．zjol．com．cn/05sn/systerm/2005/10/21/006341942．shtml，2005 - 10 - 21．

家政权的侵犯；另一类型的经纪视乡民为榨取利润的对象，他将其称为“赢利型经纪”或“掠夺性经纪”①。在我们观察到的作为中央政府代理人的地方政府官员，常常无意维系当地民心。“他们的沉浮，取决于他们取悦上级官僚的本领，而不是他们保护当地民众的能力。特别是在税收问题上，中央政府对其代理人的满意程度，往往直接因他们提交的款项多寡而异；取悦中央，意味着压榨地方民众，只要不激起民变就行。”② 在教育领域中，官职的升迁常常优于整体事业的发展作为一些教育领导的首要考虑。

与“官本位”文化相伴而生的是一系列国家管制政策，它是指由国家层层下达的一系列政策任务或指标，如计划生育政策、农村学校控辍标准的制定等。这些对各级政府而言都是硬性政治任务，每一项管制措施及其力度要求的变化，都会对各级政府间、基层政府和农民间的博弈行为直接产生影响：上级政府向下级政府下达任务和指标，下级政府根据自己的利益一方面向上级政府讨价还价，如要求扩充编制、增加预算；另一方面，为了取得政绩，各级政府层层下达经济社会发展速度指标，人为提高农民人均收入水平，或者不顾当地的自然条件和县情，强行上马各种乡镇企业和经济作物。笔者在田野调查过程中发现，乡村政府好多债务都是在盲目推进小城镇建设中欠下的，这种浮夸风和弄虚作假的最终受害者都是农民。这里面的深层原因在于基层政府收费和投入的目的和驱动机制更多是为了迎合上级政府的要求，完成上传下达的任务，并在此过程中最大限度地谋取自身利益，而并不按照地方自决的原则提供公共产品（如义务教育的有效供给），刻意制造信息不对称以谋取私利。因此，我们提倡一种“有限教育行政”的理念，界定好政府的“能为”和“无为”的界线。“一方面，那种事无巨细的集权管理必须得到抑制，教育管理必须从教育中的私人领域退出；另一方面，属于教育行政的权责范围的教育公共领域之内的政府教育责任必须得到加强。”③ 政府在教育发展中的责任应当越来越多地转移到提供正常的教育竞争秩序这一重要的教育公共物品上来。

---

① ［美］杜赞奇．文化、权力与国家：1900－1942年的华北农村［M］．王福明译．南京：江苏人民出版社，2003：3.

② ［美］詹姆斯 C，斯科特．农民的道义经济学：东南亚的反叛与生存［M］．程立显等译．南京：译林出版社，2001：6～7.

③ 康永久．教育制度的生成与变革：新制度教育学论纲［M］．北京：教育科学出版社，2003：476.

（四）对公务员的“道德人”假设

长期以来，我国对行政人员社会角色的制度规定暗含着“道德人”的假设。当我们仔细考察政府与公务员之间的实际关系时，却发现这种假设其实逃避了一层“委托—代理”关系。从政府的形成机制角度来说，公务员与政府之间应当是一种雇佣关系，这种雇佣关系也是一种基于合约的委托代理关系。在他们的雇佣合约中，政府作为委托方将行政事务委托给公务员，而公务员作为代理人接受了委托的行政事务，就应当对委托方——政府负责。在这一层“委托—代理”关系中，政府与公务员之间的关系应当是基于这一层委托代理的问责关系：政府作为委托人也是问责人，公务员作为代理人就是责任人。但是在公务员“道德人”的假设中，公务员一定会完成所代理行政责任被认为是无需怀疑的事，以致无需对其进行问责。因此，政府与公务员之间就逃脱了追究行政责任的问责关系，公务员的行政责任就在“道德人”假设的黑衣中消弭殆尽。从这一层意义来说，“道德人”的假设本身就天然地卸去了公务员身上的行政责任。

附件：一、田野日记节选

田野日记四：一个老局长的工作感悟　2003年7月2日

D县教育局老局长张局长，1934年生人。毕业于东北师范大学，主修历史专业。1971年，任文教局副局长。1984年，也就是50岁时，破格提为教育局局长。在任期间，根据上级政策和D县实际情况，进行了农村教育管理体制改革，就是“三级办学，两级管理”的管理体制，使D县由一个不起眼的小县一跃成为省教育工作先进县。他多次参加全国教育学术会议，并发表了多篇优秀论文，推广D县教育经验。退休以后，他在关工委工作，一直承担《D县教育年鉴》的编撰工作。我想，对于D县教育，他是有绝对发言权的，所以我一直在寻找当面求教的机会。

受导师委托，经李校长推荐，我和D县教育局老局长终于见面了。由于李校长前一天打电话告诉了张局长我的拜访意图，老局长事先拟好了一个提纲，从七个问题谈了一下他对教育的看法。

他在简单地介绍了一下自己的经历后，首先谈了第一个问题：从学术和行政角度都应考虑教育的战略地位。他认为，农村教育尤其是县以下的教育有被忽视的倾向和做法：第一，党委、政府对教育的整体规划重视不够，只会照抄政策，县教委听市教委讲什么，就做什么，市里再听省里的，不能结合本地实际拟订切实可行的教育政策，对上级政策的消化不够。第二，除领导不力以外，投入困难也是个大问题。县拿财政收入不到1亿，公务员和教师工资就得1.3～1.7亿元，国家的转移支付因为要保护市教育局的政绩而未能到位，学校杂费还要作为教师工资的一部分，学校不乱收费就没钱买粉笔，正常运转，这是他对全县229个村充分调查中发现的问题。第三，农村学校本来短缺的教育经费常常还要被乡镇截留挪用，乡、镇长权力大无边，县教育局局长无法干涉他们，这使农村学校办学甚是艰难。

他谈的第二点问题是对基础教育要被搁置危险的担忧。第一，初中教育问题突出，没有真正"普九"，职教形同虚设。初中的"分流"实际是分批流失，各级部门在搞"数字游戏"，流失生常常被请回学校来迎接控辍检查。初中初一平均有4个班，大约200人，初三时一般剩50人，有四分之三流失，较好的也不过剩下70～80人。在中小学衔接时，大约就有5～6%的学生流失。这与高中阶段的教育资源短缺有关，高中教育仍是瓶颈，农村学生考不上和上不起，每年大约能有三分之一的初中生升入高中。第二，师资问题。继续教育问题严重，合格教师无法离开教学参考书，职称和学历都已达标，但水平还未达标，却不愿再接受继续教育，师资实在是有待继续提高。第三，办学效益。"老三室"和"新三室"的利用率不高，冬天常为节约用煤，无法开课，有的试管和药品没有，办学条件实在是太差。第四，教育布局调整。现在是"并不起，黄不起"。全县师生比1∶10左右，很不合理，给县财政带来很大压力，办教育已经成为负担。

张局长接着谈了一下有关教育管理体制的问题。他回顾了一下国家由"以县为主"——"三级办学，两级管理"——"以县为主"的历程。他说要明确"为主"的内涵：经费为主，教师工资发放应由省教育厅统一规划，县、乡、村各自的权责要科学划分；人权要给教育局，干部、教师派遣应由县里统一规划。他评价现在的教育干部不关心政策的科学化、民主化问题，与上级联系不紧密，业务不专心。学校内部管理，校长的权力特别大，一人说了算，财权抓得紧，因为有利益、回扣，而管教学的没权。最严重的问题是机构臃肿，人浮于事。他以电大为例，学校现在办公司，闲散人员无法遣散，因为干部有问题怕人揭发，所以利益共享，一团和气。

第四个大问题是关于教育的不正之风，教育腐败侵蚀教育。首先是教育乱收费问题，各种教育资料，从省教育厅开始批准，教育学院是助手，县发行站协助，增加学生的经济、时间、精神负担。所以，他认为，减负不在下，而在上，不要批评校长。学校乱补课。提纲、资料铺天盖地。除各种特长班外，小学办文化课班现象在县一级尤为严重。因为城市范围大，学生不能像县城这样“赶场”，而农村学生又没有钱补课，县城经常采取“内外结合”的方式——退休教师办班，在职教师动员。这使学生吃了“夹生饭”，上课不听，学习不扎实。但是如果不上补习班，有的教师上课就不提问，影响很恶劣。提到这事时，老局长的情绪很激动。他同时指出，国家提出要减轻学生负担，没有考虑到乡镇的特殊性，仅以北京那些大城市作参考指导全国一刀切，这使农村孩子深受其害，早早放学回家，无事可做，本来就没有竞争力，这回更被城市远远地甩在后头。县里的重点中学是县委领导的孩子多，所以不减负，出问题也能顶住。他说，要想解决这个问题，还是应该让学校同意组织自习，切断校外补课，以防学生像赶场子一样参加各种补习班。

第五个问题是关于上级教育行政部门的“三乱”（乱检查；乱评比、评优；乱摊派）。这些问题的症结是上级教育行政部门报喜不报忧，不以解决问题为目的，导致浮夸风，弄虚作假，谁编得好谁优秀。

第六个问题是教育已经有要离开教学质量为中心的危机。现在教育只关注升学、分数，不管素质和效益，这与市场的冲击有关。教育行政工作的开展主要是开会、检查、表扬，而不是关注各学校的教学质量。

第七个问题是关于三个“三”问题：农科教问题；“三农”问题；“三教”结合问题。这三个问题都关乎教育，应引起重视，改变升学作为学校唯一导向。因为三分之二的初中生都要返乡，他们是农村小康完成 16 个指标的主力军，教育应当担此重任。

最后，老局长表示以上所说的都是他这么多年从事教育工作的感悟，但不都是调查所得的结论。他建议我到教育各科室访谈，再到学校看看学生的书包有多重，到每个学校观察一天。

与老局长的访谈受益颇多，他使我对于 D 县教育问题掌握了一些脉络。我想，他发现的这些问题不只是在 D 县存在。

田野日记五：李校长的教育智慧和酒桌文化 2003年7月2日

李校长是个很有教育智慧的人。在各种错综复杂的关系之中，他游刃有余，我应该不时地把他从事这么多年农村教育工作的感悟记录下来。他曾说教育从宏观上要把握“三讲”（讲政治、讲面子、讲教育），从微观要注重言教、身教、文教、武教。多年的成功总结，他用了一句“上通天，横无边”这句话加以概括。他自封为“东北师范大学驻D县办事处主任”。在东北师范大学，他认识几十位处长，长春的很多高校内部都有他常年打交道的熟人。D县纵然是县长若有什么亲属升学之类的问题，都要求助于他。每年高考填报志愿和最后招生时都是他最忙碌的季节。

每次当我对很多不正常的现象表示不解时，他告诉我，这是政治，我就知道不能再多问，因为那是禁区；每次他要我去应酬一些人物而我不愿意的时候，他告诉我必须得给面子，我就得硬着头皮上，他自己有很多时候也要勉强地去应酬很多他不喜欢的人。但庆幸的一点是，我还能侥幸逃过“劝酒”一劫，实在是幸事。因为想进入这个场域，你的酒量（若是没有，就得有胆量）必须满足群众和领导的要求，否则，一句“不实在，不给面子”就可以罚你出场，你别想获得任何内部资料。尤其在乡下听完课或者调查乡镇情况之后，校长和乡镇领导的宗旨就是要把你陪好、灌醉。没进入现场之前，我已经了解了他们的“酒桌文化”，当时真的是望而却步。但我将我的顾虑向我的导师和盘托出时，他们想了一个办法，在我第一次和主管教育的县长和教育局局长吃饭时，就请了“尚方宝剑”，并告诉我无论别人怎么劝，坚持滴酒不沾，这样别人也拿你没办法。对于所需资料的收集，也尽量在喝酒前解决。最后证明这个方法行之有效。

有个乡镇长在一次喝完酒后对我直言，他们也是很无奈，他们的政绩常常是以牺牲健康换来的。有一次，本来可以正常拿到的拨款5万元，可上级领导偏要作难，说1瓶白酒1万，喝多少，给多少，他一喝就是6瓶。最后上级领导很守信，比原计划多拨了1万元作为他这次“壮举”的奖励。

看来，政绩是常常要以透支健康来换的。

田野日记六：再访D县 2004年5月13日

经过一段时间的文献整理和对论文框架的思考，在精心拟定访谈提纲之后，我再次来到D县进行为期一个月的调研。此次调研准备扎根在一个村子里，以便了解最基层学校的日常运转情况，并重点对教师真实的生活情境、工作方式进行微观研究。

李校长亲自带我来到他权衡再三选定的爱泉乡，让我寄宿在他女儿家，并且将我介绍给该乡的中学、小学中心校和一所他女儿所在学校的校长。晚餐由中心校校长请客。席间，大家非常热情地欢迎我的到来，并表示极力协助我完成这次调研任务，我大致明确了我要调研的内容和时间安排。明天，先到中学报到，中学李校长希望我能与初三学生座谈，激励他们在中考最后阶段冲刺，并帮助进行英语考试的录音，我欣然接受。

中心校校长说，4 月 9 日，D 县各村进行民主选举，结果很多地方出现混乱景象：贿赂村民，发动亲属，甚至勾结社会恶势力威胁。有的地方还发生暴力事件，并出动警力来平息。他让我留意好好了解一下，“很有趣”，他说。

村小校长也表示对我调研大力支持，特批在他校担任体育老师的李校长的女婿随时请假协助我调研，还根据我的调研目的帮我物色了几个重要的访谈对象，入他们学校的民办转正教师，对于该村民情和教育都了解得很透彻和全面的某些老村民等。

看到他们的反应，我如释重负，信心倍增。

二、D 县教育志节选

经　费

1986 年以来，D 县教育经费坚持以“财政为主，多种来源为辅”的原则，确保教育经费的正常投入。保证教育经费“三个增长”，即：一是保证财政预算内教育经费占财政支出不低于 35%的比例；二是保证教育专项经费稳步增长并落实到位；三是保证征足用好城乡教育费附加。

以 1997 年为例说明教育经费逐年增长情况：

一、教育事业费稳步增长。坚持财政投入为主渠道，确保教育事业费“三个增长”。1997 年，财政拨款 3 216 万元，比上一年 3 063 万元增加了 152.8 万元，增长 5%。1997 年县财政经常性收入为 5 930 万元，比上一年的 5 785.4 万元增加了 144.6 万元，增长 2.5%。1997 年教育经费比县财政经常性收入增长 2.5 个百分点。

二、生均教育事业费稳步增长。1997 年生均教育事业费小学生均为 428.40 元，比上一年的 403.51 元增加 24.89 元；初中生均为 598.30 元，比一年的 567.70 元增加了 30.60 元。

三、生均公用经费有所增长。1997 年国拨生均公用经费小学生均为 20.33 元，比上一年的 20.26 元增加了 0.07 元；初中生均 48.91 元，比上一年的 48.85 元增加了 0.06 元.

四、教育经费占当年县财政支出比例。1997 年县财政预算内教育经费为 3 216 万元，县财政当年支出为 8 805 万元，教育经费占 36.5%。

五、征足用好城市教育费附加。城市教育费附加按 3%征收，做到足额征收，及时到位，合理使用。1997 年征收城市教育费附加 50 万元。

六、征足用好农村教育费附加。按信政发 [1996] 12 号文件精神，规范征收、使用、管理等方面的要求，确保 2%农村教育费附加征收到位。1997 年农村教育费附加共征收 1 100 万元，足额到位并全部用于发展教育事业。

七、保证教育专项经费补助费落实到位。1997 年义务教育专项经费为 30 万元，职教经费为 50 万元，民族教育经费为 4 万元，师培经费为 9 万元，特教经费为 9 万元。不截留，不拖拉，按时如数拨给有关部门和学校。

八、捐款、集资与校办产业创收。认真落实国家、省出台的筹措教育经费的政策，增加教育投入。1997 年全县多渠道集资 470.5 万元，其中捐资助学 103 万元，勤工俭学 183 万元，杂费收入 184.5 万元。

1986 年全县财政拨款为 7 715 000 元，2002 年教育全县财政拨款为 68 840 000元，2002 年是 1986 年全县拨款的近 9 倍。1986 年全县教职工人均工资为 47.6 元，2002 年全县教职工人均工资为 718.7 元。全县教育经费投入的不断增加，改善了办学条件，保证教师工资按月发放，使教育事业得到了健康发展。

1986～2002 年教育经费来源情况见表一；

1986～2002 年教育经费使用情况见表二。

一、来源（1986～2002 年教育经费来源情况表）单位：千元

年份	总计	财政预算内拨款	教育费附加	城市附加	农村附加	勤工俭学收入	社会捐助	农村	学杂费收入	自费生	其他
1986	12 326	7 715	3 181	150	3 031	990			440		
1987	12 315	7 670	3 205	155	3 050	998			442		
1988	13 721	9 046	3 231	159	3 072	1 001			443		
1989	16 742	10 011	3 576	186	3 390	1 010	1 398	900	747		
1990	19 728	11 299	4 694	825	3 869	950	1 858	1 584	927		
1991	23 801	12 039	5 053	602	4 451	1 594	4 058	3 786	1 057		
1992	24 648	14 095	4 223	434	3 789	1 344	4 057	3 884	929		

续　表

1993	25 730	16 340	4 556	270	3 791	1 973	2 190	2 092	671		
1994	36 333	25 887	4 524	494	4 030	2 248	2 190	1 532	1 484		
1995	39 271	27 404	7 160	580	6 580	1 943	1 166	1 124	1 598		
1996	45 256	30 632	9 329	500	8 829	1 826	1 671	1 633	1 798		
1997	45 702	30 090	10 066	890	9 176	1 459	1 311	1 295	1 815		961
1998	48 107	30 580	10 217	820	9 397	1 220	124	80	5 745	2 097	221
1999	47 580	26 606	11 540	600	10 940	1 242	179	65	7 981	2 591	32
2000	60 120	40 958	8 272	620	7 652	1 192	1 426	1 414	8 201	2 841	71
2001	68 874	50 740	8 592	1 040	7 552	1 187	109	96	8 011	2 570	235
2002	80 731	68 840	1 011	1 011		1 264	117	83	9 304	3 715	195

二、使用（1986～2002年教育经费使用情况表）　单位：千元

年　份	总支出	教育事业费支出	职工工资补贴	公用部分
1986	12 326	12 326	8 166	4 160
1987	12 315	12 315	8 274	4 041
1988	13 721	13 721	8 255	5 466
1989	16 742	16 742	9 059	7 683
1990	19 728	19 728	11 235	8 393
1991	23 801	23 801	11 797	12 004
1992	24 648	24 648	14 139	10 509
1993	25 730	25 730	16 420	9 310
1994	36 333	36 333	26 240	10 093
1995	39 271	39 271	27 952	11 319
1996	45 256	45 256	30 882	14 384
1997	45 702	45 702	30 517	15 185
1998	48 107	48 107	32 604	15 503
1999	47 580	47 580	34 553	13 027
2000	60 120	60 120	41 503	18 617
2001	68 874	68 874	48 926	19 948
2002	80 731	80 731	63 072	17 659

第四章　三重边缘化处境中的农村学校危机（上）
——对农村学校管理困境的分析

第三层委托—代理关系存在于地方政府、地方教育行政部门与农村学校之间。地方政府、地方教育行政部门将各种教育资源委托农村学校经营，农村学校作为代理人履行上级教育行政部门的各项政策，利用上级部门给予的各种教育资源为农村学生提供教育服务，同时向农民家长负责。在前面两章的分析中，我们知道，中央教育政策制定面临合法性危机，而教育政策在地方执行又常常受到阻滞，农村学校在这双重危机下运转已经异常艰难，但同时又处于一种三重边缘化的境遇：

第一重边缘化，从整个社会结构来看，中国当前的教育被政治经济边缘化。“穷国办大教育”是一句老话和很多年前的实情，但近几年，我国财政状况逐步好转，2006 年全国财政教育支出 4 752.7 亿元，当年 GDP 为 209 400 亿元，教育支出仅占 GDP 的 2.27%，2005 年财政教育支出为 5161 亿元，2006 年比 2005 年竟然下降了 8%，而同期 GDP 却上升了 10%，若按预算内教育经费包含城市教育费附加的口径计算，2005 年全国预算内教育经费占财政支出 33 930.28 亿元（2006 年《中国统计年鉴》公布数据）比例为 14.58%，比上年 14.90%下降了 0.32 个百分点。从全国情况来看，有 23 个省、自治区、直辖市预算内教育经费占财政支出比例比上年有不同程度的下降。监测结果表明，虽然政府教育投入总量继续增加，但预算内教育经费占财政支出比例和国家财政性教育经费占 GDP 的比例均比上年有所下降，相对于国家生产总值的比重明显不足。

第二重边缘化，在教育系统内部，义务教育被高等教育边缘化。虽然各级政府都承认并强调义务教育的重要性，但是在资金安排和政策保障上缺乏系统性和连续性。有一些省、自治区、直辖市没有达到《教育法》规定的教育投入增长要求。当前，我国财政性教育经费占 GDP 的比例仍然偏低，极大地制约了科教兴国战略和人才强国战略的实施。我们仅用世界上 0. 78%的教育经费支撑着占世界 20%的教育人口，这说明了教育投入不足已经是制约教育事业发展的“瓶颈”。就教育投资总规模而言，我国财政性教育经费从投资结构呈现出重高等教育、轻基础教育的倾向。在整个 90 年代，对高等教育的投入始终在 90%左右，而包括高中在内的中小学得到的比例未超过 10%，而且这些有限的金额也主要是对中央属中小学的投入。近年来虽然增加了对贫困地区义务教育的援助，但“九五”期间的总投入只有 39 亿元。在 2001 年以后的 4 年间，这部分资金仍然不足 300 亿元，占中央教育财政总经费的比例仍然微乎其微。我国的生均教育经费与人均 GDP 相比所占比例低于很多欠发达国家的水平。

第三重边缘化，在城乡二元结构的背景下，农村教育被城市教育严重地边缘化。在投入基础教育的有限资金中，国家教育投资政策更多的是“锦上添花”而非“雪中送炭”，优质教育资源集中在城市的重点学校，而农村学校连最基本的办公经费都难以保障。在近年的国家财政预算内义务教育经费投入水平及其所占比例方面，每年财政预算内对义务教育的投入水平及其所占比例方面，每年财政预算内对义务教育的投入仅占总投入的 50%左右，而广大农村地区只占 30%左右。

一、农村学校的生存重负

在这三重边缘化处境中的农村学校面临着各种生存危机，学校因物质资源的匮乏常处在非正常运转的状态下。

（一）欠发达地区农村中小学校舍危房多，生均面积小

经济发展水平较高的长兴县中小学均没有危房，而经济发展水平较低的井研、息烽两县中小学危房问题则很突出。危房问题表现出明显的地域差异，即与当地经济发展水平呈正相关。但也有例外，如经济发展水平较高的兰西县危房问题非常严峻。见图 8、图 9。

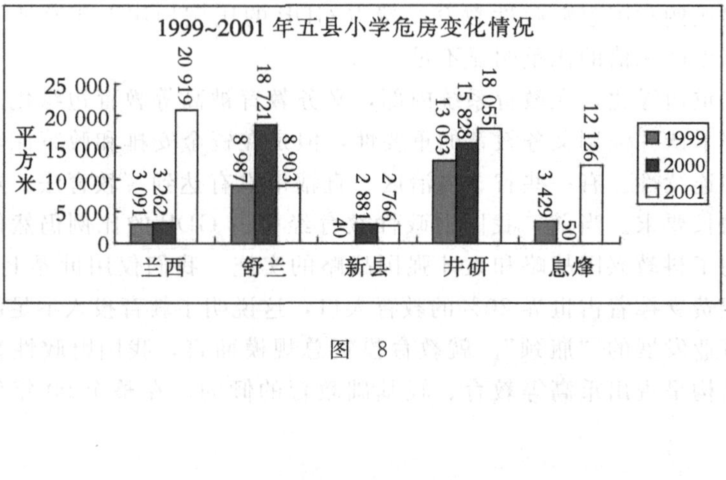

图 8

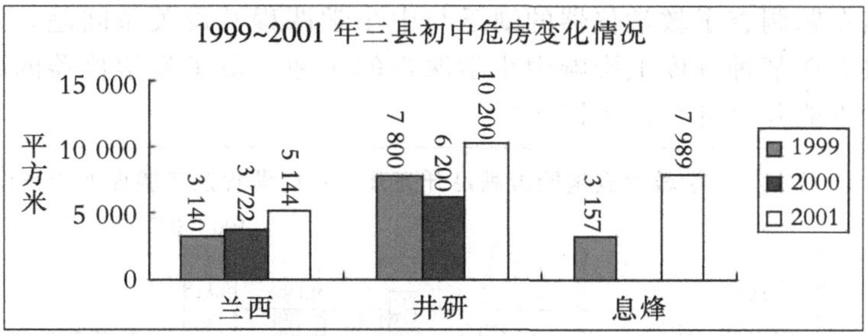

图　9

在生均校舍面积方面，农村小学从总体来看高于县镇小学，而初中阶段则是县镇初中高于农村初中。另外，1999～2001 年农村中小学校舍的改善程度很小，危房呈较为明显的上升趋势，生均校舍面积的增长幅度也很小，有的甚至呈现负增长。见图 10、图 11。

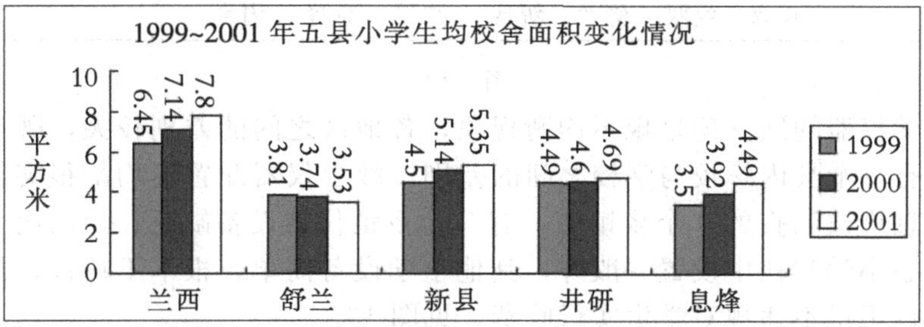

图　10

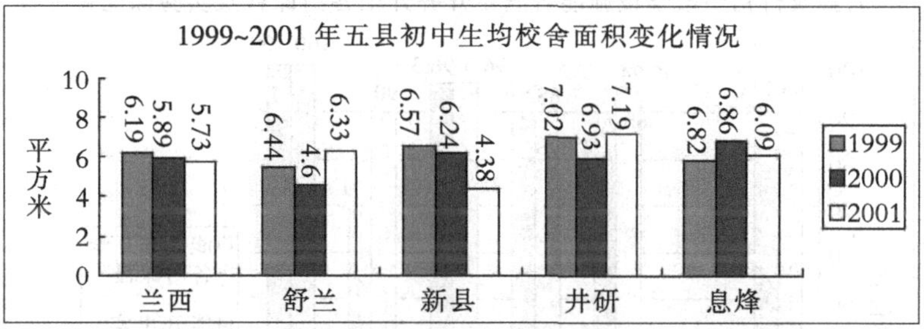

图　11

（二）农村中小学教学仪器数量少而且非常陈旧

通过对息烽、河南内乡、井研、兰西、新县、长兴和舒兰七县的调研发现，农村中小学教学仪器配备方面存在着这样的问题：

教学仪器数量普遍少。七县教学仪器问题的调查反映的一个最尖锐的问题就是教学仪器数量不足。例如，息烽县九庄乡几乎没有任何设备，青山乡基本没有教学仪器，石硐乡缺乏音乐、体育、美术器材，学校连脚踏琴都没有。我们专题调查了教学仪器的缺乏与中小学课程开设关系问题，发现教学仪器的缺乏在某种程度上影响中小学课程的实施，由于教学仪器的缺乏使中小学课程不能开足开全。见图 12。

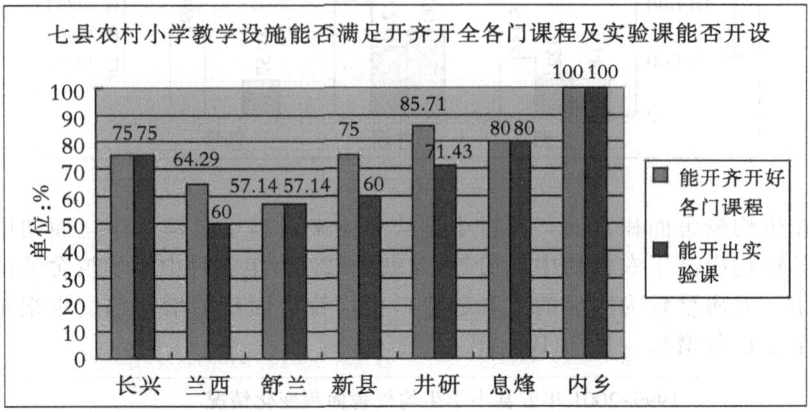

图 12

教学仪器的缺乏还呈现不均衡现象，各地区之间的差别较大，既有县际差别也有一个县内学校与学校之间的差别。教学仪器配置不均衡很突出。例如，在息烽被调查的 9 个乡镇中，有 5 个乡镇仪器设备缺乏；河南内乡瓦亭镇除中心小学和初中设置一般外，其他小学设备简单，根本不达标，甚至使部分学校不得不违规对学生实行收费。见图 13。

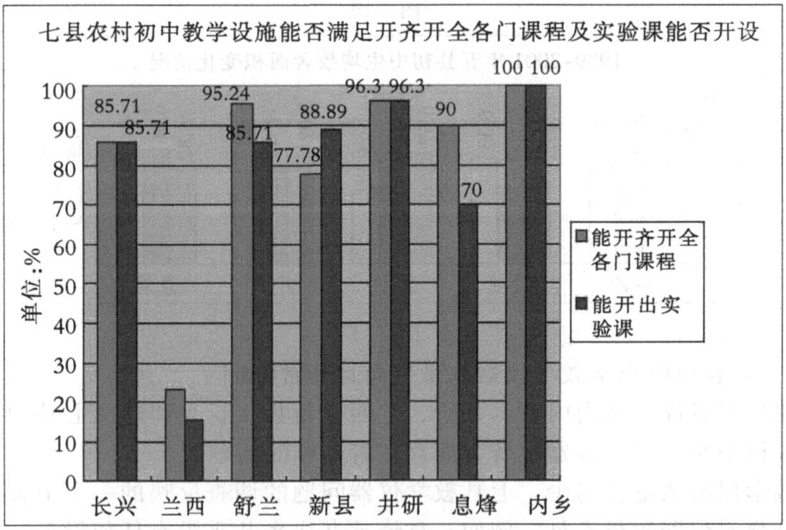

图 13

（三）农村中小学“普九”债务遗留问题严重

七县农村中小学普遍存在较为严重的债务问题，经济发展落后地区的井研、息烽两县因举债“普九”遗留的债款较多，其中井研县 27 所小学累计欠债近 960 万元，贵州息烽 10 所初中累计欠债 560 多万元。虽然经济发达的长兴县债额更高，如 8 所小学欠债高达 1 290 万元，但长兴县的债款主要是在实现高标准的“教育强县”背景下产生的，这也可以从一个侧面反映出东部经济发达地区与西南经济落后地区在教育发展上的差距。在债务偿还上，学校和政府是最主要的“债务人”，而经济欠发达地区由于作为债务偿还主体的政府、学校以及教育主管部门不仅在财政上捉襟见肘，校长还受到债主的追债干扰，各地校长走上法庭当被告的现象时有发生，严重危及教育教学的正常秩序和管理。见图 14。

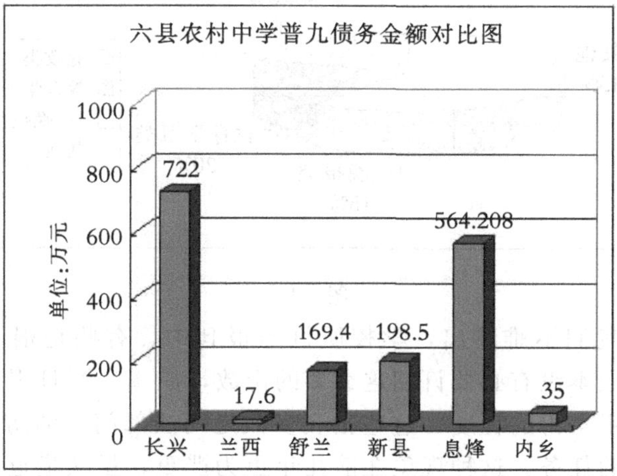

图　14

（四）报刊摊派问题严重

教育主管部门和中小学普遍反映“被强行征订报刊”使他们面临巨大压力。在这些报刊中，党政类报刊和日报、晚报类所占比重较大。在我们调查的学校中两项合计，小学占 48%，初中占 35%，教育类报刊所占比重较小，只占整个报刊种类的 20%左右，其他报刊多是公安、司法、消防、妇联、物价等部门强行派给教育部门的任务。多数县每年征订报刊的总金额都在 10 万元以上，报刊的费用主要由学校承担，有的上级财政主管部门从由其管理的学校学杂费中直接扣除。此外，由教师和学生承担的摊派任务也较多。本来就短缺的农村教育经费还受着来自上级各个部门的盘剥。见图 15、图 16。

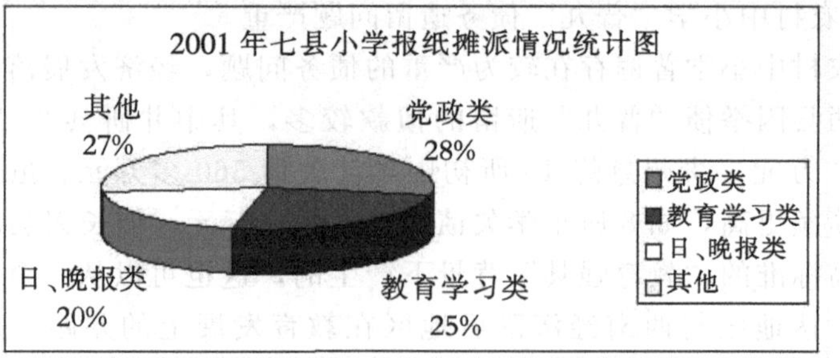

图 15

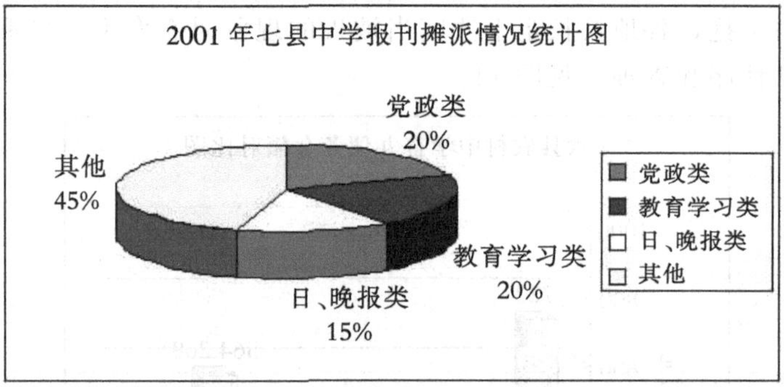

图 16

从上图中我们不难看出，学校所订的报刊中，有些是根本没有必要订的，而有些也根本没有必要订阅这么多的份数，如《××日报》这一县级报纸竟然达到人手一份的程度。这些报刊多数是司法部门、消防、妇联、街道派给教育部门的任务。这种现象在前几年更为严重，虽然最近几年各地的校长们曾多次呼吁改变这种状况，但是从我们的调查来看，问题迟迟没有得到解决。尤其是实行财务统管以来，各部门不顾学校意见，直接从乡财政所扣除报刊订阅经费的做法，更是让学校感到无法忍受。可以肯定地说，这是对教育的一种剥削。

但令人欣喜的是，中纪委、中宣部、农业部、新闻出版署于 2003 年 7 月 18 日召开会议，部署治理部门报刊散滥，制止利用职权发行，减轻基层和农民负担工作，并于 2003 年 8 月 8 日根据《中共中央办公厅、国务院办公厅关于进一步治理党政部门报刊散滥和利用职权发行，减轻农民负担的通知》（中办发［2003］19 号）精神制定《治理报刊摊派实施细则》，这将为制止报刊不合理摊派提供切实可行的法制依据，我们期待通过这种方式能真正减轻农村教育不合理报刊摊派的重负。

（五）接待上级检查重负难堪

相关部门的检查（特别是教育教学检查），本应该是促进学校健康发展的重要手段，但我们在调查中发现，名目繁多的上级检查不仅所起收效甚微，而且要浪费大量的人、财、物力，尤其是招待费太多。多数县（如长兴、舒兰、新县、井研等）每年花费在招待费一项上的资金都在 10 万元以上，有的甚至高达几十万元，这已成为目前农村中小学的沉重负担。

（六）农村中小学“一费制”使学校运转更加艰难

除长兴县外，其他五县均开始了中小学收费“一费制”改革，其中两个国家级贫困县——新县和息烽县已全面实施。实施“一费制”后收费标准普遍比“一费制”前低，其中减幅最大的新县，农村小学每学期每生减少了 29 元，农村初中每学期每生减少了 74 元。“一费制”在规范中小学收费的同时也使农村学校公用经费大幅度削减。因此，很多中小学校长反映，在新的财政支持政策出台特别是公用经费保障机制建立以前，这一体制引起的经费困难使学校正常运转难以维系。

二、农村学校危机的爆发——D 县教师罢课上访个案调查

清光绪三十三年（1907 年）十二月，县官立两等学堂教员陈玉符等 5 人，因不甘县令寻滋觅瑕、辱骂刁难、视新学为误人子弟、自立私塾式认字学堂，集体向县令请辞，罢教。后经海龙府教谕及本县学董斡旋，县令慰留，5 名教师于光绪三十四年一月复课。

40 年后，D 县 5 所小学教师，因县长克扣、贪占教师 3 个月工资而集体罢教。

1947 年 3 月下旬，各校教师在几经与县长王在明交涉失败后，组成罢教代表小组去县政府请愿。由于县长蛮横拒发，决定公开罢教：不全部发放 3 个月工资，决不复课。29 日，5 所小学教师 90 多人，列队游行，散发《罢教宣言》、《告学生家长书》。当晚，D 县中学教师在街头张贴声援小学教师罢课信，罢课代表小组向辽北省政府发出《控告信》和给《辽北日报》发出《罢教通讯》。31 日，县长在地方士绅和机关团体里的头面人物调解及教师代表戳穿“政府没钱”的骗局后，同意“3 天内发给 1、2 月份工薪，10 天内发给 3 月工薪”协议，教师则表示在协议生效后的第二天复课。5 月中旬，

县长被免职。小学教师罢教得到彻底胜利①。

50 多年以后，D 县爱泉乡再次爆发教师罢课上访事件。

爱泉乡地处东北中南部，距所属 D 县 35 千米，辖 8 个村，半山区，交通不发达，经济以种植玉米、水稻、大豆为主，在全县属于经济落后乡镇。全乡总人口 10 220 人，农业人口 8 760 人。该乡有一所初级中学，教师 37 人，学生 260 人；6 所完全小学，2 所简小（均 3 个教学班），83 名在岗教师，885 名学生。师资水平不一，总体教学水平居全县下中游。

（一）罢课——事件的缘起

自 1997 年以来，教师工资拖欠问题严重，教师工作积极性受到极大影响。当时的教育管理体制是“三级办学，两级管理”，乡政府负责教师工资的发放。2000 年，该乡教师工资拖欠累计达 8 个月，每人多达 6 000 多元，教师期待能在 9 月 10 日教师节领到工资，可又是空欢喜了一场，中秋节（9 月 12 日）马上要到了。9 月 11 日，教师再也沉不住气了，早晨来到学校，7 所小学（除了 1 所校长出差的村小）教师告诉学生自习后，纷纷向校长递了请假条，说是要去借钱到集市买米过节。各村小校长默许，并在教师离开学校之后，陆续把假条交到乡政府。当天集市上的村民很多，教师罢教的事立刻传开了。乡里知道此事，立刻表示一定尽快筹措资金给教师发放工资，但很快又转变了态度，决定开始追查组织者，撤销村小校长和中心校校长。

第二天，教师回到学校上课，想了解乡政府作何反应，可是一来到学校就听说，各校的校长被乡政府打电话叫来的教育局局长训斥了一番，教育局局长连续用了五个“愚蠢”来形容教师的这次举动，让各校长回去写汇报材料，并让他们转告教师：“不想干，我们就另外拉两汽车教师顶岗。”

（二）上访——事件的高潮

教师一听，各个忿忿然，他们在此期间已经得到可靠消息，说县财政局已经将教师工资拨到乡镇，所以他们约定要去乡政府讨个说法。14 日，一些教师代表聚到乡政府院里，让乡干部给他们一个说法。这时，一个女干部走出来奚落教师说，“你们为山乡培养出几个大学生？还有脸来要工资？”一个患有肝病的教师一听这话当场气晕过去，场面立刻混乱起来。教师一面忙着把这个教师送到医院，一面组织人、车去县里上访。当地的车都不敢拉他

① D 县县志编撰委员会主编. D 县县志［M］. 北京：中国广播电视出版社，1994：513.

们，他们就到邻乡雇了两辆车，挨个学校接教师到县里上访。因为他们得到消息说，全县乡党委书记都要去邻县参观学习，这是一个说理的好机会。当他们到了县政府门口，已经知道消息的乡党委书记在门口恭候多时了，只是这时他的态度已经急转直下，答应教师什么条件都可以谈。教师代表怕他口说无凭，要他签字划约，并付教师的往返车费。他气得涨红了脸，拿出笔哆哆嗦嗦地签了字。

（三）教育秩序的恢复——事件的尾声

教师回去的第二天，就领到了两个月的工资，一场罢课上访风波以教师的初步胜利告终。

随后，乡政府开会准备联合教育局处理这次上访的主要教师代表和校长。处理的结果是第二学期有两个村小校长被撤职，但为掩人耳目，提拔了一个参与上访的教师，但教师都心知肚明。在这期间，教师上访代表承受很大压力，因为乡政府在暗地里调查这次上访的“主谋”，有的教师互相揭发，极大地伤害了这些上访的教师，他们觉得很心寒，自己出钱出力，别人坐收渔利，还不保护他们。

被撤职的村小校长的遭遇无疑是对其他教师的一种警告，渐渐地，多数在职教师似乎开始接受了工资削减和待遇降低的现实，并且安心于他们教书育人的工作。尽管如此，仍有一些人并未退出上访的行列，但是乡里从未停止通过对校长施加压力和借用学校这架国家机器来管住那些越来越“离心离德”的乡村教师们。

在田野研究的现场，笔者得到一份村小校长当时向乡政府递交的汇报材料[①]，从中可以侧面了解罢课事件的部分缘由：

综合同志们的意见，所以发生了这次不合理行动的原因，是我们有如下六点不能理解：

第一，上级政府明文规定的杂费收入每人50.00元，是用来改善办学条件和教学之必需，而乡政府却用来上调开教师的工资，整得学校连办公费、书报费都应接不暇，这种做法是否是征非所用，使学校的正常办学得不到保证，我们实在难以理解。

第二，省委、省政府明文规定“贫困乡镇的领导不得配备小汽车和移动电话”，然而我乡不仅领导配备小轿车常开不停，连村支部书记也配备了移

① 详见本章附件：关于榆树小学9月11日停课四节的事实报告.

动电话常开不关。我们却得不到应得的工资，取借无门。有多少教师刚刚到手的工资偿还了急用的借款，手中分文皆无，眼含痛泪，无人问津。而你们还是不许“行”的还在“行”，视教师的生活于不顾，我行我速（素）。我们看在眼里，痛在心里，实在无法理解。这些款项用于解决教师工资难道比用学杂费开教师工资还违法吗？我们不能理解！

第三，《××日报》曾明文登载着市委的通知：“乡镇主要领导必须真正到岗到位，不准乘公车上下班。”但我乡的某领导是否真正按通知精神做了，享受着搬迁费，乡里付着房屋租赁费，却依旧用专车接送上下班，耗着爱泉人民的血汗，干着违背上级指示的事，我们却得不到应得的合理的劳动报酬，看着这种现象，我们怎能理解？怎不气愤！

第四，我乡经济困难，我们应该理解。但我乡是否做到了专款专用了呢？据说此次教师节、中秋节前夕，县财政播（拨）中小学教师工资款 8.7 万元，如果属实，这些款项又用到何处去了呢？广大教师盼工资如盼甘露，而盼来的却是用学生的杂费和欠条开来的工资，若有此一说，怎么能让我们心里平衡和理解呢？

第五，乡政府近三年来都拖欠教师的工资，至今累计每名教师最低平均也快到 5 000.00 元了吧？可是，这些钱抵农业税不行，顶乡村统筹款也不允，难道这不是钱吗？怎么就不管用呢？还非得从我们将要到手的工资里扣去，或强行要回。难道欠我们的工资就不算数了吗？这样两种算账的方法，难道还能让我们理解吗？

第六，乡政府解决教师的工资困难是可以理解的。但俗话说：“没钱还没有话吗？”可在教师节和中秋节并蒂而至的日子里，领导不仅把端午节借来的每师百元借款扣回，连个座谈会都不开。你们做领导的下乡有补助，岗位有津贴，每项活动有奖金。我们教师有什么，离了工资便一无所有，这样你不应该和老师谈谈心吗？把困难交给群众知道，使群众理解，而纠我们的不是，我们能够理解了吗？而你们“只想让马儿快快跑，又要马儿不吃草”怎么能行呢？

综上所述，基于这些原因，教师们举行了这次不智之举——愚蠢的行动。今后我们将吸取今天的这个教训，干好本职工作，决不致再有愚蠢行动的发生！

通过这份材料，我们发现这次罢课上访事件是教师的积怨导致的必然后果。乡政府干部的奢华生活和教师们因拖欠工资的生活窘境形成的鲜明对比，导致教师心理失衡，乡政府任意挪用教师工资并用学杂费顶教师工资的违章行为也引起教师的强烈不满，乡政府对于教师艰难生活不闻不问的态度最终激怒了教师，一场上访风波就这样爆发了。

三、学生辍学问题严重

本来，通过教育“跳农门”是很多乡村家长和学生心之所系，也是乡村教师的良好愿望，更是农村学生可以选择的改变人生命运的最体面、最有效的方式。但是，真正辍学的人数远远超过国家统计数字，这促使笔者不得不去深思这种现象背后的学校自身的原因。

（一）辍学率呈现明显的城乡差别

D县教育有着辉煌的历史。1986年被原国家教委评为“全国基础教育先进县”，1993年被省政府评为首批“普九”先进县，1997年又被原国家教委评为全国“两基”工作先进县，同年被原省教委确定为“全省素质教育实验县”。但在2003年春季，教育局督导室突击调查全县初中学生就读情况，发现辍学问题严重。如表2：

表2 D县2003年初中学生流失统计表

	在籍数	出席数	流失率	一年在籍	一年出席	流失率	二年在籍	二年出席	流失率	三年在籍	三年出席	流失率
县城	3782	3688	2.49%	1196	1190	0.50%	1246	1232	1.12%	1340	1266	5.52%
农村	12273	8007	34.76%	3796	3354	11.64%	3596	2596	27.80%	4424	1751	60.42%
合计	16055	11695	27.15%	4992	4544	8. 97%	4842	3828	20.94%	5764	3017	47.65%

在我们对长兴、兰西、舒兰、新县、井研、息烽6个县逐乡镇调查后发现，农村初中阶段三年累计辍学率，亦称“届辍学率”，分别平均为3.78%、54.05%、28.06%、3.66%、35.55%、20.97%。一般而言，经济发展水平较低的省份农村初中的辍学率相对较高；但是某些经济处于中等的省份农村辍学率最高；某些经济落后的省份辍学率却很低。如果对县镇和农村分别统计辍学率，农村乡镇辍学率最高的黑龙江兰西为60.82%，最低的新县为3.99%，浙江长兴为4.24%。可见，农村初中辍学问题不仅表现出东西南北地区差异，还表现为县域内城乡之间的差异。在县域内，与县城相比，农村辍学率明显偏高，见图17。

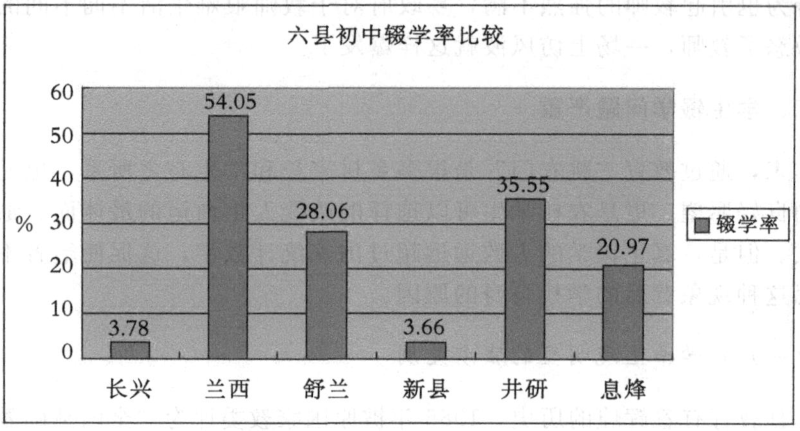

图 17

除6个逐乡镇调研的县以外，在补充样本的调查研究中，农村初中学生辍学状况也十分严峻，届辍学率最高的学校为74．37%，最低的为5%。大大超过了“普九”关于把学生辍学率控制在3%以内的要求。

（二）假数据易得，真数据难求①

据农业部农村经济研究中心数据表明，在我们调查的四川省某县级市的国家行政性教育经费1995年和1999年的统计数字分别为5 853.5万元、7 150.6万元，其中农村教育费附加各占36.2%、17.4%，即1995年2 119.1万元、1999年1 243.0万元，而实际上只有850万元、550万元，仅占上报数字的40.1%和44.2%。造成虚假的原因，一是政策“碰车”。四川省政府规定，农村教育费附加是按照农民上年纯收入的1.5%比率征收。如足额征收，该市此项收入应为3 000万元左右。但为执行中央关于减轻农民负担的有关规定，加上征收过程中的种种困难，实际征收只有几百万元。如该市某镇农民年纯收入约2 400元，按征收比率人均应缴纳36元，但该镇政府限定收缴农民的人均各项费用不得超过12元，农村教育费附加的征收结果也就可想而知了。二是担心“受责”。省教育厅要求该市2000年农村教育费附加征收要达到1 100万元，为体现“超额完成任务”，该市上报的数字是1 400万元，而实际上只能收五六百万元。有关负责人说，“明知是假，也得

① 这部分主要观点已发表在《四川省某县农村初中生辍学问题研究》（《东北师大学报》哲社版2002年第12期专刊第27～31页）。

这么报，否则别的区县报得高，我们报得低，就显得落后，就要挨批评。”①一位校长对这种情形发出无奈的感慨：“要数字教育，就没有素质教育。”

四川省井研县每学期都要进行全县统考，并将成绩汇总，这为我们得到各个学校各个年级的学生数提供了良机。表 3 是我们参照全县 2002 年暑期毕业的这个年级三年的成绩单，通过调查三年来各乡镇应参加考试的人数的变化来反映辍学情况，这是我们发明的一项“防伪技术”。因为在我们长期调研中发现，学校为了达到国家标准，不得不想出各种办法来掩盖事实，所以真实的辍学数据很难从各个学校调查表中得出。但是，国家的统计数据来源往往就是从这些学校上报的表中得出，于是就造成国家统计得到的辍学数据偏低。从表 3 和表 4 中，我们可以看出上报数据与实际数据的差距很大，“泡沫数字教育”可以由此略见一斑。

表 3　通过参加考试人数反映的辍学情况

初一升初二辍学率	8.25%
初二升初三辍学率	8.45%
总辍学率	16.00%

表 4　学校上报国家统计数据的辍学情况

初一升初二辍学率	0%
初二升初三辍学率	1.56%
总辍学率	3.62%

（三）辍学的复杂原因

在我们调查的各种辍学原因中，因厌学而辍学的学生占 53%。可以认为，学校因素而非经济因素成为辍学首因。调研中发现，许多学生由于基础不好，成绩差，学习跟不上，认为读书没意思而辍学。农村教育资源贫乏，在教学环境和教学设施上，与城市初中差别较大。在调查的学校中，只有一部分学校有微机室，大部分学校既无微机室也无语音室和电教室。许多学校图书室、实验室、卫生室设备陈旧，数量少，不能及时补充更新。农村初中教育教学仅仅围绕教科书进行，学习枯燥乏味，学校生活单调，没有课外活动，造成学校对学生没有吸引力，从而导致厌学。因此，学生厌学是辍学的

① 关锐捷．“重中之重”的中国农村义务教育必须警钟长鸣［J］．中国农村研究，2002（7）：15．

最主要原因。

另外，农村学校教材内容城市化，严重脱离农村经济发展和社会生活实际。由于农村学校教育教学远离学生生活，教材内容偏深偏难，导致学生上课听不懂，学习跟不上，读书没兴趣，进而厌学和弃学①。

农村初中教师教育教学方法不当是学生辍学的又一根源。与城市教师相比，农村教师专业化水平不高，代课教师素质低，个别教师仍有体罚学生行为。一位基层教育行政领导直率地说："辍学问题学校是根本，教师是关键，厌学是造成辍学的主要原因。"

有学者认为，从农民转化为城市居民的门槛较高，通过教育的成功进入城市是一个捷径。因此，农民关心的只是，在现有的对其子女不利的基础教育体制格局中，自己的子女如何能够在层层考试中获胜（即获得某种文化资本与符号资本），从而摆脱农民身份，并摆脱由此身份带来的社会地位的卑贱（社会资本）和生存机会（经济资本）的稀少。他们"迫切地希望自己的孩子能够通过烦琐而又充满艰辛的考试，获得某种进入大中城市的符号资本和文化资本，以拥有城市"居民"身份。但当国家教育精英们把以城市为本位的教育内容推广到一个个乡村时，由于巨大的经济和文化生活的差距，农村孩子出现了"水土不服症"，而克服种种困难"消化"掉这种教育后，如果不能"考出去"的话，这种教育对改进学生在当地的生活境遇并无多大裨益。这又从另一个向度客观上损害了农村教育为当地培养合格建设者的功能，致使那些读大学无望的学生及其家长对教育的兴趣大为降低②。这也是造成高辍学率的一个重要原因。

我国已经向全世界骄傲地宣布"普九"的喜人成果，但是"普九"的真实现状令人担忧。我国"普九"是以县为"人口地区单位"进行验收的，验收的一个重要指标是要求该县初中的毛入学率达到一定水平（按经济发达程度而定，通常要求在90%～95%以上），如通过验收，这个地区（县）总人口就全部列入已达到"普九"要求的范围，所以事实上到2000年底，这85%的人口地区还有一小部分适龄儿童没有进入初中就读。就我们的调研数据来看，"普九"成果的巩固非常艰难。

在调研的过程中，我们发现，农村学校也采取了一些控制辍学的措施，

① 详见本章附件：学生辍学访谈录.

② 蒋贞蕾．遭遇农村：对我国农村教育的一项质性研究［A］．陈向明．在行动中学作质的研究［C］．北京：教育科学出版社，2003：237～238.

但是，这些措施多有两个方面的特征：一是在务虚的政治层面上存在，即这些措施发起的动力往往是由于中央或上级政府某一阶段布置下来的政治任务，并且这些措施的推行也是采取责任包干制，带有浓郁的乡镇政治的色彩；二是这些措施往往仅仅局限于堵口的方式，即这些措施仅仅限于如何制止或召回辍学学生，但是并没有深入到学校的提高教学水平管理水平等更深的层面，探讨如何防止辍学现象。下面是一所中学的控制辍学生实施方案，这个方案很能反映这样的特征。

爱泉中学控制辍学生实施方案

以“三个代表”重要思想为指导，深入学习贯彻学习党的十六大精神和全国农村教育会议精神，全面贯彻教育方针，全面推进素质教育，加大控辍力度，提高教育教学质量，巩固我校普及九年义务教育成果，认真贯彻执行县教育局年初制定的工作计划，在控辍方面贯彻县教育局“死保一年，重点抓二年，努力控三年”的指导思想，根据我校实际特制定爱泉中学2004年度控制辍学学生实施方案。

一、深入学习有关教育法规，增强义务教育法观念

带领广大教师深入学习《教育法》、《义务教育法》、《未成年人保护法》，通过板报、校广播和开展法律知识讲座等形式加大对《义务教育法》的宣传力度，增强农村义务教育的法制观念，并将有关法律法规宣传到每位家长和学生中去，促使家长和学生提高认识，自觉地承担起教育子女上学的义务，支持子女受完九年义务教育。

二、加强对教师进行师德教育，建立和谐的师生关系，促进保生工作

教师要加强自身修养，关心和爱护每一名学生，注重对差生学习兴趣和爱好的培养，建立差生档案，班主任要认真细致地做好差生的转化工作及补救措施，不歧视差生，不体罚差生。课堂教学、课堂提问、辅导、课后作业都要兼顾好、中、差的学生，力争让他们学有所得，学有所乐，学有所长，学有所用。

三、继续实施包保责任制，分工明确，责任到位

1. 领导包村责任制。学校领导要对全校辍学学生基本情况摸清楚，对有辍学迹象的学生要及时家访，久访不到的学生要弄清原因并报告给乡政府，家访工作列为班子成员年末考核的重要内容。

2. 班主任包班责任制。班主任对全班学生自然情况掌握清楚，坚持家访制度，做到“一节不到情况明，一天不到有人请”，确保每一名学生完成九年义务教育。一学期内出现一个辍学生扣班主任津贴20元，保住一个学

生奖励班主任2元。

3. 科任教师包组责任制。根据科任教师所住的地理位置，学期初，将辍学生和有辍学迹象的各自然组（“组”为村以下的一级村民自治单位——笔者注）学生就近分到每一名教师手里，及时调查做好家访工作，出现辍学现象，由包保教师负责，此项作为津贴再分配考核中的一项。

四、做好辍学学生返校的安置工作

学生辍学的情况大致有三种：一是辍学的时间长短不一；二是辍学的文化基础程度不同；三是辍学的学生在社会上不同程度地沾染了不良习惯。全部抛在一起编班学习，不会收到好的效果。我们把离校时间短、能跟得上的回原班就读，离校时间长的、跟不上的到下一个年组安排学习；对初三回校学生，我们将采取降低文化课的学习难度，增加职业课的内容，初三下学期开始分流，重点开设职业课，培养学生的一技之长。

五、学校要经常与镇政府、各村委会及学生家长取得联系征求社会对学校的意见，求得全社会的帮助和支持。对家庭情况确实有困难的学生，学校将减免一切费用帮助学生完成九年义务教育。

六、领导包村名细（略）

2004年2月28日

四、课程改革问题丛生

在我们的调研过程中发现，很多县（市、区）在落实新课改的要求时作了很大努力。许多县（市、区）按照国家《基础教育课程改革纲要》的精神认真部署并展开了相关人员的培训工作，各学校也大都按照新课改的要求来开展教学活动。新课程的理念已经进入农村中小学，许多教师表示基本能够接受。新课改实施后，无论是教师还是学生都有较明显变化。教师正在成为组织者、引导者和参与者，教学注重创设问题情境，重在引导；学生的学习方式也有一定变化，学习的主动参与意识有所增强。但新课改中还存在很多不容忽视的问题：

（一）新开课程效果不佳

1. 校本课程随意性强，形式主义严重

许多学校不想开设、不会开设、没条件开设校本课程。有的校长说：“考试制度不改革，在农村啥课都开不长。中考考不出好成绩，你就是开出花来也是白扯。我们学校今年中考一个重点高中没考上，县里大会点名批评，哪还有心思搞别的。”目前，农村学校中的一个怪现象是：高年级开设校本课程的较少，如小学四至六年级开课少于一至三年级大约 20%，初中三年级平均少于一、二年级 50%，有的初三年级甚至没有开设。许多校本课程的内容是学科的延伸，有的甚至就是国家要求开设的课程；其教学方式多为讲授，活动形式单一。见图 18、图 19。

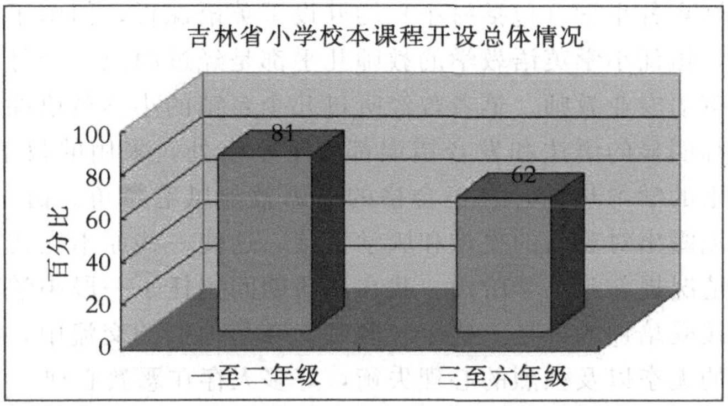

图　18

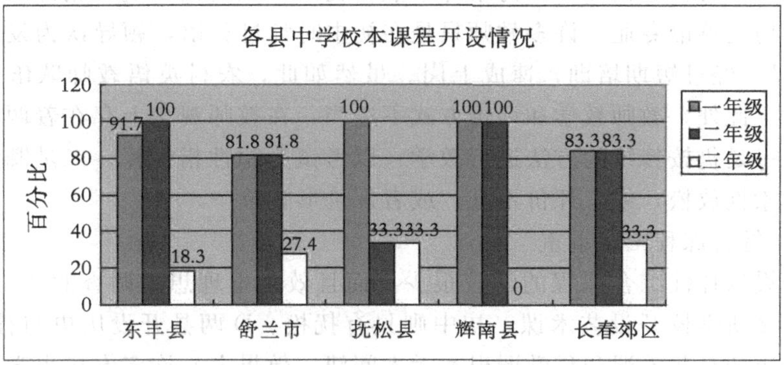

图　19

有些学校开发校本课程主体性很差，有的领导只希望上级提供开设校本课程的指导性材料，而不愿亲自探索和尝试如何开好校本课程。另外，缺乏条件设备也制约了校本课程的开发。比如舒兰二十六中《走进珠琦川》的校本课程中，连最基本的资料印刷都有严重的问题。

2. 小学英语课难以开足开好

小学英语虽然开课，但由于师资、设备不足，普遍存在课时不足、效果不佳等问题。据某县小学英语教师介绍：多数学校仍旧采用传统的“长课时”的教学方式。其中三至六年级的学生，每学期每班只有 25 课时左右，而一至二年级只有 13 课时左右，这都没有达到《新课程标准》规定的 36 课时这一标准。

遵照教育部“2001 年秋季开始，全国城市和县城小学逐步开设英语课程；2002 年秋季，各地乡镇小学逐步开设英语课”的指示精神，于 2002 年秋季在全县城乡各小学（包括村小）均开设了英语课程。但由于编制和经费不足等问题，担任小学英语教学的教师几乎都是经过两至三个月的培训就仓促上岗的非英语专业教师。笔者曾经听过几个乡镇的小学英语课，所听的每一堂课，教师明显的语法和发音错误都不下十余处，采用的教学方法陈旧，无法激发学生的学习热情，真正合格的英语教师凤毛麟角。访谈一些学生，他们明显地流露出对英语的畏难和厌学情绪，这使一些原本在初中才会因厌学而辍学的情况提前到小学阶段。我在调研期间担任了一段小学英语教师的培训任务。接受培训的都是一些年轻教师。在与他们的交流中，我感受到他们对于教育的无奈以及强烈的心理失衡，好多人存在恶教心理。

另据有关教研人员介绍，部分学校英语教师队伍老龄化现象十分严重，而且教师学历普遍偏低，多为中师毕业。更为严重的是，现有教师无一人的第一学历是英语专业。许多教师只是在初中时学过英语，领导认为发音“比较准确”，经过短期培训，速成上岗。虽然如此，农村英语教师队伍仍缺乏稳定性。此外，教师教学和评价方式不适当，在教师观念上存在着两种极端表现：一是仍按传统的方法进行教学，以考试为隐性指挥棒；二是既然不考试，就索性放松，或者评价不准，或者评价形式单一。

3. 综合课程困难重重

开设选择性综合课程的学校很少，而且效果不理想。调查的 28 所小学中只有 2 所学校开设艺术课，初中则只有抚松、D 两县开设历史与社会课，更为严重的是艺术课和科学课根本无人问津。效果上，许多农村小学在课程计划中虽列出艺术课，但具体实施时按音乐和美术分别上课。初中虽然开设历史与社会课，但是没有选择配套的科学课，造成自然地理知识部分被排除在教学之外。另外，综合课程学习未能结合综合实践活动等有效的学习活动方式，也影响了学习效果。

师资问题严重困扰综合课程的实施。现有的学科教师不能很好地适应综合课程，一方面是教师以往单一的专业知识、专业素养不适应综合课程的要求，这一点在小学艺术、初中历史与社会课中表现得尤为明显；另一方面是任课教师得不到有效的培训和指导。

4. 信息技术课不受重视

调查中发现，小学生对信息技术教育的兴趣在整个课程学习中占有最高的位置（21. 5%），超过了语文、数学等主科课程。初中生兴趣也很高（12. 7%）。但农村初中不重视信息技术课，很多初中在三年级就已经把这门课程停掉。另外，信息技术课教师严重缺乏，水平也较低。信息技术教学内容只局限于知识技能的学习，如指法练习、文字输入等；信息技术课很少与其他学科整合，常被作为一门技术性、工具性的课程进行单一教学。

（二）教师专业素质制约

教师的这些基本状况影响农村教师对新课程的适应。表 5 是我们调研的统计情况：

表 5　教师现有的业务水平能否适应新课改（单位：人）

适应程度	能适应	基本适应	不能适应
小学	99	140	1
初中	168	208	9
合计	267	348	10
比例	42.72%	55.68%	0.16%

我们结合教师们的反映以及一些听课的情况，总结了一下教师素质和观念对新课改的阻滞主要有以下这些方面的表现。

1. “穿新鞋走老路”

由于教师担心考试评价的结果，所以在教学中仍以传统的观念和方式对待新的教材。一些教师上课时往往把旧教材中的内容渗透于新教材的教学中。许多教师认为，新教材中知识点不清晰，老师上课没什么可讲的。他们担心新教材中不讲“一、二、三”（知识点），而将来考试时要考“一、二、三”，会影响考试成绩。于是，一些教师上课时往往把旧教材中的内容渗透于新教材的教学中。另外，由于新教材中存在质量问题，以及新教材的练习册在编排上难易程度不一等，都给教学带来一定困难。例如，一位农村初中数学教师反映，她在讲“旋转与中心对称”问题时，发现新教材与学生练习册的要求不一致，教材上没有讲的内容在练习册上出现了，而这些知识在旧教材中曾经有过，并且这些知识在新教材后面章节的学习中会用到。

2. 探究式教学方式更多成为一个口号、一种形式

关于“新课改提倡的主动探索、合作交流等教学方式”，有 47. 68%的

教师认为“完全可以做到”，41.92 ％的教师认为“暂时不能做到”，10.40％的教师认为“很难做到”。许多教师驾驭教材、驾驭课堂的能力不强，仍以传统的观念和方式对待新的教材。他们不把课本看成教学的工具，不善于以课本为基础开发和拓宽课程资源。他们仍然以课本为唯一的知识和信息来源，严格按照教材的体系和结构进行知识传授，甚至连课本中的例证都原封不动地讲解。

3. 教师不会利用、开发课程资源

学生获取学习资料的来源主要还是教材和教师。但是教师对课程资源认识不清，已有的课程资源利用不好，又不会开发新的课程资源。

4. 学科教师应用信息技术能力很差

学科教师应用信息技术意识和掌握信息技能水平差，从来没有使用过课件的教师在中小学分别为 29. 9％、32. 9％。学科教师缺乏与教师信息技术应用相应的培训，利用信息技术实际教学效果较差，能熟练掌握信息技术的中小学教师分别为 11. 9％、12. 5％。某县教育局局长在介绍该县对教师信息技术培训的情况时说：“我们把培训分为低、中两个水平，低水平培训教师为开机和关机、指法练习、文字输入等，中水平为电子教案排版、演示文稿制作。”

我们对教研员的访谈中，他们对教师适应新课改情况的反映有如下评价：

(1)“农村学校里部分素质好、业务能力强的教师适应新课改，但相当一部分教师不适应新课改。”

(2)“转变教师的观念，实施新的教学策略，需要有个过程。”

(3) “新课改毕竟是全新的理论要求，落实到实践中还有相当多的困难。”

(4)“突出表现在应试问题上，不是真正的从培养能力入手，还是流于死记硬背。”

(5)“教师的教学观念、教学理念、教学方法都发生了根本的变化，能往新课改的方面努力，但在课堂实践之中的具体运用上还存在以往的教学模式，还有待于今后努力改正。”

(6)“课程设置与最终评价不统一，教师不知道课究竟该怎样上。”

(7)“该学科教师除了培训的个别教师外，大部分教师对教材的理解不透，特别对于新教材感到无从下手，有一定的教学难度。”(个别学科的教研员这样认为。)

(8)“主要是专业知识不足，不能够开发课程资源，信息资源来源渠道比较窄。”

(9)“但由于地方条件限制和经济情况限制，很难进行多种学习方式(如少年宫、展览馆)，不能很好掌握一些城市化的课程内容（如自选商场），不能很好适应现代化教学手段（如电脑）。”

(10)“比较灵活的教学方式与教学内容脱节。”

(11)“观念僵化，行为保守。热闹多，门道少，形式主义严重。”(课改后，教师上课时采取的形式多样了，例如一堂课里组织学生讨论几次，再组织学生戏剧表演、辩论、竞赛等就占去了课堂的一大部分时间，学生真正学到的东西很少，教学效果很不好。对于这些，教师意见也很多。)

(12)“由于资料匮乏，驾驭教材的难度大。”

五、农村学校卸责原因分析

在三重边缘化的处境之中，农村学校在各个层面都暴露出深层次危机。追究这危机背后的原因可以发现，委托人和代理人的双重卸责是症结所在。代理人卸责主要是由于学校管理者素质不高和对教师的激励不足，委托人卸责是由于地方官员和校长的共谋、政府教育投入不足以及“制度供给陷阱”等体制方面的因素所致。

（一）代理人卸责

1．学校管理者的责任能力不强

我们常说“一个好校长能决定一个好学校”，农村学校发生的种种问题与校长的素质有着密切的关系。笔者在调研过程中发现，学校管理存在问题最多的就是村小。D县村小从数量来看是庞大的，“村小不小”，全县现有小学218所，其中村小191所，占87．6%。但从管理水平来看，村小建设和管理又是相对薄弱的，无论是师资、办学条件还是教育教学质量及管理质量都与中心校有明显的差距。全县村小的发展也很不平衡，不同乡镇的村小有差距，同一乡镇的村小之间也有很大的差距。2003年10月，新上任的教育局局长在全县村小工作会议上的讲话中总结了该县的村小发展现状问题，对校长的素质有以下几点评价[①]：

① 详见本章附件：教育局局长在全县村小工作会议上的讲话（节选）（2003年10月）。

目前，从全县村小总体上看，村小校长的整体素质还不高，个别村小校长经常造成管理和指挥上的失误。具体反映在工作中暴露出“三差”：一是政治素质不高，政策水平较差。不能准确理解和把握教育形势和任务，不能按上级要求管理学校。学校工作没有思路，没有遵循，甚至蛮干、胡干，乱干，出现工作失误较多，造成恶劣影响。有一所给人感觉很不错的村小，在国家、省、市、县三令五申制止乱收费的势头下，校长还是不看风头，不顾要求，我行我素，最后被曝光，校长也受到了处分。二是工作粗心大意，管理水平较差。一些村小，从一进校门起，便有一种不舒服的感觉，走进教室，更是不堪入目。漆黑的墙壁角落挂满了厚厚的蜘蛛网。类似街头墙壁广告的课表、值日轮流表和名言警句残缺不全地贴在教室的四周。装煤的袋子横七竖八散乱堆放在教室后面的角落，草棍、纸屑、矿泉水瓶、煤块混作一团，乱七八糟，简直就是垃圾堆。走进教师办公室也是一样的凌乱。某所村小的科任室里，煤气罐、碗筷、大马勺摆放在门口，一种厨房的味道，根本没有教师办公室的感觉，但是门上的标牌清楚地提示这是办公室、科任室。三是缺乏事业心，进取意识差。“当一天和尚撞一天钟”的思想在一部分村小校长的头脑里根深蒂固。甚至连“撞一天钟”也撞得不够响亮。校长把主要心思都放在自己的田地里、生意上，不精通熟识学校的教学和管理，对学校的发展抱着“干一天，混一天”的打算，缺乏工作目标和长远打算。

通过一段时间的深入了解，这位教育局局长把该县的村小校长分成几种类型：第一种是谋求发展、善作善为的开拓型校长，这部分校长办学有思想，有头脑，善于主动争取和把握机遇，加快村小的发展，学校也管理规范，办学水平相对较高；第二种是不思进取、不作不为的平庸保守型校长，这种校长工作上不求有功但求无过，没有进取精神，也没有迎难而上的勇气和魄力，反映在学校上，今天和明天一个样，今年和明年还一样，学校多年也没有大的发展，甚至一年更比一年差；第三种是不懂政策的蛮干型校长，这种校长为数并不多，但影响极坏，有的贪图享受，吃喝玩乐，群众意见很大，上访信也很多，有的不顾上级禁令，有令不行，有禁不止，甚至顶风违纪、违规。

但是，校长认为他们也有他们的难处。一方面，教育行政部门缺乏对学校应有的评价和监督。据一些校长反映，每年期末时教育局频繁检查，但检查之后没有总结和公布，评估了三四年，也没表扬一个好学校，批评一个不好的学校。以前每年 3 月都有教育工作会，发一些通报，但是现在已经没有了。另一方面，校长要忙着到处筹钱，真正用来抓教学和管理的时间、精力都很有限。全县村小工作会议不久，我访谈了一名村小校长，他向我道出了他的一些苦恼：

当村小校长比当中心校校长难当，因为我要直接接触群众，我曾经在中心校当过教导主任，上面有校长布置工作，我只负责具体执行，没有决策权，也比村小校长好当。我是受命于危难之时，因为我们村的小学总有喝完酒到学校闹事的，学校收费也不好收，社员总给教育局打电话，就连小学生到县里时都给教育局打个电话，问问收他们的钱收得合不合理。所以中心校就把我安排到这工作，因为家在这，社员比较熟，工作好开展一点。我来这两年了，校园总算干净、有序了，我要求老师必须把语文和数学课按要求开出来，以前开不出来就上活动课。

我们现在的困难真是太多了，村小校长没有选择教师的权力，中心校校长决定。我们这一半是科任教师，你说我咋上质量？我也不能难为他们科任啊！不过，教师负担也真重，他们要写七八本教案，我要求他们年轻的写详案，老教师写简案，但他们都是为了应付检查。我要应付的检查更多，局里一检查问得你直冒汗。你对教师严要求能做到，但是严惩做不到，不能不用他啊，没人换，所以得常去听课，但天天忙得也没时间啊。学校教育设备短缺，教师上课，自然和体育等都没有器材，买不起，一个足球 50 多元。最头疼的就是教育资金严重不足，我这学生百人左右，幸好这个村超生的多，我能收上 4 600～4 700 元，可每生还得往中心校交 30 元，今年少点，每生交了 20，实际我手头就有 2 800 元，这点钱精打细算也不够用，教师用书 700 元，报刊费 500 元，备课教案本、班表簿册和笔墨又得 600 元，有时一学期给你送来 900 元的粉笔，平时上级部门来检查，买点烟和水这些也得 200～300 元，电费要 200～300 元，学生过六一每年要 300～400 元，这几个节日（三八节、教师节、元旦或是过年）给教师发点纪念品又得五六百，还有种种预想不到的临时花销。总之，一年到头，我得往里搭钱。

中心校校长，这位被村小校长视为工作更好干的角色，却并不这样评价自己的工作：

我们中心校负责全乡村小的财务监督、人事和教学的管理工作。全乡学校有 100 多名教师，这些教师都由中心校来统一调动。在分配教师到村小工作时，要考虑多方面的因素，低、中、高年级的搭配，学科结构和家庭所在地，权衡利弊，很难兼顾。这些教师素质参差不齐，大体分为三类：一类是接班的，他们前期没接受过正规教育，后来参加中师函授；第二类是民师转正，初中考不上学，乡里招民办教师，一乡10至20人，后考县城师范，就是现在的进修学校，不是全日制的，三四个假期就拿到文凭；第三类就是新毕业生，但不是都能胜任村小的角色分工，因为村小需要多面手，常常不能用其长处，虽然正规师范毕业上的素质比较好，但常常是因为专业性强而不能很好地发挥作用。前两类教师很多只能教低年级，无法胜任高年级的教学。但这些老师无论如何不胜任，我都不能让任何一个不教课，政府公务员一年不上班都没啥影响，我们这一个老师不上课，学校秩序就打乱了。村小的办学常常是不规范地体罚学生了，和家长发生冲突了，各种麻烦事层出不穷，农村不像城里，家长重视教育，重视老师，农村家长和学校沟通很不够，家长不当的教育方式只能给学校教育带来负面影响。

我们是“巧妇难为无米之炊”，一个村小有时一学期才花1 000多元，1.5～2%的教育附加费常常被乡政府挪用，我们收的杂费有时还要上交，各种摊派应接不暇。条块分割，我们谁也得罪不起，成天忙于应付和他们打交道，要点钱。

一个当选为县人大代表并且经常与农村校长打交道的县进修学校的教研员，对于校长队伍存在的问题发表了自己独特的看法，并针对农村学校管理中存在的问题提出了自己的解决对策：

农村校长必须建立一种竞争机制。学校有个好校长还行，若是不好的校长，家长、教师和孩子都遭殃。学校考核老师，能不能让老师考核校长？这方面有，但都是假的。例如：测评材料放在一起，大家监督，但实际上谁敢监督。局里对学校排名只是外在的东西，即学习的成绩、纪律、卫生等，没有老师的反映，应该局里评价占50%，老师评价50%。局里进行工作检查时应让老师写单子，让老师反映自己的心理感受。以前假的测评画单时两个人坐得很近，谁敢画呀？搞校长聘任制，我认为应该自下而上。可以在某些地方先搞一下实验看可行吗。如果真正让老师作为考核校长的主人，对于老师可能更好。什么事都有正反两方面，单纯一种模式的缺点一定很多。一个学校不是所有的教师都任人唯亲，校长再会拉关系，涉及教师自身利益，他也会说出心里话。教师画票时，一定会画出自己心里的票。像我去年选人大代表，我就是一个基层老师，有些局长什么的，就没有选他们。真正画票时真能反映出一些问题。能表达自己真实想法的人还是很多的。现在我们的课程改革说要相信学生，我们也应该相信老师。如果不把这个权利给老师，他永远没有说话的权利。

教职工代表大会等都是一种虚设，真应该把这种机制建立起来。像校长花钱，应该把条给教师看，你花的钱能不能为学校的发展。一个村小出一名代表，十个村小就出十个代表，应该有一些普通老师参与学校的管理。一些中心校的校长特别牛，就感觉这学校就是他的。在这些校长头脑中没有公平，没有为别人服务的意识，认为，像教师节我给你点什么，你得多么感谢我，就像这是他给的钱，实质上是公家给的。现在能反映老师心声的机制基本上没有。不是说给老师多少证书或多少钱就能把老师的积极性调动起来，让他参与管理和校长的考核，他才真正有积极性。

我们搞教研，和下面的校长打交道，说实话，懂教育的校长并不多，包括二把校长，很多都根本不懂什么是教学。有些教学校长的素质特别低，他听教师的课，然后提意见，说的都是错的，对老师的影响也不大。同是一个学校毕业，在这里是一个档次，在农村是一个档次，这和学校领导都是有关系的。县城里的领导素质都比较高，经常参加一些公开课，互相交流。农村校长不把教学当工作重点，只是放在嘴上。现在D县教育的模式是论资排辈，像政府可以大力提拔年轻干部，教育有点不敢。我觉得教学校长还是应该大力提拔年轻的，有些年轻校长搞得都挺好。尤其年龄大的在头脑中有一种固定模式，怎么说都还是往以前的套路上走，年轻人接受的东西都是新的。年龄大在思想上还产生一种惰性，年轻人有魄力，有开放性，敢想敢做。我觉得一把手用年龄大的，二把手用年龄小的，这样还能把年龄小的扶持一下。

在对不同群体的访谈中，可以从不同侧面反映出农村学校管理中存在的各种问题。利用有限的教育资源保障农村学校的正常运转令校长感到非常艰难，为争取基本的办学经费就要耗去他们大部分的精力，这同时也造成了有限教育资源的利用效率问题。这些问题很难通过现行的校长负责制得到完满解决，因为这种责任制是一种典型的行政管理模式，把校长作为一种行政职务，这是官本位文化在学校中的延伸，校长为官，教师为民，官贵民贱，在学校管理过程中，很容易出现家长作风。与此同时，校长主要是向地方教育行政部门负责，不是最关注学校的发展，而是以谋求上级领导的喜好为行为准则①，较少关注农民家长的利益，不能满足社会参与的需要，缺乏社会监

① 黄崴．中小学校长：从行政职务到管理职业［A］．中国教育管理评论：第2卷［C］．北京：教育科学出版社，2004：292．

督，这是农村学校管理效率持续低下的重要原因之一。

（二）委托人卸责

1. 农村教育经费投入普遍不足

我们通过调研发现，农村教育经费投入总量普遍不足，义务教育经费短缺是当前农村教育普遍存在的严重问题（见图 20）。按照一般办学标准测算，仅 2001 年，息烽、井研、新县、舒兰、兰西、长兴各县教育经费分别缺额达 343.29 万元、545.16 万元、548.4 万元、647.8 万元、725 万元、744 万元不等，这么一大笔缺额已经严重制约了农村教育的发展。

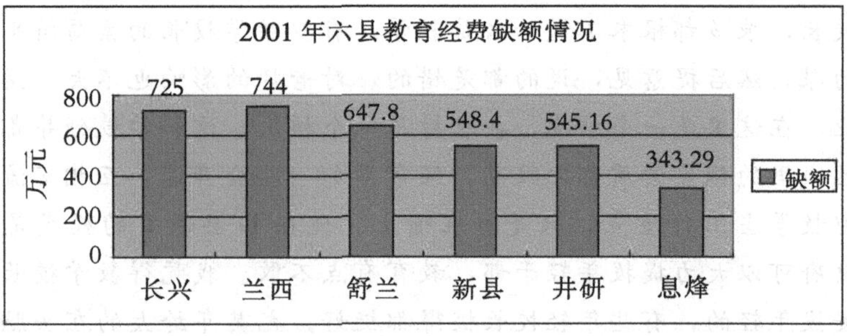

图 20

注：这只是不完全统计，我们调查的六县有些乡镇数据不全，没有统计在内。取样样本：长兴 6 个乡镇、兰西 11 个乡镇、舒兰 15 个乡镇、新县 17 个乡镇、井研 20 个乡镇、息烽 6 个乡镇。

在学校教育经费总量不足的情况下，农村学校的公用经费自然也随之紧张，致使基本办学条件得不到保障。我们调研的 6 个县中，只有个别乡镇政府能统一划拨、解决农村学校的部分修缮费用，更多的公务费、业务费以及设备更新费用都由农村学校自己解决，然而学校收取的学杂费仅能勉强维持学校的业务以及公务费。这种状况与学校教育经费构成以财政预算内教育拨款为主有关，财政预算内教育拨款是农村教育经费的支柱。在调研的各县中，财政预算内教育拨款占教育经费比例低的为 56.6%，最高的可达 74.1%。农村教育对财政预算内教育拨款依赖性很强，是教育经费来源的主渠道。当各级政府在对教育拨款不能有效履行责任时，就会造成农村学校运转艰难的窘境。

同时，作为第二大财源的农村教育附加费由于税费改革被取消，经费来源的重要渠道切断了，这势必造成农村学校教育经费更加紧缺。学杂费也是学校公用经费的主要来源。在兰西县、新县、井研县、息烽县的教育经费构成中，这两项收入是相对比较重要也比较稳定的财源。兰西县2000年教育附加费和学杂费最高可分别达到22.3%和18.5%。它们是学校正常运作的基石，主要用来解决民办教师工资以及房屋校舍维修、“普九”还债等问题。

目前，农村学校普遍缺乏创收和集资能力，学校非财政性教育经费来源渠道狭窄，而且所筹资金数量极为有限。我们调查的各县中，虽然部分农村学校有非财政性教育经费，主要来源渠道包括校办产业、企业办学经费，社会团体、公民个人办学经费，社会捐资、集资办学经费以及其他经费，但它们所占比重较小，一般在10%左右，不足以弥补教育投入不足造成的经费短缺额，也不能从根本上解决农村教育经费不足的现状。

2.“制度供给陷阱”是使学校无法有效履行教育责任的又一诱因

在教育管理体制由“三级办学，两级管理”向“以县为主”的管理体制转换过程中，面临着落入“制度供给陷阱”的危险，即新的制度还未有效实行，旧的制度已经失效。由于体制变化乡镇不再管理农村学校，县级政府及教育部门又未及时接管，就造成一系列问题。原来由乡镇筹建的学校项目，可能因为体制问题而下马停工；原来由乡镇筹措发放的教师拖欠工资由谁兑现、“普九”负债由谁偿还未明确，而且还存在部门之间责权难以协调的问题。国家政策明确规定，县级教育行政部门依法履行对农村中小学教师的资格认定、招聘录用、职务评聘、培养培训、调配交流和考核等管理职能，农村中小学校长的选拔、任用、培训、考核、交流由县级教育行政部门归口管理。但是，这些政策规定在一些县区执行困难甚至落实不下去。校长和教师的管理职能有的归口在组织部门，有的在人事部门，有的在宣传部门，这种多头管理、管人与管事脱节的情况造成相互扯皮，效率低下。“以县为主”以来，乡镇投资教育的积极性明显下降。2002年，国务院《关于完善义务教育管理体制的通知》中规定：“乡镇人民政府负责组织适龄儿童入学，严格控制义务教育阶段学生辍学。”但因为教育附加费使用等权力的丧失，乡镇不愿意过问教育，对于辍学生基本不采取任何控制措施。

3. 地府官员的经济人行为

为了保障学校的正常运转、改善学校办学条件和调动教师积极性，基层学校校长就要千方百计协调关系和筹措资金，正校长有三分之二的时间要去找钱，教育教学业务主要是副校长或教导主任抓。在上层体制和责、权、利未清楚划分的情况下，在减轻农民负担、减轻学生负担、禁止乱收费等政策的规定下，校长的努力常常付诸东流，他们把精力放在钱上，无暇把握学校的办学方向，关注教学质量的提升，学校变成了利益的争夺场。通过调查发现，学校得到拨款的可能性主要取决于以下两个因素：首要的是寻找各种机会与县政府官员、县财政局以及县教育局主管财务的官员取得联系，进行各种公关活动，建立与县政府里关键人物亲密的私人关系；第二才取决于学校所要解决的问题本身的重要程度。这时我们发现县直属学校在这方面的优势不言而喻。由于县政府官员的子女多数进入这些学校就读，这些学校的校长和教师就有更多的机会与这些政府领导建立私人关系，从而向他们寻求资助。这样，很多对于学校的投入很大程度上依赖于县政府官员以及县财政负责人基于个人利益的判断。

附件：一、田野日记节选

在村小的一天　2004 年 5 月 28 日

今天到五星红村小。姐夫骑摩托用了大约 10 多分钟的时间把我带到学校。校长已经约好一个老村民在办公室等着我了。和老村民的谈话围绕村里的历史及现状聊了近一上午的时间。刚要和这所学校的前任校长聊聊，结果他们说有一个邻村的老师病危，他们要用上午最后一堂课的时间去看他，留下来的几个老师在操场上晒太阳，他们说难得这么轻闲，因为英语老师正在给四、五、六年级同时上课（每周都是给学生连上三节，因为教师紧缺，但教学效果可想而知）。

和这些教师闲聊时，他们流露出对我的好奇。姐姐说，大家显得比平日里紧张。但下午我一来学校的时候，大家明显不像上午那样保持警戒状态，而且我惊奇地发现，三年级的班主任让学生留在教室做练习，她出来和大家聊天，而二年级班主任似乎站着打手机累了，很自然地走进三年级的教室扯过一把椅子，泰然自若地在那些上自习的学生面前打电话。

下午第一堂快下课的时侯，去探望病人回来的老师们都脸泛红潮地回来了，该上课的上课，想聊天的聊天。我约上午才开个头的老校长访谈，正和他谈着，一个家长破门而入，手里领着一个哭哭啼啼的孩子，问我们：孩子的老师哪儿去了？他气势汹汹地说，孩子被同学用石头打红了眼睛，可老师让孩子告诉家长找对方的家长算账。这个家长气愤地说：“我花钱送孩子到学校是干啥的?”老校长安抚他让那个老师第二天来解决这个问题，家长的火气稍微缓和了一点。解决完这事，我看老校长被酒精刺激的兴奋劲已经过去，似乎着急回家，我就结束了今天在村小的访谈。

明天要返回校园，这紧绷了一周的神经可以松弛一下了。

二、关于榆树小学9月11日停课四节的事实报告

尊敬的乡党委（乡政府、中心校）领导：

您好！

今天，我作为榆树小学的负责人，怀着十分内疚和惭愧的心情，将2000年9月11日停课四节的起因及经过据实作如下汇报：

约在9月11日10时20分左右，正好是第三节课下课之时，忽闻从街上返回的村民说："街里的学生都放学了，你们怎么还不放学回家?""听说是老师借钱买米去了。"过往的村民说。孰知一石激起千重浪，久久教师工资不兑现，教师所领的4月工资除去还急（棘）手的外债，已分文皆无，生活无法安排的悲愤之情立即迸发出来，已是怒不可扼（遏），纷纷写假条要请假回去投亲访友求借维持生活和过节。我虽再三阻止，并作了"从长远的观点考虑，不附和他人，个人都要有自己的立场和观点，从职业责任角度，做好本职工作；体会组织的难处，替上级分担困难；并表示我本人的态度是坚守岗位，尽自己的努力做好本职工作"的说服劝阻。但群情激愤，我又无力为他们解决经济上的实际困难，只好任教师把请假条放在我的办公桌上纷纷离校而去。学生无老师上课，我无奈只好把学生放学回家，带上同志们的假条到中心校汇报，到中心校后就见到了乡主管教育的张书记，教育办的阎主任、中心校的金校长等人神情极不正常地站在中心校教研室的台阶上下左右。未等我开口汇报，便发生了张书记拒接请假条的一幕，然后张书记为安抚小阳学校的师生上课而匆匆离去，我被晒在了当场，无人问津。无奈何只好在十一点多钟离中心校返回五星红村去周景财家贺其女儿开学之喜。这便是由于自己领导不得力严重的失职，造成了学生停课四节的严重损失，并在社会上造成了教师罢教的不良影响，犯下了领导说服教育不到的错误，这就是9月11日榆树校停课四节的具体经过。请组织和领导审查。

9月11日下午，乡党委、政府召开了各校负责人和教师代表会。我们听取了孙书记、葛乡长、高局长等领导讲话。略知我乡的经济形势和教师开支（工资）的来源，接受了领导的"停课罢教是愚蠢的，是违法的"批评教育，立即回校走家串户通知教师要理解政府的难处，共渡经济困境的难关，做好本职工作。师生于9月12日准时到校上课，一切恢复正常。

9月12日上午，我们利用放学后的时间召开了这次"愚蠢行动"的原因分析，经同志们的发言，我作了归纳整理，以戴罪之身如实上陈，请您审示（视）。

综合同志们的意见，所以发生了这次不合理行动的原因，是我们有如下六点不能理解：

第一，上级政府明文规定的杂费收入每人50.00元，是用来改善办学条件和教学之必需，而乡政府却用来上调开教师的工资，整得学校连办公费、书报费都应接不暇，这种做法是否是征非所用，使学校的正常办学得不到保证，我们实在难以理解。

第二，省委、省政府明文规定"贫困乡镇的领导不得配备小汽车和移动电话"，然而我乡不仅领导配备小轿车常开不停，连村支部书记也配备了移动电话常开不关。而我们却得不到应得的工资，取借无门。有多少教师刚刚到手的工资偿还了急用的借款，手中分文皆无，眼含痛泪，无人问津。而你们还是不许"行"的还在"行"，视教师的生活于不顾，我行我速（素）。我们看在眼里，痛在心里，实在无法理解。这些款项用于解决教师工资难道比用学杂费开教师工资还违法吗？我们不能理解！

第三，《××日报》曾明文登载着市委的通知："乡镇主要领导必须真正到岗到位，不准乘公车上下班。"但我乡的某领导是否真正按通知精神做了，享受着搬迁费，乡里付着房屋租赁费，却依旧用专车接送上下班，耗着爱泉人民的血汗，干着违背上级指示的事，我们却得不到应得的合理的劳动报酬，看着这种现象，我们怎能理解？怎不气愤！

第四，我乡经济困难，我们应该理解。但我乡是否做到了专款专用了呢？据说此次教师节、中秋节前夕，县财政播（拨）中小学教师工资款8.7万元，如果属实，这些款项又用到何处去了呢？广大教师盼工资如盼甘露，而盼来的却是用学生的杂费和欠条开来的工资，若有此一说，怎么能让我们心里平衡和理解呢？

第五，乡政府近三年来都拖欠教师的工资，至今累计每名教师最低平均也快到5 000.00元了吧？可是，这些钱抵农业税不行，顶乡村统筹款也不允，难道这不是钱吗？怎么就不管用呢？还非得从我们将要到手的工资里扣去，或强行要回。难道欠我们的工资就不算数了吗？这样两种算账的方法，难道还能让我们理解吗？

第六，乡政府解决教师的工资困难是可以理解的。但俗话说："没钱还没有话吗？"可在教师节和中秋节并蒂而至的日子里，领导不仅把端午节借来的每师百元借款扣回，连个座谈会都不开。你们做领导的下乡有补助，岗位有津贴，每项活动有奖金。我们教师有什么，离了工资便一无所有，这样你不应该和老师谈谈心吗？把困难交给群众知道，使群众理解，而纠我们的不是，我们能够理解的了吗？而你们“只想让马儿快快跑，又要马儿不吃草”怎么能行呢？

综上所述，基于这些原因，教师们举行了这次不智之举——愚蠢的行动。今后我们将吸取今天的这个教训，干好本职工作，决不致再有愚蠢行动的发生！

爱泉乡榆树小学

执笔人：×××

2000 年 9 月 13 日成稿

教师：（五人，名字略）

三、教育局局长在全县村小工作会议上的讲话（节选）

（2003 年 10 月）

同志们：

在举国上下认真学习贯彻党的十六大精神，贯彻落实《国务院关于进一步加强农村教育工作的决定》的热潮中，我们在这里召开全县村小教育工作会议，主要目的就是针对我县村小教育的现状，研究解决好我县村小教育面临的主要问题，统一思想，振奋精神，进一步规范学校管理，提高村小工作质量，切实办好人民满意的教育，从而开创我县教育工作的新局面。

从数量来看，我县村小数量是庞大的，“村小不小”，全县现有小学 218 所，其中村小 191 所，占 87.6%。

从管理水平来看，村小建设和管理又是相对薄弱的，无论是师资、办学条件还是教育教学质量及管理质量都与中心校有明显的差距。全县村小的发展也很不平衡，不同乡镇的村小有差距，同一乡镇的村小之间也有很大的差距。

自 1997 年以后，全县进一步加快村小规范化办学的进程，全县村小在常规管理不断加强的同时，教育现代化建设也向前迈进一步。目前，全县共有 39 所村小配备了微机室，拥有微机 390 台。一些村小的学生不出校门便可学习微机操作。特别值得一提的是教研、科研工作也由过去单一地只停留在重点校、中心校这一层面逐步地向村小推进，教研人员、科研人员深入到村小，与村小师生共同听课、评课，为村小教育打破封闭原始的局面，提高教育教学质量奠定了良好的基础。截至目前，全县共有 27 所村小承担县级以上教育科研课题。

前一阶段，我去了一部分村小，在深入村小的过程中，很有感触，在看到村小工作取得显著成绩的同时，也发现了一些不容忽视的问题，这些问题具体表现在以下几个方面：

第一，村小校长的素质亟待提高。

目前，从全县村小总体来看，村小校长的整体素质还不高，个别村小校长经常造成管理和指挥上的失误。具体反映在工作中暴露出“三差”：

一是政治素质不高，政策水平较差。不能准确理解和把握教育形势和任务，不能按上级要求管理学校。学校工作没有思路，没有遵循（即没有遵循的原则），甚至蛮干、胡干，乱干，出现工作失误较多，造成恶劣影响。有一所给人感觉很不错的村小，在国家、省、市、县三令五申制止乱收费的势头下，校长还是不看风头，不顾要求，我行我素，最后被曝光，校长也受到了处分。

我到过一所村小，村里因为开村组会议，临时占用一年级的教室，从村校协作的角度，这也是可以理解的，可是我们的校长竟让一年级全班10多名学生，背挎着书包，在二年级教室后面倚墙而立，旁听二年级的课，情形很类似于集体罚站。这所学校在校园和内部环境管理上还可以，但这一个问题就足以反映出校长的政策水平还有待于提高。

二是工作粗心大意，管理水平较差。一些村小，从一进校门起，便有一种不舒服的感觉，走进教室，更是不堪入目。漆黑的墙壁角落挂满了厚厚的蜘蛛网。类似街头墙壁广告的课表、值日轮流表和名言警句残缺不全地贴在教室的四周，装煤的袋子横七竖八散乱堆放在教室后面的角落，草棍、纸屑、矿泉水瓶、煤块混作一团，乱七八糟，简直就是垃圾堆。走进教师办公室也是一样的凌乱。某所村小的科任室里，煤气罐、碗筷、大马勺摆放在门口，一种厨房的味道，根本没有教师办公室的感觉，但是门上的标牌清楚地提示这是办公室、科任室。在查看村小建设与管理之余，我想，村小教师工作在偏远的山区，条件是很艰苦的，作为校方协助教师解决好中午就餐做饭是可以理解的，但不要把食堂与办公室混为一谈。既然要做办公室，那就把食堂迁到别处；如果要做食堂，就把科任教师搬到别的屋子里。不然的话，就不成体统，也很不像学校的样子。在一些村小，似乎看不到管理的痕迹，看到的只是自然发展、散乱无章的破败景象。

三是缺乏事业心，进取意识差。“当一天和尚撞一天钟”的思想在一部分村小校长的头脑里根深蒂固。甚至连“撞一天钟”也撞得不够响亮。校长把主要心思都放在自己的田地里、生意上，不精通熟识学校的教学和管理，对学校的发展抱着“干一天，混—天”的打算，缺乏工作目标和长远打算。

有一所村小，一个月内我先后去了两次，第一次去时我告诉校长走廊里的木梯子要抬出去，教室的两块破损的玻璃尽快补上，一个月内我还要来看一次。事隔近一个月，我第二次去时，涛声依旧，一切还是原来的老样子，而且走廊里散乱地放满了自行车，行走非常不方便。我想问一问：这一个月中心校校长有没有问过此事？村小校长你都想了些什么？干了些什么？还有一所村小被所在的村委会占用两间教室。当问起事件原因经过时，事隔不到十天，校长竟记不得哪天被占。校舍被占时正值双休日，校长知道村里往学校搬迁的情况下，不摆明事理拒绝，也不及时将情况上报，还不到学校照看校产，任由村里安排人力将煤库清理，将两间教室腾出。作为一校之长，这种处理方法是否适当值得反思。

通过一段时间的深入和了解，我觉得现在的村小校长似乎可以分成几种类型：第一种是谋求发展、善作善为的开拓型校长，这部分校长办学有思想，有头脑，善于主动争取和把握机遇，加快村小的发展，学校也管理规范，办学水平相对较高；第二种是不思进取、不作不为的平庸保守型校长，这种校长工作上不求有功但求无过，没有进取精神，也没有迎难而上的勇气和魄力，反映在学校上，今天和明天一个样，今年和明年还一样，学校多年也不会有大的发展，甚至一年更比一年差；第三种是不懂政策的蛮干型校长，这种校长为数并不多，但影响极坏，有的贪图享受，吃喝玩乐，群众意见很大，上访信也很多，有的不顾上级禁令，有令不行，有禁不止，甚至顶风违纪、违规。

这几种类型的校长我概括得不一定全面，但基本上可以反映全县村小校长的总体结构类型，究竟属于哪种类型，请各位校长冷静思考，对号入座，有则改之，无则加勉。

第二，村小教师队伍建设亟待加强。

几年来，随着政策调整和教师队伍的自然充实，我县小学教师队伍的整体素质结构有了明显改善。村小民办和代课教师已不存在，教师学历的达标率也明显提高，小学教师专科率也不断提高。但由于村小教学的特殊性，村小规模小，师资配备相对较少。麻雀虽小，五脏俱全，学校开课的学科并不少，因此，要求村小教师应具备一专多能的教学能力，但恰恰我们缺少一专多能的村小教师。很多学科即使开了，更多的也是流于形式，质量不高。一些教师不注重学生良好学习习惯的培养，学生写字的姿势不正确。学习的方法不合理，一些教师却从未指导过。

在教学中，面对鲜活的知识，教师缺少灵活有效的教法，缺乏激情，以呆板的表情、古老传统机械的手段进行教学，课堂教学枯燥无味，学习兴趣不浓。

在教师素质问题上，师德特别是村小教师的师德建设应摆在各位校长的重要工作日程上来，不要以为村小地处偏僻，“山高皇帝远”，就可以想怎么样就怎么样，也不要以为自己一切都是为了学生的学习，骂两句、打两下没什么。作为一名教师，就应该视质量如生命，视家长为上帝，待学生如亲子，要以高尚的师德感染学生，以广博的学识和深厚的教学功底来赢得学生的尊敬和爱戴。

有一名村小教师，在9月8日上午第二节语文课上，批改学生前一天的数学作业，因学生作业中错误较多，并且没有做完而踢了学生两脚。之后，在学生逃学回家的路上，教师骑摩托车将其带回学校，在教室里又用笤帚将学生屁股打红，惹得家长到教育局上访。校长们，请想一下，这是一个人类灵魂的工程师所能做出来的吗？我想，她至少不该犯这样几个一连串儿的错误。不该随意串换课节，在语文课批改以前所留的数学作业；不该当堂罚站；不该踢学生；更不该第二遍再打学生。我们是人类灵魂的工程师，不是农村普通的家庭妇女，怎么能这样对待学生呢？而我们的个别领导对此事还存在两种不良的心理：一是从消极的角度看待问题，认为不体罚学生就无法开展教育；二是认为这些问题无所谓，不用大惊小怪。正是这两种思想意识的存在才出现今天屡禁不止的现象。

在深入村小检查的过程中，教师随意空堂，让学生“放羊”、教师坐着讲课、在课堂上抽烟、接打手机的现象时有发生。我偶尔走一遍都能发现问题。各位中心校的领导和村小校长是不知不晓还是不管不问？如果连校长职责都还不明确，那是不是应该静下心来学一学，省得误人子弟，贻误工作。

第三，村小的管理水平需要进一步提升在村小的管理上，全县村小水平差距很大。好的村小，一进校门便感到一种清新，有花园式的感觉。不好的村小，无论是校园环境管理、还是室内环境都不规范，体现“三个字”：脏、乱、差。卫生不合格，物品摆放杂乱无序。一些校长和教师总是能为一些工作过失找到一些似乎充足的理由。我觉得，无论什么样的理由都是一种借口，一些立不住脚的借口。同样是摆放冬季取暖煤，一个乡镇的一所村小和另一乡镇的另外一所村小就不一样，都是用袋装的，一所村小是杂乱堆放，感觉很乱，很脏，像垃圾堆。而另一个村小只是稍微细致一点，袋子洗干净，摆出个型来，然后再用空袋覆盖。而这一点点的差别，给人的感觉就很不一样。

在教育教学管理上，也存在很多漏洞。教师是否提前完成备课量，每一节课是否按时讲课，按时下课？检查时，发现一些村小根本没有严格执行课时计划，随意性相当大，教师想上什么课就上什么课，想扔下学生不管就随心所愿。一些村小的学生经常无法按课表去完成体、音、美、劳等课时所要求达到的目标。这一问题不止是村小存在，有的乡镇中心校甚至县城的部分学校也相当严重。语、数教师自行要课，挤占其他科目课时，这些做法严重违背了素质教育的要求。

第四，村小的办学条件还需进一步改善。

按“普九”要求，我县尚有部分村小还没有多功能教室，学生桌椅破旧，教学仪器还相当缺乏。特别是一些村小还出现了危房，全面提高村小建设和管理水平的任务确实相当艰巨。在一个村小的教室里，一张教师用的椅子破得面目全非，一阵风吹进教室，椅子背面的皮革直扇呼，就像一面破烂的旗帜随风飘摆。

第五，中心校对村小的管理力度需要进一步加大。

中心校对村小的监督和管理应当是属于中观和微观的，不能粗心大意，更不能放任自流。检查和管理一定要细致、扎实，不能走形式，对检查中发现的问题要跟踪督办，切实解决问题。在一个村小，我查了一本教案，中心校已经检查过了也签字了，但就这本教案没有“三表”，进度又不够，作为检查者应该指出纠正才行，不然，流于形式的检查没有多大的作用。我们检查的目的不是单纯挑毛病，错误会客观存在，重要的是我们发现错误并改正错误，这才是真正的目的。

对于我县村小存在的一些问题，我列举了一些现象，但并不是说各位校长一无是处，学校工作都一塌糊涂。就全县整体来看，村小取得的成绩也不少，特别是当前，在村小生源萎缩、农村义务教育管理体制还不尽完善等多种因素影响下，致使村小面临着很多困境。应该肯定的是，我们很多村小校长面对困境，逆境图强，积极研究发展的思路，为学校发展付出了很多艰辛和努力，在规模小、条件差、困难多的情况下，不断推动村小的发展，确实很不容易。这一点我非常理解，也很受鼓舞。我点到的这些问题也并不是针对某一个人，是想就这种现象引起大家的反思，以便在今后的工作中克服和解决。

四、学生辍学访谈录

2004 年 5 月 14 日，我和爱泉中学的一名年轻男教师去一个辍学比较多的村子了解情况，来到一个辍学生（杨雪）家里，看到房子很新，装修也比较现代。这个辍学生正和另一个刚辍学的表妹（于洋）看电视。她们的妈妈也陆续参与到我们的谈话中。

访谈对象一：杨雪

（一）辍学时间

问：你多大呀?

杨雪答：18 岁，1987 年生人。

问：什么时候不念书的?

杨雪答：初二的时候，2001 年。我表妹是初三不念的。

（二）家庭情况

问：你家几口人？都做什么呢?

杨雪答：4 口人，我还有一个妹妹，也不读书了，干活去了，今年 18 岁。没有上过中学，现在丹东打工，在织布厂。我们这里去了不少呢。现在是学徒工，不包吃，除去吃饭一个月就能剩 300 块钱吧。

问：家里一年能有多少收入?

杨雪答：俺爸一年打工也就赚几千块钱，赚得不多。主要还是靠地。养牛养得多的时候就是 4 头，一年能卖 2 头，能剩五六千元钱，不好的时候没这么多了。

（三）辍学原因

问：孩子上学交书费，您觉得多吗?

杨母答：书费挺贵的，再说也考不上，只要认识点字就行了呗。

问：您上过几年学?

答：就上过五年。

教师问：你家收入也不少呀，供学生应该差不多呀?

杨母答：也就是这几年好一点，也是年吃年用。那几年要是能像现在这样的水平，我也供她念书，但那时候条件不行呀，我们家是后来这里的，以前也没有地，就这几年，地多了一点，条件好了一点。

杨母说：是妹妹先不念的，孩子刚开始的时候还是中上等的，最后到中下等了，一想还是别念了。其实在小学有病的时候耽误了。我也愿意让她念书，上大学也是很光荣的。小学的时候就是中下等，一开始一年级的时候老师就没有教好，他们一个班都不行，基础没有打好。另一班就好。五年级的时候自己觉得念得吃力，就不愿意念了。

问：是你的孩子自己不想念了?

杨母答：对呀。学不进去她就不愿意念了，你让她去她都不去。那个大孩子不念书都是怨我。一个班级就有三四个学生学习好的，其他的都不好，这就是教师自身的问题了。

问：你们没有要求学校解决这个问题吗？

杨母答：没有。我们没有管，反正也不只是我自己家的孩子。

问：孩子上学的时候，你们去没去过学校了解一下孩子的学习状况？或者和老师谈谈孩子的学习？

杨母答：没有。我们是农村的，和老师说话总是感觉没有什么可说的。

问：您见过他们的老师吗？

杨母答：小孩子的老师见过，大孩子的老师没有见过。在小学的时候来过，见着面就聊一聊。现在家长都比较关心学习，那个时候都不怎么关心。

问：老师和您谈让她回去上学的时候，您是什么样态度呢？

杨母答：看孩子自己了。要是学习好也就供了，反正学得也不好，考不上就白花钱了。要是考出去的话，从小学到大学，也要不少钱，农村实在是供不起了，主要就是钱的问题。当时也是条件不好，她父亲身体还不好，还有就是她读的不好，要是特别好怎么都供了。

问：您觉得孩子学校的教学质量怎么样？

杨母答：教学质量还行。要是能考前五名我们就供了，主要还是孩子不争气。

（四）辍学后的情况

问：你辍学以后一直在家里面待着吗，没有出去打工吗？

杨雪答：去年在外面待了一年，今年回来的。去年的时候在延边当服务员了，也不是很累，上一天休息一天。

问：在那里的待遇怎么样？

杨雪答：挺好的，一个月400多，包吃包住。

问：你接触的服务员都读了几年书呢？

杨雪答：都是和我差不多的，都是初中毕业的。

问：你现在不念后悔吗？

杨雪答：有一点。

访谈对象二；于洋

（一）辍学原因

问：你是什么时间辍学的？

于洋答：初二寒假以后。

问：你当时是受什么影响呢？是听别人说什么了还是看别人不念了你也不念了？

于洋答：看比我学习好的人都不念了，我也不想念了。

问：听你的老师说，你上学时的成绩还不错的，一般都是班级里的什么样的水平？

于洋答：十名以后了，不好。

老师接着说：她成绩还行，一个多月不去的时候还能考十名左右。

问：一个多月不去上学，是生病了吗？

于洋答：也不是，就是不想去上学了。

问：你那个时候为什么不想去了呢？

于洋答：就是不爱念了。

问：你当时也是觉得自己考不上吗？

于洋答：自己也知道自己学的什么样的水平，理科一点都不行，也学不进去。

问：可是上高中之后还有文科呢？

于洋答：文科也不能学得太好。

问：但是以后的路还长着呢，你要有信心还能向上补呢，有没有想过这些？

于洋答：也想过，想过降级一年，但是那个时候新教材和我们当时的不一样，所以也赶不上，所以就不念了。但这两年是后悔了，头两年也没有想那么多。现在看到别人读书有点后悔了。

于母补充：那个时候没有钱供她上学。

问：现在她们不念书了，家里的外债也都还得差不多了，是吗？

于母答：也不是因为她们不念了才没有外债的。要是她们学得好有外债也让她们念，她们考不上钱也是白花的。

问：您确定她们考不上吗？

于母答：肯定是考不上的，你想比她好的都考不上，她还能考上吗？

老师补充：你们那一届学生考出去的很多，她在那里还是很厉害的呢。不少学习没有她好的都考出去了。

问：你决定不念书的时候是不是心里作了好长时间的挣扎？你在班里有好朋友吧？

于洋答：也有。那个时候也没有想太多，就是看到家里条件不太好，读三年也要花很多钱，就不想念了。

问：初中三年级一年下来要多少钱？

于洋答：得一千块钱左右吧，这还是比较节省的，要是铺张浪费是不够的。

问：你们的老师在你们不念的时候找你们聊了吗？

于洋答：找了好几回了，但初三的时候就没有人找了。

老师补充：因为初三的时候有一部分是升学一部分是就业的，要是实在不想读的话也没有办法，所以不找。初一、二都找的。

问：老师找你们的时候你们也没有想到过再回去吗？

于洋答：没有。那个时候就是不想念了。

问：你不念书你爸爸是什么态度？

于洋答：俺爸啥也不管，念就念，不念就算了。都认为农村要是学习不是特别好的供了也是（白）花钱。

于母补充：我们家长什么都不会也不能帮助孩子，她爸爸也只是中学毕业。那个时候考什么样的成绩家里也不管，不关心的。要是家里能供也就供了，再说孩子读了也是考不上，念不念不也是那么一回事嘛。再说了，比她学习好的孩子都不念书了，她这样的还念着有什么意思呢？就这样一想就泄气了，都是相互之间比较，学习好的都考不上，我们这样念着更没有意思了。其实不是她不愿意念，这都怨我，我不给她交书费了。

问：你们不念书的那个时候家里都有债吗？

于母答：有呀，要是没有也不能不让孩子念书了。初中也是不容易供的。之后还要往上考的，考成了还行，要是半途而废不就是白花钱了吗？

（二）村里情况

问：你们村里像你们这样不念的人多吗？

于洋答：差不多大的就一个还在念书，其他的都不念了。

问：上初中的有多少呢？

于洋答：好像基本没有了。

问：七八个孩子里面有几个男孩几个女孩呢？

于洋答：两个男孩，其余的都是女孩。

问；有没有为了供弟弟上学而姐姐就不上学这样的情况呢？

于洋答：没有。这个和男孩、女孩没有关系。

问：你们村有没有考出去的？

于母答：几乎没有，就王亮一个人，在东北师大，今年还没毕业，好像是学计算机的。

问：他学习很好，是吗？

于母答：学习好，特别用功。他们家哥三个脑袋都好使。

问：那他家供出去几个呢？

于母答：就他一个，那俩都不学。

问：他家条件怎么样？

于母答：也不行，他家特别仔细，什么都不买，就是供学生。

问：像他们供学生供得这么苦，你们是怎么看的呢？

于母答：人家孩子学得好呀，我家孩子要是也像人家孩子学得那么好，我也供了。可问题是自己的孩子差得太远了，根本就考不上呀。

老师：那你看以后王亮的就业机会你就知道了，和你们的差距就会越来越大了。

于母答：我们也知道，人家一个月的可能够我们一年的。虽然说念书要花很多钱，但能供出去一个人才也可以了，但问题是自己的孩子学不好。

（三）辍学后的情况

问：你辍学后都做些什么？

于洋答：一直在家待着，哪儿都没有去，帮家里干活了。家里一垧七八亩地。

问：是不是你就不打算出去打工了？

于洋答：是。家里的活儿特别多。

于母补充：农村的孩子放出去不放心，就在家里待着吧，一般都去工厂，做服务员的不多。做服务员不愿意干。农村的那种观念就认为做饭店服务员不好，所以家长也都不愿意让孩子去做服务员。

问：那你现在有没有考虑再学点什么？

于洋答：也想过。

于母补充：在农村，学什么都不包分配的，学了也没有什么用。

老师补充：去年的时候有一个类似于技工学校的，学完之后可以去工厂，学徒期间还五六百呢。

于母说：要是包分配的还行。

老师说：有很多这样的学校来招生的，你们要是想去也可以联系。

于母问：初中没念完也可以学吗？能跟上吗？学期是多长时间呢？

老师答：能跟上，学的都是一些技术。学期有的是两年，有的是三年。还有法律合同保障，听说有很多都分配了，今年好像有一些学生还要往那里考。

于母问：学下来要多少钱？

老师答：一年学费要3 000多，学得好的话还要早一年毕业，有毕业证后就可以参加分配了。

于母问：现在学电脑那些东西有没有用？

老师答：也有用，学了必定都有用的。你们平时看电视也能看到，孩子还小，有知识的和没有知识的人发展空间是不一样的。就像咱们这里一年乡里招收公务员，镇里的有高中文凭就可以去考了，初中毕业不可以。考不上另说，但是你可以有这样的机会。

老师问：你买初中毕业证了吗？

答：没有买，觉得没有用。（她有）

问：现在要是有机会让她们再学技术的话，你们会支持她们吗？

于母答：想学也考虑过，可是学什么，上哪儿去学都不知道。学技术还是可以考虑的，真正学点手艺也行。

问：这个年龄如果什么也不学的话就真的要在农村待着了，你们也知道农村的发展都是现代化耕种，要是没有知识文化好像现代化操作都没有办法。可能有时候也想女孩嫁人了也就可以了，是不是？

于母答：因为我们这里都是山地，机械化根本就操作不了，也没有往那上面想。

问：这两年播种机进来多少了？

于母答：那东西不行，可不能用，不好使。去年买了三台都用不了，山地用不了那个东西。学个什么技术也行，怎么都比在农村强。但是现在家长不好帮助选择什么，做什么都不放心。农村人看得太近了，远一点的都看不到了，担心被人骗了。就是学什么东西，也要很了解，要不也不敢。我们就是看了也不懂。农村学完了之后没有人也没有钱，也找不到什么好工作。我们村的一个人念书读多了，还是念大书（当地的电大）的人呢，现在不也是在家待着吗？你说要是花了不少钱，也不能分配工作，还不是在家待着上火吗？

老师补充：现在这个问题在农村是很普遍存在的，家里的日子好了，在家的孩子应该找一点出路了。但是这样的学校太少，农民获得信息的来源太少。

笔者结语：我实在是觉得这么小不读书太可惜了，你们可以通过同学多了解一些外面的情况，否则在家待久了人就没有斗志了。农村不可能一直是这样的，你们的父辈还可以靠土地，但你们将来就很难说了。人不同的选择决定了不同的命运，但只要你们不放弃就会有希望，还是得寻找机会多学些东西。

第五章　三重边缘化处境中的农村学校危机（下）——农村学校教师生存处境的分析

教师是农村学校的生力军，可以说教师的生存处境在一定程度上反映了农村学校的生存处境，同时教师的生存处境也影响了教师的从业状态，而教师的从业状态从根本上决定了农村学校的发展和质量。因此，本书特辟一章关注农村学校的教师这一群体。农村学校的教师是直接为农民的孩子提供教育的群体，他们的作为能够反映农村学校作为代理方的作为。他们也是农村学校的主体，他们的生存危机能够从根本上表现农村学校的生存危机；另外，农村教师的生存状况也能从一个很深的角度反映地方政府和地方教育行政部门作为委托方对农村学校的作为。

一、农村教师的工资状况

一般来说，农村教师工资偏低。以同届毕业、同职称的教师为例，农村教师的年工资与本地区城镇教师的工资差距为 3 000 多元，与发达地区差距达 10 000 多元，而工资以外的福利差距则更大①。

据权威调查显示，自从教以来一直在同一所学校任教的教师，省城和地区分别占 54.86%和 57.83%，县、乡镇分别为 35.85%和 43.89%，而农村仅占 33.33%，这说明农村教师工作变动频繁，稳定性较差。有 29.34%的农村教师在 4 所以上学校工作过②。

1984 年 7 月，D 县根据国家政策实行县、乡镇、村三级办学，县、乡两级管理的管理体制，县、乡镇实行教育经费包干，乡镇负责筹集教育经费不足部分，并全面征收教育附加费（农民收入的 2%）。20 世纪 80 年代中期确立的基础教育地方政府负责的体制是与当时的“财政包干，分灶吃饭，扩大

① http：//www. fj. xinhuanet. com/news/2003－10/22/content - 1099631. htm. 新华网福建频道. 2003 - 10 - 22.

② 顾明远，檀传宝. 2004 中国教育发展报告：变革中的教师和教师教育［M］. 北京：北京师范大学出版社，2004：33.

地方财力”的改革相适应的。当时全国提出的口号是“人民教育人民办，办好教育为人民”。当时地方财力相对充裕，而中央财力困难，中央政府收入与地方财政收入在90年代初为22∶78。分税制改革后中央财政占全国财政收入的比重显著提高，大约占50%左右，再加上省级的财政收入，所占比重超过60%，而县、乡财政收入比重现在一般为20%左右。“人民教育人民办”的农村教育模式已无法继续。在这种事权与财权严重不对等的情况下，造成了90年代后期全国大规模的教师工资拖欠。

1999年，D县教师工资只发了9个月。2000年，城镇教师按旧工资标准发放到11月，农村发放工资最好的乡镇才领到10月的工资，也是基本上比公务员多发1个月。以县直各单位教师为例，从1998年到2002年，共拖欠教师工资3 378万元（计划4年还清，2002年已还675.6万元）。在教师工资的发放上，县乡政府积极采取措施，努力保障教师工资优先发放。截至2001年年末，县直属学校教师工资按旧工资标准发至12个月，农村大部分教师工资发至10到11个月，还有个别乡镇只发到9个月多一点。

近年来，鉴于农村教师工资的拖欠已经成为一个全国性的普遍问题，而靠乡镇一级财政又难以解决，国务院确立了提出农村义务教育实行“分级管理，以县为主”的新体制，其核心是县级财政统一发放农村中小学教职工的工资。但是，“以县为主”并不意味着教师工资就有了保障。它只是将工资支付的重压从乡镇转移到了县，并没有转移出农村内部，因此拖欠的悲剧仍然在各地继续上演。

据全国人大常委会副委员长路甬祥在2003年9月10日于人民大会堂举行的庆祝教师节及纪念《教师法》颁布10周年座谈会上披露：“拖欠数额依然较大，涉及范围依然较广。而且有些地方陈欠未清又添新欠。”他引述的教育部的有关统计显示：截至2002年7月，全国累计拖欠教师工资距国家规定标准还有127.06亿元，涉及24个省区；其中2002年1至4月新欠14.6亿元，涉及21个省和420多个县级行政区域。

目前，我们调研的很多县镇的教师工资被分割为两块，即“国标”和省、市出台的津贴、补贴。前者是各县（区）确保的，后者则可以“量力而行”（从1997年开始，D县正常晋级、滚动升级、职称晋级、转正定级以及年人均32元的取暖费、月人均50元生活补贴，包括2001年1月调资人均100元和10月调资人均80元等都没有发放）。这样，教师人均工资的减少幅度上升到30%。虽然每月能够领到工资了，但与原先相比，实质上意味着每年削减了3至4个月的工资，而且这种削减是由省里文件允许的“合法化”削减。因此，从实施的结果来看，上述文件与其说是保障了教师工资的发放，毋宁说是为地方政府克扣教师工资提供了合法依据。

调研中还发现，农村教师的福利待遇很差。

表6是一所农村学校2002年全年教工生活福利记录。据该校教师反映，这比前些年的福利待遇优厚了许多。

表6 2002年教工生活福利记录

时 间	生 活 福 利
2002年3月8日（妇女节）	每人一对价值15元的枕套
2002年6月25日（端午节）	每人2条大鱼
2002年9月10日（教师节）	每人价值50元的被罩（2003年教师节乡政府让每个村委会给每名教师发50元，这是首次发放）
2002年9月26日（中秋节）	每人2条大鱼，价值10元左右
2002年10月28日	一袋价值40元的苹果（自己拿20元）（乡政府摊派的水果）

二、农村教师的工作负担

中国有七八成人口生活在农村，尽管近年来大量的农民进城务工，但是他们的子女因为种种原因仍然留在农村生活，能够进城入读（包括进入农民工子弟学校）的并不多，因此农村教育的总量很庞大。但是，由于农村人口的受教育程度普遍较低，加上近年来市场经济的影响，使一些农村受过较好教育的人（包括师范生和优秀教师）都流向了城市，因此农村教育的师资总量较小。所以，农村教师的工作负担量要比城市教师的工作负担量大。

根据国办2001年74号文件，国务院办公厅转发的中央编制办公室、教育部、财政部《关于制定中小学教职工编制标准意见的通知》规定教职工与学生比为表7所示：

表 7　国办 2001（74）文件规定教职工与学生比例

	高　中	初　中	小　学
城　市	1∶12.5	1∶13.5	1∶19
县　镇	1∶13	1∶16	1∶21
农　村	1∶13.5	1∶18	1∶23

2002 年全国普通初中教师与学生分布情况如表 8 所示：

表 8　2002 年全国普通初中教师与学生分布情况

	普通中学		
	专任教师数（万人）	在校学生数（万人）	师生比
全　国	437.6	8 287.9	1∶18.9
城　市	102.0	1 712.7	1∶16.8
县　镇	171.0	3 279.8	1∶19.2
农　村	164.7	3 295.4	1∶20.0

数字来源：中华人民共和国国家统计局编．国家统计年鉴（2003）．北京：中国统计出版社，2003.

2002 年全国普通小学教师与学生分布情况如表 9 所示：

表 9　2002 年全国普通小学教师与学生分布情况

	普通小学		
	专任教师数（万人）	在校学生数（万人）	师生比
全　国	577.9	12 156.7	1∶21.0
城　市	90.5	1 721.3	1∶19.0
县　镇	115.6	2 293.8	1∶19.8
农　村	371.8	8 141.7	1∶21.9

数字来源：中华人民共和国国家统计局编．国家统计年鉴（2003）．北京：中国统计出版社，2003.

2002 年全国小学师生比为 1∶21，其中，城市为 1∶19，农村为 1∶21.9。2002 年全国初中师生比为 1∶18.9，其中，城市为 1∶16.8，农村为 1∶20。我们可以发现，2002 年，每个农村小学教师要比城市小学教师多负担 2. 9 个学生，每个农村初中教师要比城市初中教师多负担 3.2 个学生。上述情况说明，农村教师的工作负担量明显超过城市教师的负担量。尽管由于计划生育的影响，农村的学生总量在下降，但是也逐渐进入稳定期。近年来，由于政策上对民办教师和代课教师进行辞退，以及优秀教师向城市的流动（愿意到农村的教师很少），农村教师的工作量状况很难有好转。

工作量过大带来的必然后果就是工作上的压力较大。

农村教育研究所关于教育压力的调查如图 21 所示：

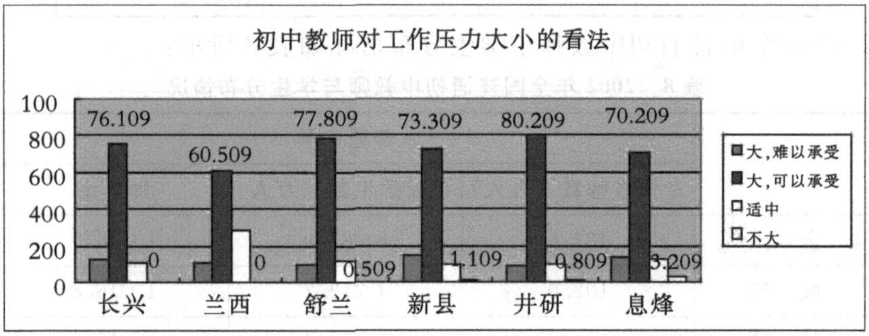

图 21

上图显示，教师工作压力大是 6 个县普遍存在的事实。认为“工作压力大，难以承受”的大约占到 10%左右，“压力大，但可以承受”的占 60%以上，认为“不大”的基本没有。由于生存环境和观念的影响，农村学生的升学愿望比城市更强烈，其学习环境远没有城市优越却要与城市学生在同一标准上竞争。因此，即使相同的工作量，农村教师的压力也要比城市教师的压力大。压力大但是工资、待遇却跟不上，所以很多农村教师心态不平。

三、农村教师的专业知识状况

（一）基本状况

东北师范大学农村教育研究所曾对 6 个县教师初中和小学教师的第一学历和最高学历的状况进行过问卷调查。本书试图借着这项成果和近年来国内权威调查数据对农村教师的专业知识的总体状况作一个概略的呈现。

农村教师第一学历情况

农村教师（6 县）第一学历如图 22、图 23 所示：

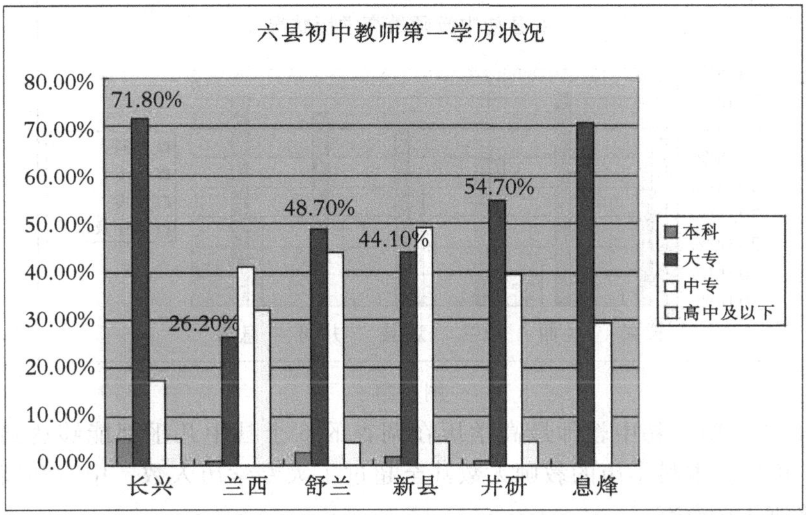

图　22

图 22 表明：初中教师第一学历以中专、大专为主，本科学历寥寥无几。6 县中经济不发达的兰西县教师学历偏低，高中学历的教师占近三分之一的比重。

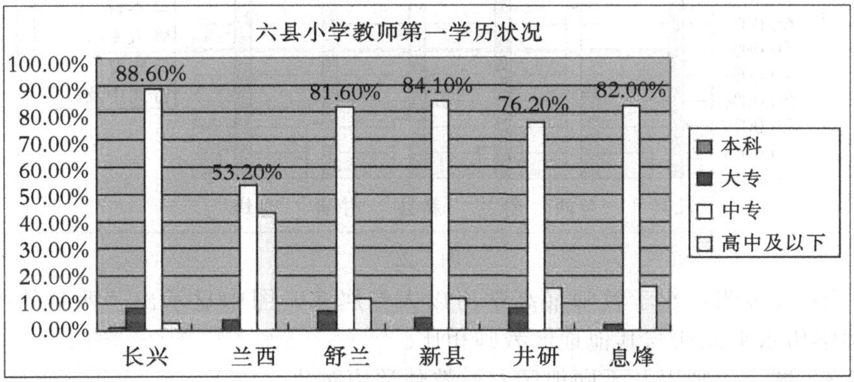

图　23

图 23 表明：小学教师第一学历以中专为主，其次是高中。本科学历的几乎没有，高中学历在兰西县和息烽县占有的比重相对大些。

农村教师最高学历情况

农村教师最高学历情况（6 个县）如图 24、图 25 所示：

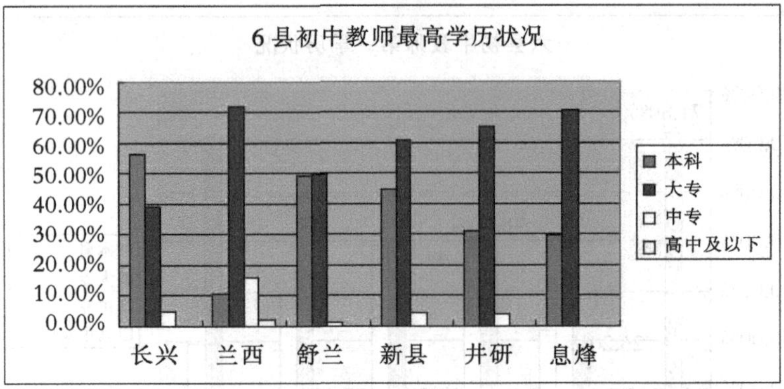

图 24

图 24 表明：初中教师最高学历在调查的 6 个县中几乎都能够达到大专以上，长兴县本科学历的教师人数甚至超过了大专学历人数。中专和高中以下的教师几乎没有。

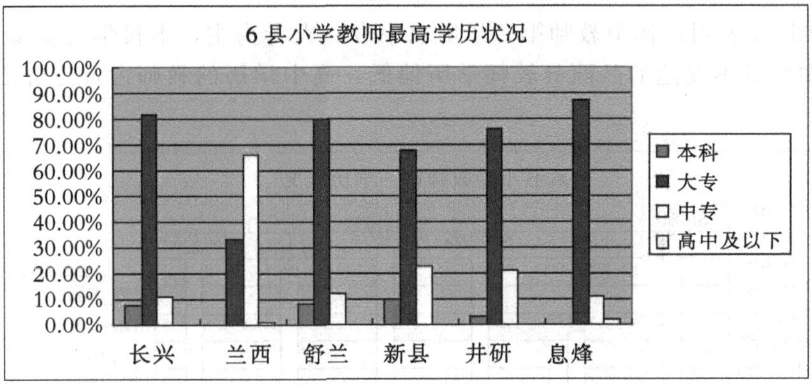

图 25

图 25 表明：小学教师最高学历以大专居多。图中显示出兰西县的小学教师学历水平无法与其他地区教师相比。

3. 城乡教师以及不同地区农村教师学历对比

2002 年我国中小学教师学历的总体情况是，小学专任教师学历合格率 97.39%，比上年增长 0.58 个百分点，初中专任教师学历合格率 90.28%，比上年增长 1.56 个百分点，普通高中专任教师学历合格率 72.87%，比上年增长 2.16 个百分点。

但是，义务教育阶段教师队伍素质的城乡差异比较明显。2001 年，小学和初中专任教师学历合格率的城乡差距分别为 2.2 和 7.6 个百分点，高学历教师所占比例的城乡差距分别为 20.7 和 14.2 个百分点。由此可见，农村与城镇相比，无论是学历合格率还是高学历教师的比例均差距较大。即使在农村内部，地区之间的差异也比较大，东部、中部和西部地区的专任教师学历合格率和高学率教师比例从高到低依次递减，西部地区平均水平远远低于东部地区[①]。

表 10　2001 年全国小学专任教师学历状况　单位：%

数据＼地区 指标	地区合计	东部地区平均	中部地区平均	西部地区平均
1. 小学专任教师学历合格率	96.81	98.25	97.32	94.40
城　镇	98.26	98.74	98.27	97.41
农　村	96.04	97.91	96.87	93.10
农村与城镇的差距（百分点）	2.22	0.83	1.40	4.31
2. 大专及以上学历小学专任教师比例	27.40	32.47	27.31	21.18
城　镇	40.96	44.38	41.63	34.20
农　村	20.25	24.20	20.67	15.58
农村与城镇的差距（百分点）	20.69	20.18	20.97	18.62

注：小学高学历教师为具有大专及以上学历的教师。

表 11　2001 年全国初中专任教师学历状况　单位：%

数据＼地区 指标	地区合计	东部地区平均	中部地区平均	西部地区平均
1. 初中专任教师学历合格率	88.81	90.96	88.45	86.03
城　镇	92.32	93.34	92.36	90.47
农　村	84.74	87.44	84.71	81.40
农村与城镇的差距（百分点）	7.58	5.90	7.65	9.07
2. 大专及以上学历初中专任教师比例	16.95	19.85	16.56	13.04
城　镇	23.51	26.15	23.39	18.95
农　村	9.35	10.50	10.07	6.88
农村与城镇的差距（百分点）	14.16	15.65	13.32	12.07

① 徐坚成，付炜．普及义务教育的进展和问题［A］．中央教育科学研究所．2002/2003 中国基础教育发展研究报告［C］．北京：教育科学出版社，2003：59.

注：初中高学历教师为具有本科及以上学历的教师。

总体而言，县镇教师的学历水平高于农村。尤其是第一学历对比，相差悬殊。原因有二：一方面由于在地区教师分配政策上对县镇的倾斜；另一方面农村地区难以吸引高学历教师。

4．城乡教师职称比较

从全国情况来看，2000年我国小学、初中、高中具有高级职称的教师比例分别为0.07%、2.0%、15.7%。

从我们调查的情况来看，小学副高以上职称教师占4.4%，但主要集中在直辖市和省城，此类地区小学教师具有副高以上职称的占11.8%，农村和乡镇根本没有副高以上职称的教师。按照国家有关规定，2005年全国小学教师具有中高级职称的比例应分别达到37%和1.5%以上。这就是说，除直辖市、省城外，其他地区小学教师的中高级职称比例亟待提高。

全国初中学校具有副高以上职称教师占18.3%，其中直辖市、省城及地级市的初中学校具有副高以上职称的教师占25%左右，县、乡镇初中教师具有副高级职称的比例在6%左右，农村初中没有副高以上职称的教师。按照国家有关规定，2005年全国初中教师具有中、高级职称的比例应分别达到36%和6.5%以上。然而，根据权威调查资料显示的情况来看，县、乡镇初中教师的中级职称比例和乡镇、农村初中教师高级职称比例均有待提高，特别是高级职称教师的比例更是需要大幅度提高。

表12　被调查学校小学专任教师职称情况　　单位:%

所在地区	初级职称	中级职称	副高级职称	高级职称
直辖区、省城	42.8	45.3	10.8	1
地级市、地区	60.2	39.8	0	0
县	54.8	44.3	0.7	0.1
乡、镇	61.3	38.4	0.3	0
农　村	60.3	39.7	0	0
合　计	52.8	42.8	4	4

表 13 被调查学校初中专任教师职称情况 单位：%

所在地区	初级职称	中级职称	副高级职称	高级职称
直辖区、省城	24.3	51.2	24.6	1
地级市、地区	30.3	44.2	22.5	2.9
县	61.2	32.0	6.8	0
乡、镇	59.5	34.8	5.7	0
农　村	61.0	39.0	0	0
合　计	39.7	42.1	16.9	1.4

资料来源：北京师范大学教育学院“中国教育发展报告·变革中的教师和教师教育”课题组. 2003 年中国小学教师教育现状调查报告①.

5. 农村教师的继续教育

第一学历与最高学历之间存在差距，说明教师通过继续教育的各种形式提高了学历，这与国家对于教师学历水平的达标要求密切相关。农村教师的继续教育状况可以从以下几个方面来认识：

(1)《教师法》中的相关规定

《教师法》规定教师有培训进修权，即教师有权参加进修或其他方式的培训。

现代社会和科技的不断发展要求教师必须及时更新知识，调整知识结构，不断提高业务水平。因此，教师参与进修或其他方式的培训是教师的一项基本权利。进入 20 世纪 90 年代后，反映教师教育和进修状况的资料变得非常丰富。例如：1994 年，国家教委师范司印发《关于开展在职小学教师进修高等师范专科学历工作的通知》；1999 年，启动中小学教师继续教育工程；2000 年，教育部又发出《关于做好中小学教师国家培训工作的通知》，并开通了“利用计算机网络对中小学教师开展继续教育，帮助中国1 000万中小学教师实现终身学习”的专业网站——中国中小学教师网。

(2) 教师培训的主要形式和渠道

农村教育研究所关于教师获得最高学历的途径的调查结果如图 26 所示：

---

① 顾明远，檀传宝. 2004 中国教育发展报告：变革中的教师和教师教育［M］. 北京：北京师范大学出版社，2004：28.

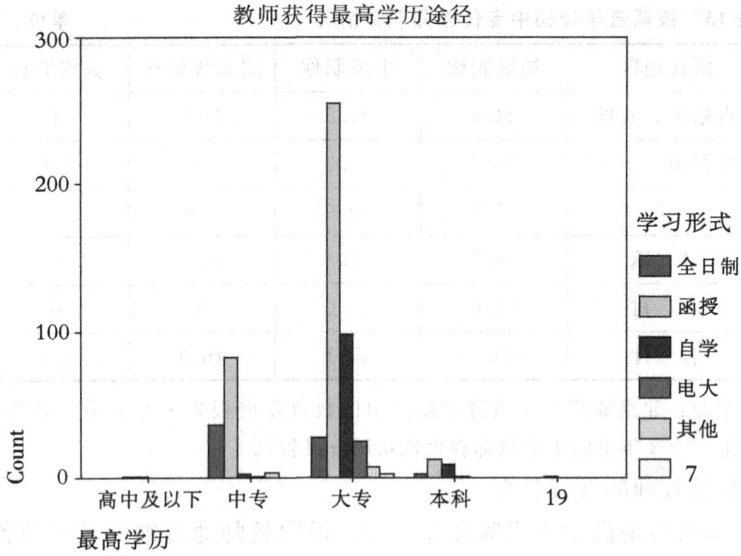

图 26

图 26 反映出函授形式是教师提高学历的主要途径，其次是通过自学考试的方式。

在教师的培训形式上，北京师范大学课题组相关调查反映出在脱产培训、半脱产培训、业余培训、外出听课、自学、外出参观等培训形式中，业余培训所占比例最高，平均达到 60.4%。在教师最喜欢的培训形式中，占据前三位的外出听课、脱产培训、外出参观分别只占到 10.6%、8.8%、0.1%。就培训渠道而言，在自学、校内培训、教师进修学校、区县教育学院、省教育学院、电大、业大、函授大学、各种交流研讨会等教师培训渠道中，自学所占比例最高，平均达到 58.4%①。

这些都说明，教师培训的形式和渠道比较单一，虽然业余培训的形式和自学渠道有独特的优势，但对于本身工作负担重、学历偏低的中小学教师而言，对其效果不应估计过高。对于多数教师来说，参与培训应当是一种无奈的选择。

(3) 教师的培训方式

中小学教师的培训方式主要有为取得考试合格证书的培训、职务培训

① 顾明远，檀传宝. 2004 中国教育发展报告：变革中的教师和教师教育 [M]. 北京：北京师范大学出版社，2004：18.

等。当前这段时间，教师在职培训任务的重点是使绝大多数不具备合格学历或不胜任教学工作的教师逐渐取得教材教法证书、专业合格证书，直至合格学历，培养重点就是青年骨干教师和农村的教师。今后的培训目标是从合格学历达标培训逐渐转向岗位培训，开展以培训全体教师为目标、骨干教师为重点的严格规范的继续教育。在大中小学都要培训一批高水平的学科带头人和有较大影响的教书育人专家。各级人民政府重视为少数民族地区和边远贫困地区培养、培训教师。

（二）农村教师专业知识提升的困难

1. 农村教师培训中的问题

综合D县教师进修学校领导和部分培训教师的观点，农村教师继续教育存在这样一些问题：

（1）基层领导重视不够

培训教师认为，新教师在师范学校时受教育的程度差不多，走上工作岗位后，在不同学校任教，不久就有很大差距，这与基层领导的培养和重视有关。

（2）培训对象定位不准

受培训教师基本上是学校的业务骨干、学科带头人，而那些不是骨干或学科带头人的绝大多数教师承担着对学生教育的主要任务。他们应是培训的重点，却往往被各级培训忽视。

（3）校本培训思路不清

培训教师指出："教师全员培训没有明确的思路。近两三年，全员培训的基本形式就是校本培训。关于校本培训，省里拿出一个指导性文件，再由各个县、区制定具体的实施细则。但这些东西都很模糊，从上到下都是喊得很响亮，具体实施都不行。"

（4）培训的形式化严重

可以这样描述教师培训情况："各种培训的形式化太严重了。计算机培训就七天，几乎是满堂灌的教学，受培训的老师能记住多少？回家后又没有机会练习。老教师根本就不行，学一会儿就忘。"一位老师说："现在，学历拔高培训大部分都是混文凭，很少有真才实学的。考试的时候自己抄抄，再抄点别人的就可以了。能花钱就可以拿到文凭。"

（5）培训缺乏针对性

培训教师说："我们学校现在没有老师与学科结合的培训，教师函授第二学历大多是中文，实际上没那么多人教中文。”农村教师教学负担较重，同时一个教师教多门学科，也给教师进修和学历提高时选择专业带来了麻烦。

另一老师也指出：“现在的培训虽然有一定的促进作用，但针对性不强，而且培训内容范围较大，教师培训完，觉得有点什么（指觉得学到了一些内容)，但无法在工作中操作。”

（6）教师没有学习意识

在学校时，教师下班后都是回家，不在一起讨论、备课。参加培训时，有些教师本科都拿到手了，就不再重视其他形式的继续教育，使现在的培训“主要是学历培训，不是学问培训”。

以上是教师进修学校领导和培训教师就农村教师培训问题的相关解释。通过深入了解D县教师进修学校，我发现进修学校的教师数量少，根本无法担负广大农村教师继续教育的重任。另外，进修学校教师的素质和学校内部管理也存在诸多问题，这些都不同程度地影响农村教师继续教育的效果。以上这些现状都使农村教师实际专业水平得不到提升，教学水平停步不前。因此，尽管绝大多数农村教师的第一学历和最高学历都基本合格，并且与城市教师的差距并不悬殊，但是随着时间的推移，他们之间的实际差距将不断拉大；同时，教师学历教育培训的低效、形式化，也使得他们之间的同等学历尤其是通过培训提高的学历的差距实际上比目前统计的要大。

教师在职培训方面还存在一个需要面对、解决的问题，就是我国承担教师职后继续教育的机构主要是地方各级教育学院或教师进修学校，而这类教育机构的办学水平（尤其是师资力量）总体上低于承担教师培养任务的高等师范院校。这样就出现了一种似乎在逻辑上说不通的培训体制。高等师范院校毕业工作一段时间以后的教师本应通过更高层次的继续教育来获得“充电”，却只能到比原来受教育层次低的学校进行进修或培训。这一块虽然属于非学历教育，但对在职教师更新观念、知识和提高素质有着极为重要的作用。这一问题的解决途径有二：一是使教育学院或教师进修学校与高等师范院校联合办学，实现教师资源共享，提高教师培训质量；二是大力提高培训类院校自身的师资水平。

2. 培训经费问题

（1）农村教师培养经费现状

教育部开展了跨世纪园丁工程和中小学教师继续教育工程等重大项目，培训经费由国家教育部直接拨款。其中的子项目“国家级骨干教师培训活动”总人数为1万，至今已顺利开展三期。但这类项目对我国近1 000万名的教师总数而言，覆盖面是非常有限的，只是各地极少数优秀教师有机会参与。绝大多数教师的学历和专业提高需要自己支付部分甚至全部的培训费用。

不同地区教师继续教育费用负担情况如表14①。

表14 不同地区教师继续教育费用负担情况 单位：%

	省城	地区	县	乡镇	农村
全部由自己负担	34.8	31.1	51.0	68.1	79.3
大部分自己负担，学校出小部分	18.7	17.8	26.3	20.6	14.8
学校和个人平均负担	10.4	8.7	4.2	2.6	0
大部分学校负担，自己出小部分	19.1	29.8	10.8	5.4	3.0
全部由学校负担	10.1	9.9	5.2	1.5	0.7
没有培训费用	6.9	2.7	2.5	1.8	2.2

资料来源：北京师范大学教育学院“中国教育发展报告·变革中的教师和教师教育”课题组. 2003年中国小学教师教育理状调查报告.

我们从表中可以看出：教师接受继续教育的费用基本由教师个人支付，而且其支付比例从省城到农村呈递增趋势。具体比例为：省城34.8%、县51.0%、乡镇68.1%和农村79.3%。

（2）经费问题带来的影响和原因分析

以上状况必然会给教师接受职业培训带来这样或那样的负面影响。例如，在专业取舍上，在培训渠道的选择上，教师会权衡自身能够承担的费用作出决定，而不是将水平和质量放在第一位。

提高教学质量和教师队伍的水平从根本来说本应该是国家和政府的行为，但是，一方面，国家还没有足够的、有制度化保障的专门投入；另一方面，在我国大部分地区，至今尚未建立起由行政部门、学校和教师共同承担培训成本的合理分担机制。因而，提高教师教学质量和教师队伍的水平最后就变成了教师被动的个人行为。

---

① 顾明远，檀传宝. 2004中国教育发展报告：变革中的教师和教师教育［M］. 北京：北京师范大学出版社，2004：38.

四、农村教师的业务能力状况

6个县的调查显示，农村教师的所学专业与任教学科不符的情况较严重，如河南新县小学中专音体美专业的教师教中文和外语的各占50%（见表15)。四川井研小学教师中，50%体育专业、66.7%美术专业、66.7%教育专业的教师教数学，甚至100%历史专业的教师教外语（见表16)。这说明农村学校许多学科缺乏专业教师，而又有许多教师所学非所教。教师兼任多门学科教学的现象普遍存在。例如：黑龙江兰西小学教师中有70.9%的教师同时教语文和数学（见表17)。农村教师学历与专业不对口的现象从一个侧面反映出农村教师的业务能力。

表15 河南省新县小学教师第一学历所学专业与任教学科

所学专业＼任教学科	语十数	主十副	中文	外语	数学	音乐	体育	美术	微机	教育	总计
不分专业	15.4%	7.7%	38.5%		38.5%						100%
普师	1.9%	5.7%	45.3%	1.9%	43.4%				1.9%		100%
中专音体美			50%	50%							100%
幼师			45.5%		36.4%	9.1%				9.1%	100%
中文			66.7%		33.3%						100%
数学					100%						100%
化学					100%						100%
生物				100%							100%
音乐		25%	50%		25%						100%
体育							100%			100%	
美术			57.1%		14.3%			28.6%			100%
电数			50%		50%						100%
数育			50%		50%						100%
20			60%		20%			20%			100%
总计	2.6%	4.4%	45.6%	0.9%	40.4%	0.9%	0.9%	2.6%	0.9%	0.9%	100%

表 16　黑龙江省兰西小学教师第一学历所学专业与任教学科

所学专业＼任教学科	语＋数	中文	外语	数学	历史	生物	音乐	体育	美术	总计
不分专业	88.9%	11.1%								100%
普　师	82.1%			3.6%	3.6%		3.6%	3.6%	3.6%	100%
中　文	57.1%						14.3%		28.6%	100%
地　理						100%				100%
音　乐	50%						50%			100%
体　育	33.3%							66.7%		100%
美　术	50%							50%		100%
微　机			100%							100%
总　计	70.9%	1.8%	1.8%	1.8%	1.8%	1.8%	7.3%	7.3%	5.5%	100%

表 17　四川省井研小学教师第一学历所学专业与任教学科

所学专业＼任教学科	语＋数	主＋副	主＋多副	中文	外语	数学	化学	政治	音乐	体育	美术	微机	总计
不分专业	50%						50%						100%
普　师	1.3%	1.3%		59.9%		32.9%		1.3%		2.0%	0.7%	0.7%	100%
中专音体美		20%		80%									100%
幼　师				100%									100%
中　文		6.7%		66.7%		20.0%				6.7%			100%
外　语		25%		25%	25%	25%							100%
数　学				50%		50%							100%
历　史					100%								100%
音　乐		33.3%							66.7%				100%
体　育						50%				50%			100%
美　术			33.3%			66.7%							100%
微　机						50%						50%	100%
数　育				33.3%		66.7%							100%
总　计	1.5%	3.1%	0.5%	55.9%	1.0%	31.3%	0.5%	1.0%	1.0%	2.6%	0.5%	1.0	100%

在学科结构方面，一半农村学校缺少音乐、体育、美术、计算机、外语教师，没有相应专业毕业的教师开设这些课程。兼任教师多学非所用，不能按照大纲的要求完成教学任务。

县级教育部门的领导认为，一个很普遍的现象是：农村小学小科教师配置不全，尤其缺音乐、美术老师。有的学校甚至没有能识谱的教师，音乐课由班主任代。有些班主任把音乐课改成数学、语文课，有些则教一些流行歌曲。

五、农村教师的职业态度

态度是一种内在的心理状态。态度由知、情、行三部分组成。教师对其自身职业的认知、情感以及行为倾向构成了其对自身职业的态度。

（一）农村教师对自身职业的认知

农村教师对本职业的认知在两个方面体现出来。一方面，他们对自己职业的认识与社会对教师职业的规范相一致。例如：他们的职业是一项光辉的职业等，他们的这种认识可以说隶属于当前这一时代，与国家和大众对教师职业的期望相一致。另一方面，从现实的角度考虑，由于农村教师经济、政治地位不高，他们认为自己的职业还没有受到明显的尊重和重视，他们有时也会怀疑自己的职业价值。

我们在调查中发现，农村教师心态不平衡，认为工作压力大，但同时与社会其他行业相比，工资比较低，待遇比较差，生活状况不好。如图 27 所示：

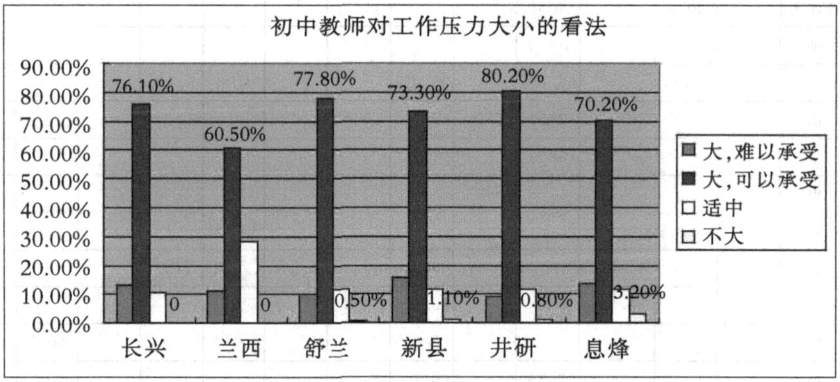

图 27

图 27 显示，教师普遍对生活状况没有很高的评价，只有 5%的教师对自己的现状感到满意，认为一般的约占 50%左右，约半数教师对此不满意或者很差，尤其与其他行业相比，这种不满心态就更加明显。教师工作压力大是 6 个县的普遍存在的事实。认为“工作压力大，难以承受”的大约占到 10%左右，“压力大，但可以承受”的占 60%以上，认为“不大”的基本没有。

压力大但工资、待遇跟不上，所以很多教师心态不平。

农村教师出现对本职业的文化认同危机。城市经济占主导地位，使城乡经济相分离，从而形成了两种不同的文化模式：都市文化和乡村文化。这种分离使城市及其文化教育成为具有吸引力的一极，成为农村努力仿效的榜样。但尚未消解农村社会的经济文化基础，农村生活和传统文化仍占优势。当都市文化与乡村教师文化相对平衡时，二者能和谐地作用于个体，则其可成为都市文化的吸收者，又能成为乡村文化价值的继承与发扬者，乡村文化价值能有效地活化、彰显于农村教师身上，成为他们成长和职业发展的重要因素。当都市文化价值渲染日渐强势，完全盖过乃至淹没农村教师乡村文化价值视野时，乡村文化价值就不能再有效地被活化，而成为个体排斥的对象，或者在个体价值甄别的劣势中内化为他们的自卑情结。农村教师在乡村和乡村教育中，以不同的心态期望着另一个世界。这样的结果是，他们身在他们的世界之中，自觉不自觉地背离他们的世界。农村教师接受的并不切合于他们文化的各种管理、培训，实际上是他们为了达成强势价值目标而不得不经受的苦役。实际上，农村教师既不能完全保持他们的自身乡土文化，又不能真正接纳外来文化，存在着严重的文化认同危机。

（二）农村教师对自身职业的情感

农村教师对本职业的情感可以从他们是否转岗看出。很多地区，尤其是经济比较发达的浙江省长兴县，很多教师表示，如果有可能愿意调离教师岗位。如图 28 所示：

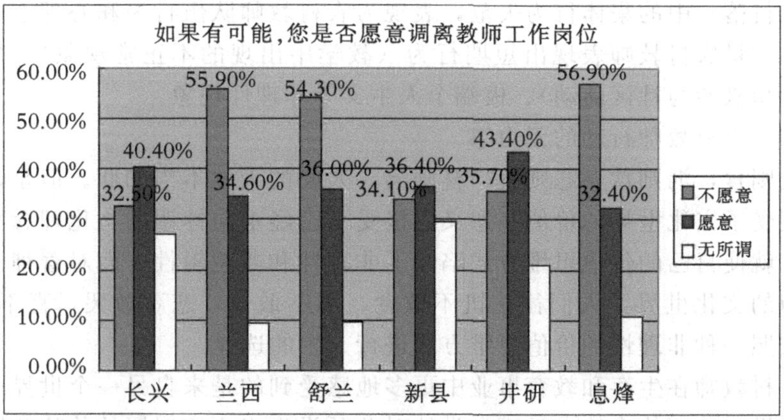

图　28

6个县中，长兴、新县和井研县的教师表示如果有机会愿意调离教育口，而不愿意调离教师工作的兰西县和息烽县、舒兰县都属于经济相对不发达的地区。这说明，在经济发展水平高的地区，教师的生活质量与其他行业的人员相比并没有优势，造成了教师希望跳槽的心理。在经济不发达的地区，由于教师还有相对稳定的收入保障，所以教师不愿意调离教育口。

（三）农村教师对本职业的行为倾向

行为倾向成分是指个体对态度对象持有的一种内在反应倾向，是个体作出行为之前保持的一种准备状态。农村教师对本职业的行为倾向是其对自身职业态度的一种强烈的反应。

（1）农村教师的行为失范

“失范”是传统社会学的一个重要概念，主要指在社会变革中因新旧体制结构、文化冲突和交替而导致人们普遍存在的无可适从感。当前，农村教师正是在自身本土文化与现代主流的城市文化的矛盾中，因文化冲突、断裂而出现个人行为失范和社会行为失范问题。

个人行为失范表现为农村教师个体发展中出现了理想与现实、乡村教师价值与现代主流教师价值的冲突而导致自我不知所措，难于认知社会取向，难于给自己定位，出现了美国社会学家彼德·伯格尔所谓的“漂泊的心灵”。行为失范在个体身上不但表现为一种迷茫和探寻的交织，长期存在会使人的心理疲惫。

农村教师众多个体失范会引发一定时空（通常是在一个学校范围内或教师所在村落）中的集体行为失范，表现为农村教师队伍行为和心理上的动荡不安，大量农村教师表现出短期行为（教学中出现的不正常现象）、颓废行为（不积极参与社区活动）、极端个人主义等非理性现象。

（2）农村教师行动的无力感

饥则食，渴则饮，悲则哭，喜则笑，人类的天性本当如此。但是，由于人们接受了文化世界的价值和意义，接受了已经走向悖谬的文化理念和文化观念，就使自己的价值思维方式陷入了非理性和非逻辑性。面对着神圣的不可抗拒的文化世界，人们往往饥不敢食，渴不敢饮，悲不敢哭，喜不敢笑，从而按照一种非理性的价值思维方式进行人生的选择。

乡村教师在生存和教育事业中更多地感受到的是来自另一个世界的强势价值预设，从而使个体自觉不自觉地对此预设作出不容置疑的价值认同。在行为中，农村教师应该做的不能做，或者不能明确那样做的价值和意义。陶行之先生撰写了《中国乡村教育之根本改造》一文，开头就说：“中国乡村教育走错了路！它教人离开乡下向城里跑。它教人吃饭不种稻，穿衣不种棉，做房子不造林。它教农夫子弟变成‘书呆子’。它教富的变穷，穷的变得格外穷。他教强的变弱，弱的变得格外弱。前面是万丈悬崖，同志们务必把马勒住，另找生路！”以上问题农村教师在现实中体会着，问题的长期存在使农村教师的教育行为无力。

六、农村教师的社会角色

作为农村学校的一分子，农村教师同时也是农村社会的一分子，由于其在农村这一特殊地域中的特殊职业和待遇，他们身上表现出来一种特殊的社会角色结构，如图 29 所示：

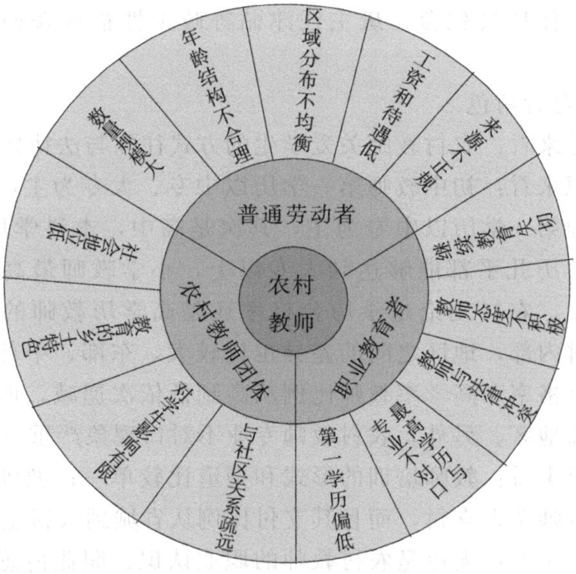

图 29 农村教师的社会角色结构

（一）农村教师的社会角色组成

1. 普通劳动者角色

在数量规模上：农村小学的教师占全国小学教师总数的近$\frac{2}{3}$，农村普通中学的教师亦占全国普通中学教师总数的$\frac{1}{3}$以上，农村教师是中国教师系统的重要组成部分。

在年龄结构上：农村教师年龄结构整体不合理，主要表现为：有的地区教师队伍年轻化，有的地区教师队伍老龄化，而有的地区出现了教师队伍年龄结构的断层现象。

在来源上：仅从历史原因来看，90年代前参加工作的教师基本素质不高，部分是民办教师转正的，在转正时不是经过严格选拔，而是有多少转多少。

在区域分布上：从师生比可以看出，农村教师的工作负担量比城市教师的负担量大，各省之间农村教师的分布不均衡：整体而言，中西部省份、偏远贫困地区农村中小学师生比相对更高，反映出这些地区教师缺编情况较为严重，教师工作负担较重。

在农村教师的工资报酬和福利待遇上：总体而言，农村教师工资和待遇并不高，而且教师工资拖欠严重。自实行教师工资收归县管以后，教师工资拖欠现象有很大改善，但仍然存在不能按时足额发放的现象。此外，农村教师的医疗保险、住房公积金、班主任津贴等政策性福利普遍不能得到完全保障。

2. 职业教育者角色

从师德修养来看：农村教师关爱学生的方式往往与法律要求相违背。

从专业知识来看：初中教师第一学历以中专、大专为主，本科学历寥寥无几。小学教师第一学历以中专为主，其次是高中，本科学历的几乎没有。初中教师最高学历几乎都能够达到大专以上，小学教师最高学历以大专居多。与城镇相比，农村无论是学历合格率还是高学历教师的比例均差距较大。即使在农村内部，地区之间的差异也比较大，东部、中部和西部地区的专任教师学历合格率和高学率教师比例从高到低依次递减，西部地区平均水平远远低于东部地区。另外，农村教师专业不对口现象严重。

从继续教育来看：教师培训的形式和渠道比较单一；教师接受继续教育的费用基本由教师个人支付，而且其支付比例从省城到农村呈递增趋势。

从职业态度来看：无论是农村教师的职业认识、职业情感，还是职业行为倾向，都表现出消极状态。

3. 农村教师团体角色

在乡土学校，农村教师的职业表现出与主流城市文化相悖的独特性。具体体现在：

从社会地位来看：可以说，从农村教育确立起，农村教师的社会地位就低于城市教师。在当代，各地乡土风俗、习惯虽有所不同，但权利多数是受人际网络束缚的，农村教师在权利和收入方面都没有优势，导致社会地位不高。

从教育工作来看：农村教师要负责学生文化生活的方方面面，没有相应的文化机构辅助。农村教师工作任务相对泛化。同时，由于教育对象自身文化、教育资源占有量和种类、学校的内部运行机制等方面，城乡存在明显差异，农村教师的教育工作也就必须符合乡土因素而具有乡土特色。

从对学生的影响来看：农村教师仅靠课堂书本知识的传授，难以满足学生的生存需求。农村学生真正需要的农业技术、礼俗等方面知识，来源主要是家长和地方上有威望的人，农村教师对学生的影响程度低于城市教师。

从与社区的关系来看：农村社区对农村教师的社会支持很少。原因有二：一方面，农村社区内关系更多地建立在血缘关系、亲缘关系、地缘关系（邻里/老乡）上；另一方面，农村社会分工程度低，社会化服务体系较不发达，许多在城市可以用金钱买的服务，在农村都需要靠人际关系网络提供。

（二）农村教师的社会角色意识

1. 对教师角色的否定

代课教师陈某说："我哪是教师，我只是混在教师队伍中的一个农民。"

2. 认为农村教师比城市教师或其他行业的工作者社会地位低

农村教师经济和社会地位低，得不到应有的尊重和支持。妇女主任说："教师和村干部比没什么地位，因为他们没什么权利。"村民说："老师还是死工资，农民地多的也还能多收入点。"治保主任也觉得："教师和经商的没法比。"

3. 农村教师自我效能感不足

从现实的角度考虑，由于农村教师经济、政治地位不高，他们认为自己的职业还没有受到明显的尊重和重视，他们有时也会怀疑自己的职业价值。

4. 农村教师的成就动机缺失

农村老师只将教学作为职业，没有事业心和事业意识。农村仅把教师当成一种职业，当做事业的很少，

（三）农村教师的角色行为

1. 从农村教师的工作积极性来看

一方面，农村教师工资拖欠，属于激励因素中的去激励因素，严重影响农村教师教育的积极性，从而影响农村教学的质量；

另一方面，乡村教师在生存和教育事业中更多地感受到的是来自另一个世界的强势价值预设，从而使个体自觉不自觉地对此预设作出不容置疑的价

值认同。在行为中，农村教师应该做的不能做，或者不能明确那样做的价值和意义。

2. 从农村教师的职业权利和义务来看

由于农村教师的行为失范，即农村教师个体发展中出现了理想与现实、乡村教师价值与现代主流教师价值的冲突而导致自我不知所措，难于认知社会取向，难于给自己定位。行为失范在个体身上不但表现为一种迷茫和探寻的交织，而且长期存在会使人的心理疲惫。

3. 从课堂教学方面来看

农村教师对知识把握得不够，缺乏教学艺术，没有使用教学手段的意识。

4. 从对课程标准的把握方面来看

教师对课标、教材掌握得不到位，课堂教学方式和学习方式转变不到位，三维目标不能有机统一，教师不会利用、开发课程资源，课程改革的观念比较陈旧。

通过上述的分析，如果把农村教师的社会角色现状放在一起分析，就会发现它们之间形成了一个怪圈。这个怪圈如图 30 所示：

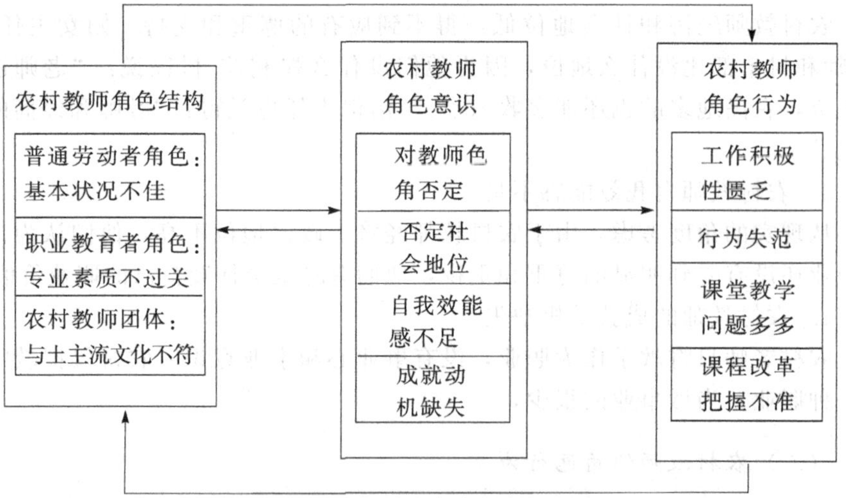

图 30 教师社会角色现状怪圈图

由上图我们可以看出，农村教师的社会角色结构内化为其意识，再由意识外化为教学行为，而农村教师的教学行为又固化着他们的社会角色结构。在这个循环圈中，农村教师的状况越来越差，与城市教师的差距越来越大，这就是农村教师的现状怪圈。

农村教师现状的恶性循环是导致城乡差距拉大的原因。所以，欲改变农村教师现状，就应从打破农村教师现状怪圈循环入手。突破口有两个：一方面，加强农村教师的心理素质教育，以切断农村教师的社会角色结构到社会意识的转换，使教师的自我意识得到加强；另一方面，可以适当向农村政策补偿，以弥补由于历史原因造成的农村教师现有的社会角色结构，从而改变由农村教师的社会角色结构到社会意识之间的循环。从影响教师发展的内外因角度来看，加强农村教师的心理素质是教师发展的内因，政策补偿是农村教师发展的外因。二者必须同时进行，内外因共同作用才能促进农村教师的发展。

七、教师卸责的原因分析

从本章的论述中，不难看出农村教师无论是在面对自己的待遇、工作、身份，还是面对职业培训上，都出现种种卸责现象。教师的卸责甚至应当看成学校整体卸责的一个很重要的方面。笔者结合调研过程中的数据以及访谈中所接触到的现象，尝试总结农村教师卸责的一些主要原因。

（一）农村教师的这些现实处境首先反映为教师的外部激励不足

农村教育研究所 6 个县调查发现：

1. 教师普遍对生活状况没有很高的评价，只有 5％的教师对自己的现状感到满意。

2. 在经济发展水平高的地区，教师的生活质量与其他行业的人员相比并没有优势，造成了教师希望跳槽的心理。在经济不发达的地区，由于教师还有相对稳定的收入保障，所以教师不愿意调离教育口。

（二）教师工资拖欠造成了诸多影响

第一，对农村教师社会地位的影响。

农村教师经济和社会地位低，得不到应有的尊重和支持。妇女主任说：“教师和村干部比没什么地位，因为他们没什么权利。”村民说：“老师还是死工资，农民地多的也还能多收入点。”治保主任也觉得：“教师和经商的没法比。”

第二，对农村教师职业情感的影响。

在这次调研中，我们与农村在校教师和一些已调离教师工作岗位的相关人员都有一定交流。他们是如何看待农村教师工资拖欠问题的呢？一位农村教师说："现在农村老师的工资确实有了很大的提高，老师的工作劲头也高了，但还有教师工资欠发的现象。"很多教师认为："如果有机会重新往外走，教师100%的是选择其他途径。"据说今年某市招公务员，很多校长都报名了，原因之一就是校长虽然说话有影响，但在工资、待遇方面没有体现。

第三，对教师稳定性的影响。

有关激励理论研究认为，激励是以人为中心的管理思想在具体管理活动中的体现。从心理学意义来看，激励是持续激发行为动机的心理过程；而从管理学意义来看，激励是能够引起管理对象的满意感，能提高他们的工作效率和积极性的管理措施的职能。各种对人的管理措施根据其所起的激励作用，可以分为激励因素、保健因素、去激励因素三种。激励因素就是指能够引起管理对象的满意感，激发其更大的工作积极性，从而提高工作效率的因素。保健因素是指能够使管理对象对现有状况没有或不产生不满意感，从而维持原状，使原有积极性得以保护的因素。去激励因素则是只会引起管理对象不满意感从而使他们的工作积极性下降并降低工作效率的因素。这是一种负激励因素，不同于非激励因素，因为后者可以包括保健因素。农村教师工资拖欠属于激励因素中的去激励因素。这不仅严重影响了农村教师教学的积极性，也影响社会对农村教师的评价，以及对农村教师工作效能的认可，从而导致农村教师的成就动机低下，最终影响农村教师的教学效果。

（三）多重视阈中农村教师卸责内部原因透视①

无论是课改执行还是预防辍学，都牵涉农村教师的责任感和责任能力问题。作为教育实践的直接承担者和教育改革的实施者，教师素质和教学质量高低直接决定了教育改革与发展的成败。然而，我们看到，由于多种因素的影响，我国农村教师素质普遍低于城镇教师，提高教师素质的各种培训收效也不大，这就造成了教师责任能力不足，各种卸责现象频频发生。

（1）行政管理者眼中的教师

我们对两位县教育局局长进行访谈，他们对当今农村教师的评价令人堪忧：

不是我们不搞教师教育，是因为它很难提高，教师的基础就在哪儿，就像盖楼，一楼已经歪了，你怎么能把三楼、四楼砌直？

---

① 这部分主要观点已发表在《多重视阈中农村教师问题透视》（《当代教育科学》2004年第24期第28～31页）。

两位局长解释了农村教师基础差的历史原因。50～60 年代，农民整体文化水平低，初中生寥寥无几，高中生更是凤毛麟角。为弥补教师数量的不足，一批初中、小学毕业生被吸收到农村小学任教。该县 80 年代之前参加工作的教师多是这种情况下产生的。“文革”中后期，教育领域的特殊现象是盲目办学，出现了县办大学、社办高中、村办初中，“带帽”初、高中遍地。它造成的影响就是教师不断升格，小学教师升格为初中教师，初中教师升格为高中教师。“文革”期间，大批农村公办小学下放到大队，由大队来办，大批小学骨干教师抽调到初中任教，小学民办教师数量激增①。

（2）教师培训者眼中的教师

县教师进修学校是教师业务指导部门，他们通过听课、指导对全县的教师队伍有着比较全面和客观的认识。因此，笔者围绕教师的责任能力对教师培训者进行访谈，他们对基层教师的评价不容乐观：

好教师很少，优秀的能占 10%左右；近几年民师转正的教师没有接受继续教育的认真态度；很多人的继续教育都是混出来的，这种能占教师队伍的 40%左右。他们认为，农村教师继续教育本身就存在一些问题：“接受培训的教师基本是学校的业务骨干、学科带头人，而那些不是骨干或学科带头人的绝大多数教师，承担着对学生教育的主要任务。他们应是培训的重点，却往往被各级培训忽视。教师全员培训没有明确的思路。近三年，全员培训的基本形式就是校本培训。而关于校本培训，省里拿出一个指导性文件，再由各个县、区制定具体的实施细则。但这些东西都很模糊，从上到下都是喊得很响亮，具体实施都不行。各种培训形式主义太严重了。计算机培训就七天，几乎是满堂灌的教学，受培训的老师能记住的东西太少，回家后又没有机会练习。老教师根本就不行，学一会儿就忘。”

一位教研员针对现行继续教育存在的问题发表感慨：

现在，学历拔高培训大部分都是混文凭，很少有真才实学的。考试的时候自己抄抄，再抄点别人的就可以了。能花钱就可以拿到文凭。学校现在没有老师与学科结合的培训，教师函授第二学历大多是中文，实际上没那么多人教中文。现在的培训虽然有一定的促进作用，但针对性不强，而且培训内容范围较大，教师培训完，觉得有点什么（指觉得学到了一些内容），但无法在工作中操作。”很多教研员认为现在的培训“主要是学历培训，不是学问培训”。

---

① 见本章附件：田野日记（一个语文教研员的从教经历）。

通过对一些教师进修学校的了解发现，进修学校的培训教师数量少，根本无法担负全县农村教师继续教育的培训重任。另外，进修学校教师的素质和学校内部管理也存在诸多问题，这些都不同程度地影响农村教师继续教育的效果，使教师的责任能力很难通过县一级培训部门的工作得到提高。

（3）学校管理者眼中的教师

学校管理者认为农村教师的责任心不强，这是导致教育质量低下的重要原因。学校领导说："有些教师只想晋级，晋完级就什么都不想了。以前有公开课，抢着上，现在说：'那挺累的，我可不上。'"他们认为，这与学校没有什么对教师的激励措施有关。"没有钱，激励也是相对的。"另一方面，现有的评价机制操作性不强。据一位校领导说，以前有联考，期末各校交换一下成绩，老师教一个学期，究竟是好是坏就很明显，这对教师的激励很大。但现在，按照素质教育的评价理论，学校没办法实施对教师的评价了。校长表示："现在的评价机制看不出老师的教学质量，从工作态度、听课，能看出很努力，但是学生的考试成绩并不如人意。"另外，教师的文化基础确实不好。同教育行政管理者看到的问题一样，校领导认为："很多民师转正的教师，教小学一至二年级，用过去的教法能讲得挺好，拔高或课改他们肯定会遇到困惑。他们形成的旧模式改不了多少。"老教师的文化基础差，新教师的情况也不容乐观。校领导说："有些教师是乡镇领导安插的亲戚，岗位被占了，一些正经毕业生进不来。"

教师所学专业与担任科目不一致也是教师不能很好履行教师职责的重要原因。一名初中校长说："现在，我们学校教师所学专业和担任科目不一致的得有一半多。"出现这种现象的原因是多方面的，最主要的还是农村教师工资待遇低，工作和生活环境差，一些学科如英语等专业教师引进困难。另外，由于教师编制设置和学校的实际情况还有一定的矛盾，学校教师不得不身兼多职。

（4）教师眼中的同行

在通常情况下，教师有自己的一套标准，这一套标准虽然是非正式的和非法定的，但是他们经常以此来诠释和评价他们同事（也包括他们自己）的行为[①]。我就工作责任心问题访谈农村在校教师和一些已离开教师工作岗位的相关人员对自己和同事的评价。有位老师坦言："我哪是教师，我只是混在教师队伍中的一个农民。"很多农村教师不讳言自己的责任心不强，但认

① Peter Woods. *Teacher Strategies* [M]. Croom Helm London, 1980: 127.

为这与现行的教师评价机制有关。一位调离教师工作岗位、现在政府机关工作的人说：

我在学校当老师的时候，语文、数学、代数等老师放在一起用一个统一的标准评比，怎么评？难度不一样，按学生分数反映不出什么问题。尤其村小，评价老师这块很不合理。有些教小科的老师，教得再好也不评。干好未见得就得到好的评价，时间久了，谁还有积极性？

另外，与教师的交谈中，很多教师反映出对现在学校管理的不满，也指出了很多学校管理中存在的问题，但是没有机会来参与学校管理和校长的考核，这也是使他们的责任心渐渐减弱的原因之一。影响教师责任心发挥的最重要原因还是教师工资按时足额发放没有得到切实保障，这已经成为农村教师人心浮动的首要原因，直接影响农村学校教学质量的稳定性。

（5）学生眼中的教师

E. 金指出："教师不像是舞台上的演员，没有人为他们提供精彩的剧本，没有人为他们提供乔装打扮费用，更没有人为他们提供陶冶情操和审美情趣的剧场，有的只是日复一日、年复一年在学生面前不得不面对的各种无人支援的困境。"① 在困境中挣扎的农村教师的消极心态对学生会产生各种负面影响。

很多从农村考到高等学府的大学生都对自己取得成绩的历程感到心酸，因为他们付出了数倍于那些城里的孩子的努力才换来同坐在一个教室的权利。而在那些艰苦奋斗的过程中，他们回忆自己的老师常常是大气不敢出、满面愁容的样子。课堂上对于城市优势文化的宣传和农村乡土文化的贬抑使学生从小就有一种自卑感，到了大学就表现得更为强烈。有很多大学生认为，教师塑造他们自信心的价值要远胜于书本中知识的价值。

沃勒发现："教师将大部分教学视为说教，教师在所操控的课堂里把他们屈从于权威的不良影响传递出去，侵蚀了创造的源泉。"② 笔者对学生的访谈也证实了这一点，农村教师的形象不再像过去的年代在学生的心中那么高大，他们认为他们的老师似乎是受气包，在校长和村干部面前，在家长心中都是没有获得多大尊重的角色，在公共领域空间也没有多少发言权。教师的权力似乎除了课堂以外，再没有行使空间了。

通过对一些学生的访谈发现，他们对扎根在贫困农村中的老师并没有太

① Roland Meighan. *A Sociology of Educating* [M]. Holt. Rinehart and Winston，1981：41.

② Peter Woods. *Teacher Strategies* [M]. Croom Helm London，1980：134.

多感恩的心情。他们认为，只要有机会和魄力，教师就会跳槽离开他们。每年总会有一些教师努力以不同方式调离学校，或者通过公务员考试，或者受到一些城市待遇优厚的学校的吸引。教师对学生未来所持的悲观态度使他们常常在认为合适的时机选择离开教师岗位，逃避对学生本应担负的教育责任。

附件：一个语文教研员的从教经历

进修学校有一个语文教研员为人特别热情，每次见面总是要拉着我到她家做客。后来经过接触知道她经历很坎坷，这是她应邀写给我的关于她的成长历程、教育背景和从教生涯，在这里可以感受到一个农村教师奋斗历程的艰辛：

人生在世，经历各异。

要了解我的人生，得从童年谈起。每个人都经历过童年，每个人都希望自己的童年充满快乐和幸福，然而，我的童年乃至迄今却饱含着无尽的苦涩和辛酸……

我五岁之前是很幸福的，父亲是梅河口市供销社的会计，当时米、面、油都由供销社供应，父亲视我们为掌上明珠。然而，正当我们沉浸在温馨和欢乐的幸福之中时，1964 年父亲突然病故。当时我才五岁，还有两个弟弟。母亲领着我们姐弟三人相依为命。由于没有经济来源，加上我奶奶去世时欠下外债，所以生活很难维持。为了生存，在父亲病故三年后，经人介绍母亲领我们姐弟三人来到继父家。到这后，母亲相继又生了四个孩子。全家九口人。继父没有多少文化，是个粗人，经济条件又不好，所以总觉得我们姐弟三人是额外负担，不想让我们读书，说出来又怕别人笑话。因此常常酗酒引起事端，找茬拿母亲发泄，我们规劝便连我们一起毒打。母亲亲身体验到没有文化的痛苦，宁可自己多受累，也让我们读书。我很懂事，很理解继父，更心疼母亲，回家后，总是抢着做一些力所能及的活。等到了中学，作业量大了，白天也不敢看书，有时上园子里做活时，把记有需要背诵的笔记本揣在兜里，或别在园子栅栏上，看一眼，边干活边记，消化了，再看一眼。白天看书困难，晚上学习也不容易。全家人挤在一间屋子里，南北炕。父亲说点灯睡不着觉，只得等父亲睡着了再偷偷披件衣服上厨房去看。曾记得有一回，在锅台看书，不慎将油灯碰倒（当时没有电灯），煤油撒了一锅底，父亲闻到后接连责骂数日……为了使父亲少发脾气，凡是我能做的活，宁可让父亲待着，我去干。平时从来没有玩的时间。为了把书念下来，我在周末或寒暑假，别的孩子玩的时候，我去生产队干活挣工分。春天蕨菜下来，秋天蘑菇下来，杏条成熟时，常常早上天不太亮，别的孩子还在熟睡的时候，我和几个小伙伴就从家启程，不管采了多少菜或割多少杏条都急急忙忙赶回来上学。等到卖了钱我一分都得不到，就连买卫生纸的钱都得现用现要……由于我亲身参加劳动，使我体验到了劳动的艰辛，更加奋发读书，我认为只有读书才有出路。再加上我自尊心、上进心特强，记忆力也很强，学习很努力，所以成绩很突出。从小学到高中毕业我始终是一、二或三名。当时我、林汇川、申得江我们三位拉锯，他俩数学成绩比我好点，但语文我落他俩一大截。我不偏科，各科都好，可以说是各科老师的得意门生。我不仅学习好，而且品德也好，从小学到高中始终是班长、学习委员，校学生会成员等。只可惜我们所处的时代不行，当时农村学校提倡半耕半读，即半天上课，半天劳动。广阔天地上课堂，大打社会主义大算盘，只是在我们毕业后半后才走上正轨，所以高考时我们班乃至公社所在地中学都全军覆灭。于是，公社所在地中学马上办补习班，指名要兴胜中学的我和林汇川（申德江中途转学到街里念书）。但我的家庭怎么能允许我补习呢？郭德明（原是兴胜中学的，后到影壁山中学）去我家几次，都被父亲拒绝了。当我听到林汇川补习一年后考上D县师范的消息后，偷偷地哭了数次。毕业后，我马上到生产队劳动。几个月后，恰巧兴胜中学缺代课老师，当时想去代课的有三个人，即我、大队会计的儿子、生产队长的儿子。论社会背景，我啥背景都没有。但好在我们几个都是兴胜中学毕业的学生，无论是学习成绩，还是思想品德，我都强他们很多，这些学校领导们都了如指掌。他们的恩情我至今未忘。没有当年的代课，就没有我的今天。上班后，我工作勤奋认真，领导、老师、学生非常赞许。1982年，我由民办老师考入D县师范读书，怀着对家乡父老乡亲的感激和对家乡山山水水的眷恋，1984年毕业后又回到了兴胜中学（我的母校）任教，担任班主任，从事语文教学。本想扎根在此一辈子，但由于1987年家庭变故，想改变一下生活环境，于1989年调入县第五中学。1991年调入进修学校直至现在。自从担任语文教研工作以来，才回到了我的本行，心情好了许多，从2003年2月24日公布之日起，我把那“剪不断，理还乱”的烦恼抛到九霄云外，把全部精力都投入到工作当中。为了尽快熟悉课标、教材，我于2003年3月2日顶着大雪买了一台VCD，利用早晚、周末、节假日等时间反复看碟、看书，亲临一线听课、学习，从此精神大振，正以饱满的姿态迎接新的挑战。

第六章　教育卸责的规避：走出“囚徒困境”

上述几章重点分析了以卸责为表现的各种委托—代理问题，这些问题主要表现在“逆向选择”（城乡分治的教育政策）和“道德风险”（地方教育政策的执行阻滞）两个方面，它们使农村教育改革面临一种“囚徒困境”①，我们下面来具体分析这些博弈情况。

一、委托—代理问题造成的“囚徒困境”

在目前这样的实际状况中，农村教育会有哪些出路呢？我们不妨站在目前的农村教育的真实处境中作一些可能的假设。

假设一，农村教育继续低质运转，这显然是不允许的。因为目前农村教育已被确立为国家重中之重的战略发展地位，若是不通过教育来提高农村劳动力的素质，农村现代化就无法实现，从而阻碍整个国家现代化发展进程，所以农村教育的现状必须改变。

假设二，改变农村教育现状，其教育投入缺口必须有资金弥补。其途径有二条：一是应以中央政府为主，各级地方政府帮助解决；二是从农民那里解决。从第一条途径来看，多数县级政府的财力有限，无力承担农村教育庞大的支出需要，而中央政府的投入没有到位，尚未解决这一缺口。从第二条途径来看，即使农民还像以前那样同意“人民教育人民办”，也只能是继续低水平地维持农村教育的运转，改变不了农村教育日趋衰微的趋势。

假设三，通过继续推进农村教育人事制度改革，淘汰不合格的教师，有助于教育质量的提高，但是低工资无法吸引优秀人才加入到农村教师队伍中来；并且以“稳定为主”的各项改革必然会因为触动太多教师的利益而受阻，继续推进人事制度改革的代价高昂；继续任用这些不合格的农村教师将

---

① 所谓“囚徒困境”，是假设作案的两个囚徒，被分别关押在两个不同的房间里，彼此不能沟通，这就让两个囚徒陷入沉思。因为如果二人都不招供的话，可以都无罪释放；而其中一个招供另一个不招供，则招供者只判一年徒刑，不招供者有十五年牢狱之苦；如果二人都招供，则要关押十年。这样，到底是招供还是不招供就成为两难选择。应该说每个囚徒都知道这三个选择意味着什么，但是由于二人没有沟通的机会，所以两个人都无所适从。社会学借用这一话题来描述个体的理性与整个社会的非理性的对比。

会以耽误一代或几代人的前途为代价。

假设四，停止推进农村教育各项改革，这又抛开了讨论的前提。因为现在讨论这个两难选择，其前提就是必须通过推进各项改革来提高农村教育质量。

从上面四种假设可以得出两种选择思路：一是继续推进农村教育各项改革，让农村教育不能维持正常运转；二是停止推进各项农村教育改革，维持农村学校的低水平运转。这就使农村教育改革陷入“囚徒困境”，集中暴露了中国农村教育的深层次矛盾。那么，究竟该如何走出农村教育的这种“囚徒困境”呢？

“囚徒困境”的产生与信息不对称有着密切关系。“信息不对称”理论是由约瑟夫·斯蒂格利茨、乔治·阿克尔洛、迈克尔·斯彭斯等三位美国经济学家提出的。2001 年，这三位经济学家因这一理论的提出揭示了“信息经济的核心”而获得了瑞典皇家科学院颁发的诺贝尔经济学奖。简单地说，所谓“信息不对称”就是在社会生活中，个人与个人、团体与团体、个人与团体之间由于各自掌握的信息量的不同而导致的有人受益、有人受损的情况。有时个人或团体会为了自己或集团的利益，抱着“民可使由之，不可使知之”的态度，控制关乎别人利益的信息的有效传递。“如果代理人得知，委托人对代理人的行为细节不很了解或保持着‘理性的无知’，而自己能采取机会主义行为而不受惩罚，那么代理人就会受诱惑而机会主义地行事。”①

在农村教育中，存在着很严重的信息不对称。通过前几章的分析可以知道，农民家长对关乎自己利益的各项教育政策的信息了解甚微，这是一种典型的信息不对称的现象，但这也只是我们看到的最表层的信息不对称。更深层次的，农民甚至对教育和教育资源本身也了解不多，并且缺乏对政策执行的有效监督渠道，中央对地方教育政策执行情况也受信息不对称的影响，地方机会主义不能得到有效控制。在信息闭塞的农村学校，道德风险更是频频发生。信息对称与否和在多大程度上对称，不仅决定着公民个人利益的得失，而且决定着公民法定权利能不能切实地得到落实。这种权利能够分享到什么程度与以什么方式分享都需要制度和机制来保障。

这种现状的形成与“不对称”的“委托—代理”机制有密切的关系。我们先来分析这三层“委托—代理”关系。

---

① ［德］柯武刚，史漫飞．制度经济学：社会秩序与公共政策［M］．北京：商务印书馆，2000：79．

第一层委托—代理关系存在于农民家长与中央政府、教育部之间。在这层“委托—代理”关系中，农民家长作为“初始委托人”将其子女接受教育的权利和所需资源委托给中央政府、教育部经营，教育部作为农民家长所需的教育服务的“教育代理人”提供满足其教育利益的服务。在这层关系之中，我们发现农民直接将子女接受教育的权利以及教育资源委托给了国家，但是，国家作为代理人，在履行其代理人职责的时候却至少经过了地方政府和学校这两级多层的环节，才间接地将其对委托人农民应当履行的职责惠及农民。在分析这两级换届的时候，我们发现，学校如果按照某种意义看做教育资源的话，那么，层层级级的政府就是国家进行教育资源配置和使用的主要中间环节。这样我们就会看到，这一层“委托—代理”关系实际上呈现为“D”字形，“D”的“|”就是农民对国家的直接委托关系，而“)”就是由层层级级的政府组成的中间环节。这里的“)”有点类似于现代生产方式中的“发包”行为，笔者认为这种方式的合理设置可以更加有效地提高行政效率。但是，在农村教育的具体实践中它成为政策施行的阻碍。同时，实践中的政策隐瞒和隐性受益者也主要处于这一环节。仔细分析个中原因，这里的“)”过于冗杂以及其中的制度设计不合理是根本原因。从第一层的“委托—代理”关系中我们发现在“D”的“|”和“)”的不对称结构中发生了信息的不对称。

第二层委托—代理关系存在于中央政府、教育部与地方政府和教育行政部门之间。在这一层委托—代理关系中，中央政府、教育部作为“中间委托人”，地方政府（省、市、县、镇）、地方教育行政部门作为代理人（如果具体细分，又可以形成三层委托—代理关系），执行中央政府及教育部的各项政策，并且提供地方教育公共产品。在理论上，在这组“委托—代理”关系中，中央政府是委托方，将教育资源委托给地方政府，而地方政府是向地方教育履行其代理职责的，也就是说，他对代理人负责的方法就是对地方教育履行其当尽的行政职责。因此，委托人国家要对其代理职责进行评估的话，就必须对其范围下的地方教育进行了解。如果中央政府可以对地方教育有一个完全的了解和评估，那么这两者之间就是无差别的。如果从委托的方向来看，这组关系很简单，就是中央政府指向地方政府，但从代理问责的方向上，却比前者复杂，要建立明确的问责效力，则需要在中央政府和地方政府之间加上中央政府对地方教育了解和评估。而在这一层关系中，我们发现，最薄弱的一环就在这里，往往中央政府对地方教育的了解都是通过地方政府，这又为这一环加上了迷幻色彩。其中的原因很复杂，有目前行政体制的原因，更深的就是我国政治伦理中的“道德人”假设。但无论怎样说，这一环的薄弱造成了这一层委托代理关系中双方信息的不对称。

第三层委托一代理关系存在于地方政府和教育行政部门与学校之间。作为这一级的代理方，为了自己的利益，学校受到地方政府和教育行政部门的委托。地方政府和教育行政部门往往要求学校达到中央政府和教育部的办学要求，但另一方面为了卸责，它往往会将一些原本应该给与学校的资源隐藏起来不给学校。学校要想知晓这一点只有两个途径：一是通过农民因学校资源不足伤害了教育质量而向中央政府问责而了解，这一条路在现实中显然走不通；另一条路就是地方政府和教育行政部门自己告知，但它为了自己的利益，也为了隐藏交易费用，更好地卸责，肯定不会告知。因此，学校相对于地方政府和教育管理部门实际处于信息不对称的状态。

信息不对称存在于这三层委托代理关系的每一个层面，而这些不对称直接导致了农村教育的囚徒困境。

二、解决委托一代理问题的途径

通过上一节的分析不难看出，要想解决或减轻囚徒困境有一个有效的方法，就是简化现行的教育管理体制，通过减少环节来减少信息不对称，降低交易变量的不可知。但是，改变体制在短期内显然很难做到，因此，笔者在现有体制不变的前提下，提出六个方面的建议，试图最大限度地使现行体制的各个环节透明化，减少信息的不对称。

（一）削减行政层级，施行政务公开

在本书的分析理路中不难发现，在农民和学校之间竟然经过了三重委托一代理的关系才建立了联系：农民与国家、国家与地方、地方与学校。卸责往往都是发生在这些中间环节中。卸责现象所以发生，一个很重要的原因就是农民与学校之间出现了繁杂的中间环节，以致农民与直接向其提供教育服务的学校之间的委托结构需要经过几道环节才能达成。这种环节的繁杂其实也是问责无法落实的一个很重要的原因。当农民意识到学校提供的教育服务不能令自己满意时，他并不能直接找学校，这是因为学校并没有受农民的委托，所以就无需对农民负责，它负责的对象是地方政府。那么农民应当去找谁呢？理论上应当去找他将自己的教育资源和权力委托的对象——中央政府，中央政府也无法直接问责地方学校，而应当去找它的委托对象——地方政府（此处还省略了地方政府这一概念中存在的省、地区和县、乡之间的层

级关系)，最终只能这样一层一层地“转交”下去，才能将问题解决。这种繁杂的委托代理环节其实增加了农村教育问责的难度。其实这也只是一个理想的状态。事实上，农民问责的第一步，向中央政府问责就很难做到。因此，削减行政层级，简化繁杂的委托—代理关系，使问责能一步到位势在必行。

其实，无论是中国传统中的私塾教育还是西方传统中的家庭教育(Home School)，都是农民与学校之间直接的委托—代理关系。现代教育体系中，西方许多国家虽然存在所谓国立学校，但学校是向由学生、教师、家长等组成的理事会之类的机构负责，它的管理事权也在这类机构手中，这就避免了繁杂的问责环节。有些国家和地区，例如香港，是由大量的第三部门来主办教育，因此也避免了通过繁杂的政府的行政环节来问责①。

繁杂的委托代理环节除了带来问责难的问题之外，还带来上文分析的信息不对称。笔者在此主要指发生在农民和中央政府之间的信息不对称。农民将其资源委托给中央政府是直接的，并且也按照法律所依，很难对中央政府存在信息不对称；但是，中央政府对农民履行其代理人义务时，要通过各级地方政府和学校，而且行政拨款、资源配置等往往以公文形式。在这一过程中，无论是农民了解中央政府的教育作为，还是中央了解农村教育的实际状况，这些信息都很容易在这些中间环节中被异化。因此，在现行的教育体制下，要想消解或者弱化农民和中央政府之间的信息不对称必须要从这些中间环节入手。

政务公开和公众参与是在现有教育体制中消解信息不对称在各层教育委托—代理关系中造成危害的一种可行性较强的方法，它可以降低对各个层面教育行政人员进行监督的成本。政务公开和公众参与也会增加各级政府及教育行政部门的效能（政府确定的一项公共政策能够在预期的时间里推广贯彻）和效益（政府运作的有限资源运用得恰到好处，产生最好的公共效应)②。政府信息公开制度是一个政治约束较强而且与国家意识形态传统紧密联系的制度建设。它一方面要遵循一个国家的政治、经济和社会等的基本制度安排，具有强烈的路径依赖的特征；另一方面，由于信息已经成为一个重要的生产要素，信息资源的开发已经成为衡量一个国家发展水平的重要标

① 教育资源是否应当由政府来控制，还是政府仅仅应当在宏观上进行法律上的规范？这是一个值得思考的问题。盼望将来能够对这一问题进行理论、历史、比较和实践层面的省思。

② 丁学良．“政府公开与公众参与”学术研讨会书面发言［J］．清华社会学评论：2002 年卷．北京：社会科学文献出版社，2003：413～414．

志，但必须具备相应的立法基础[①]。当前，政府和教育行政部门信息公开制度构建的标志最终都表现为专门的政府和教育行政部门信息公开法律的制定，这方面我们应该学习西方发达国家信息公开的经验。信息是一种权利，公开信息实质等于一种权利的社会分享过程，这对于农村教育的意义尤为重大。

（二）话语权的寻回：重建教育利益表达的激励机制

话语是一种关于语言传达和交流的社会实践活动，它借助于语言、含义、符号等形式在言说者和受话人之间进行意义交流。后殖民主义理论认为，语言不仅是人们进行交流的主要工具，而且体现了一种权力结构，强调通过对文本——一切渗透着人的活动和价值的事物或作品，包括所有的文字资料的分析来研究权力支配关系。后现代主义认识到观念、知识、再现和意识形态等话语在社会及权力组成方面具有重要的作用，指出权力政治的现实始终是由文本和一定的再现方式构成的。在这些思想中，福柯的话语权力理论是其核心话题，使话语权分析由显在的具体的权力运作方式深入到隐秘的一般的权力运作方式。统治者对文化和思想观念的控制，不是通过外在强制而是通过教育、舆论和精英共识等方式促使被统治者的自觉认同和效仿来实现的。正如马克思所说，“通过传统和教育承受了这些情感和观点的个人，会以为这些情感和观点就是他的行为的真实动机和出发点”[②]，由此而丧失社会压迫的意识，最终沦为其统治的附庸。

“谁在说话？在所有说话个体的总体中，谁有充分理由使用这种类型的语言？谁是这种语言的拥有者？谁从这个拥有者那里接受它的特殊性及其特权地位？反过来，他从谁那里接受如果不是真理的保证，至少也是对真理的推测呢？这些个体享有——只有他们——经法律确定或被自发接受的讲同样话语的合乎规定的传统权利，他们的地位如何？”[③] 话语不仅意味着一种言说方式，而且意味着对言说者地位和权力的隐蔽性认同。福柯的权力话语理论使人们对文化权力的分析从具体的操作层面深入到语义分析的领域，进一步看到了语言与权力的密切联系。福柯以话语作为切入点，进而发现话语的真理和权利的栖息之所不在于被谈论什么，而在于谁谈论它和它是怎样被谈论

---

① 王春颖．政府信息公开与信息资源开发的法律基础［J］．清华社会学评论：特辑2．厦门：鹭江出版社，2000：216．

② 马克思．马克思恩格斯选集第1卷［M］．北京：人民出版社，1995：611．

③ 米歇尔·福柯．知识考古学［M］．谢强，马月译．北京：三联书店，1998：62．

的。从政治方面来看，“谁在说”是一个代表性的问题，“怎样说”是一个思维和表达的问题。因此，话语权实际包括两个方面：从外在形式来看，它意味着每一个主体都有权由自己来表达自己的思想、意志和要求，除非自愿委托，是不能由别人代替的；从内在内容来看，每一主体都能独立地以自己的方式进行思维和表达。后者是前者的基础；前者是后者的具体表现形式。只有在二者都受到法律的规定和保护的前提下，个体才有资格和热情参与政治，从而形成和维护一个更具公正合理的秩序，促进社会的民主进步。

由于思想和言论自由对社会发展具有如此重要的意义，所以人们不仅把它当成一种信念，而且把这种信念用法律的形式加以确认和保障。对于许多现代国家来说，其法律条文已经确认了言论自由的权利。但从实践来看，这种权利大多还停留在社会生活层面的“有权利说”（The right to speak）上。“在现代国家的场景中，至关重要的是，不同群体以话语方式形成表达其利益的政策或方案的能力，并在公共领域中开辟出宣扬这些政策或方案的能力。”因此，作为一种现代社会政治权利，仅仅“有权利说”是不够的，还必须能够在公共政策的制定中“被倾听”得到。因此，随着实践和理论的发展，其表述进一步完善为“有权利说且被倾听”（The right to speak and to be heard）。这就不仅需要在理论上更需要在制度安排和机制运行中得到确实体现。话语生产一般是由权势集团控制和选择的，其目的是消除对其权力合法性的威胁。通过一定的话语方式进行自我认同和利益表达是现代政治参与的必要环节①。

“沉默的公民或许会成为独裁者的理想臣民，但对于民主制度来说，却是一场灾难。”话语权不仅是一项基本的人权，是社会文明进步的标志，它也是一个人具有主体意识的重要表征。如果一个人的话语权长期处于负强化的状况下，他就会处于“失语”状态，并由此产生一系列的消极反应。

因此，要保证利益群体能对权力行使者运用权力的行为进行充分而有效的监督，而这一监督的最终成功离不开利益群体对政治过程的有效参与，以权利制约权力。利益群体的政治参与水平和质量就成为衡量不同政治形态中民主发育程度的重要标志。这有赖于政治体系能够对希望参与政治的利益群体提供参与的制度化通道。然而，政治体系整合利益群体“输入要求”的制度化进程由于种种原因有其发展的长期性、渐进性。现实的政治制度化程度与参与扩张、输入激增的落差就使政治不稳定取得了一个当然的成长理由。

---

① 阮建平．话语权与国际秩序的建构［J］．现代国际关系，2003（5）：31～33．

特别是利益表达途径的不完善、利益协调机制的不健全，利益群体的参与愿望和要求就往往会由于受其限制而不能正常实现。在这种情况下，利益群体就有可能越出制度载体的承受界限，转向制度外渠道表达这种诉求，向政治体系施加外部压力，从而形成“输入超载”，造成对政治稳定的冲击。特别是社会上的弱势群体，为了获得社会的重视和尊重，往往会采取一些体制外的方式来表达这种意愿①，像教师上访、学生辍学等都是体制外的表达方式。下面，我们来探讨在每一层委托一代理关系中建立使每一个利益群体的声音都“有权利说且被倾听”的利益表达机制。

1. 建立农民家长联合组织：不再用辍学投票

农民各种问题的关键症结是权利贫困的问题。农民的权利贫困包括参与权利的贫困，也就是用手投票的权利的贫困，这一点我们已经在第二章作了充分论述，下面要探讨的是迁徙权利的贫困，即用脚“投票”的权利的贫困。

经济学家查尔斯·蒂布（Tibout）提出了一种解决公共产品最佳供应和显示机制的方法：人们可以根据自己对公共产品的偏好决定自己居住在哪些地区，实现自由和无成本的流动，这时资源也能达到最佳配置。当一个地区长时期公共支出缺乏，人们就可能“用脚投票”的方式显示自己的偏好，退出该地区，搬到其他适宜的地区居住。原来地区的人均教育成本则加重，农民家长与政府教育行政部门的矛盾加深，迫使双方解决这个问题。在中国城乡壁垒森严的现行户籍制度和土地政策下，多数农民家长没有“用脚投票”的机会。

在现代社会中，尤其是知识经济时代，教育具有个人社会地位分配器的作用，基础教育是培养合格公民的基本前提。所以，政府应不断加大对教育的投入，应使九年义务教育真正名副其实，使众多的农村适龄儿童获得对他们个人社会化至关重要的教育机会，不能使那些因为贫困而处境艰难的孩童再失去走出困境的机遇，这是政府应尽的义务和职责。但是，“被支配者很少能摆脱支配的二律背反或对立关系。比如说，像威利斯分析的英国工人阶级小青年那样，通过嬉戏胡闹、逃学旷课直至犯罪来反对学校制度，就是将自己排斥在学校大门之外，就是不断把自己固定在被支配的状况上。反过来，通过承认学校文化去接受同化，也会被这个制度所笼络。被支配者常常

---

① 李承，杨超. 当代政治发展视野中的利益群体分析 [J]. 江苏社会科学，2001 (5)：65～66.

是注定陷入这种困境的，也就是注定要在这两条路中作出选择”①。

对于农民家长而言，通过升学改变孩子的命运是“最优选择”，切望子女求学的父母显然持有“学而优则仕”、“唯有读书高”或其他某种看重读书的价值观。但还是有许多农民家长选择放弃这种宝贵的机会，这常被我们视为一种非理性的行为，郑也夫认为对于这种非理性行为可以进行代价评估②。其实农民也是经过理性算计的，这种理性算计受制于他们的价值观，他们选择用“辍学投票”是基于机会成本的考虑③。这种后果将造成国民素质的降低和农民命运长期无法得到改善。

因此，需要建立一种机制来改变这种消极的理性亦或非理性的行为，农民需要通过自我组织来保护自己的权利，从 2004 年中央 1 号文件也鼓励农民建立专业合作组织。据此，笔者倡导建立农民家长联合组织，它可以满足表达农民家长利益诉求和期望、维护自己利益、制约基层政府不良侵权行为的需要。作为国家代理人的各级政府（尤其是基层政府）向来就不可能完全做到这一点。一方面，作为无人格化的国家机构，各级政府有推动社会发展和进步以满足其最终代理人——全体人民需要的利益动机；另一方面，各级政府又是由具体的人组成的，其作为社会群体具有各自不同甚至相互矛盾的利益期求。因此，不同层级的政府既有通过满足最终代理人的利益而实现自己一般利益的期求，也有通过违背甚至损害最终代理人的利益来满足自己特殊利益的可能，由此而与社会甚至在不同层级的政府之间也产生了诸多矛盾和冲突。在政府和社区的互动中，如果农民家长没有一定的组织依托和利益表达机构，那么必将导致双方力量失衡和互动结构不对称。政府可以通过官方文件和组织系统将自己的要求垂直有效地传达给学校，学校再传达给农民家长，如各种收费项目。农民家长对自己利益和意见的诉求与表达则缺乏制度化的渠道。处于分散化状态的农民家长面对高度组织化的以“国家”和“政府”面目出现的侵权行为，如果以单个的名义进行抵制，实在是微不足道。因此，要维护自己的利益，分散的农民家长必须组织起来，利用组织和团体的力量，方能形成对侵权行为的有效制衡。这样，农民家长就能凭借一定的组织力量，加强与外部力量的对话能力，并对其侵权行为进行更为有效的申诉和抵制。由此看来，具有足够自治性并能够充分代表农民家长利益的

---

① ［法］皮埃尔·布迪厄，［美］华康德．实践与反思［M］．李猛等译．北京：中央编译出版社，1998：115～116．

② 郑也夫．代价论．一个社会学的新视角［M］．北京：三联书店，1995：10．

③ 见第四章附件：学生辍学访谈录．

联合组织是促进农村教育发展的必要条件①。

在预防和抵制政府侵权的同时建立农民家长联合组织也是希望通过整合家长力量监督学校提供的教育服务的质量，并且利用各种渠道向各级政府反映他们的教育需求。通过培养农民家长对于教育公共事业的参与意识，使其能够行使自我利益表达的权利。要实现这一目标，就需要由农民家长自己选举组成农民家长联合组织对教育公共事务进行管理，并代表全体农民家长与政府互动。因为没有一定的社区组织，农民家长则将缺乏参与网络和沟通媒介的能力，无法持续交往，互信互惠的规范也将难以形成，优质教育公共物品则无从提供。

2. 地方政府参与中央政府教育决策的机制

从利益角度来说，建立地方利益表达与平衡机制主要是调整国家利益与地方利益的关系。随着市场经济的发展，地方利益会越来越凸显出来。就现实而言，地方利益有共性的一面，也有特殊性的一面；就全局和长远发展来说，地方利益都是客观存在的，是必须加以正视的。既然地方利益是客观存在的，就需要建立地方利益的合理有效的表达机制。事实上，有地方利益存在，就有一个地方利益表达的问题。没有正常的表达渠道地方利益就会通过非正常渠道表达，这导致地方之间不公平竞争等一系列负效应的产生。为了克服这些负效应，使地方利益能够得到及时有效的反映，同时也为了实现中央决策的科学化和民主化，就必须通过体制改革和制度创新，建立科学合理的地方利益表达和平衡机制，扩大地方参与中央决策的概率②。在教育领域中，中央和地方的关系主要体现在“以县为主”以后的利益协调上，建立一种责、权、利对等的对话机制是解决这个问题的关键所在。

3. 以教师为权利主体的话语表达机制的建构

当前，教师的专业管理方面主要是由各级教育行政部门承担，如教师资格的认定及其证书的发放；制定教师资格任职标准；教师任职资格的认定及其证书的发放；对学校开展的教师教育教学业务检查与考核工作进行监督等。在教师的工资、福利待遇（包括医疗、住房、退休后的生活保障等）、教师的科研经费和培养培训经费等问题的落实上，属于各级政府和有关行政部门的管理范围。1995 年 10 月 6 日印发的《关于〈中华人民共和国教师法〉若干问题的实施意见》就是对地方各级政府如何贯彻实施《教师法》提出的

① 李友梅等. 城市基层社会的深层权力秩序［J］. 江苏社会科学，2003（6）：66.

② 汪雷. 转型时中央与地方关系建构的路径分析［J］. 中国行政管理，2003（8）：30.

指导性意见，明确了地方各级政府的有关权限和责任。地方权力机关和地方政府可据此实施意见制定本地方的《教师法》实施细则。教师权利和义务实现的条件如何在很大程度上取决于行政措施是否完善和得力。制定行政措施实质上是一种行政立法活动，有其特定的程序。但在学校内部关涉教师利益的各种规章制度，1995 年《中华人民共和国教育法》第三十条第三款明确规定："学校及其他教育机构应当按照国家有关规定，通过以教师为主体的教职工代表大会等组织形式，保障教职工参与民主管理和监督。"教职工代表大会制度是我国教育民主管理制度之一，通过这种制度形式来保障教师参与学校或其他教育机构的民主管理与监督的权利，学校或其他教育机构制定的内部规章制度必须经由教职工代表大会讨论通过才具有合法性。因此，学校教职工代表能够最直接地反映教师的利益和要求，是保障教师权利和义务的重要组织形式。

但实际上，教职工代表大会并未在学校形成应有的权力体系，很多农村学校教职工代表大会的职权没有落实，教职工代表大会形同虚设，作用没有充分发挥出来，教职工普遍没有享受到民主管理的权利，长此以往使很多教师对教职工代表大会的存在及其工作情况不再关心。根据《工会法》第十八条，教育工会作为教职工利益的代表者和维护者，对教师的有关权利和义务实现作用的发挥，具体通过以下两方面实现：一是参与聘任合同的签订，代表教师与学校协商劳动条件（包括工作条件和劳动保护），明确学校与教师之间的权利和义务关系；二是参与雇佣纠纷的解决，在教师聘任期内与学校之间发生劳动争议时，教师可向教育工会提出申诉，由工会出面代表教师与学校协商解决办法。但在实际工作中，学校教育工会的工作力度比较弱。

这与校长负责制有一定的关系，因为校长是最终决策者，而非教职工代表大会，这种体制在一定程度上造成教师缺乏参与热情。而且教职工代表大会的权力缺乏法律切实保障，无论是《教育法》还是《教师法》都没有明确规定教职工代表大会的权力范围和教师参与教代会的资格和程序。校长负责制常常是长官意志的体现，校长行使的权力并不能反映学校集体共同利益。校长权威的树立并不是以学校成员确信他能够代表大家共同利益的信任为基础，而是建立在他所处的职位和掌握的权力上，这就使校长负责制常成为教职工代表大会权力有效行使的羁绊。

要想改变这种局面，必须充分认识到教职工是学校实行教育教学改革的主体，学校的决策管理要面向广大教职工增加透明度，实行校务公开，使广大教职工知校情，监校事，参与学校的决策管理，尤其是涉及学校发展方向和自身利益的规章制度的制定。建立一种以教师为主体的话语表达机制具有很强的激励作用，它可以充分挖掘教师的内在潜力，最大限度地激发全体教职工的主动性和创造性，提高和完善教师的综合素质，使学校具有强烈的民主氛围。

同时要从法律的角度保障教师权利。我国目前教师权利的救济处于相当薄弱的状态。我国的教育法律属于“责任立法”模式，强调违法责任的追究而忽视权益受到损害时的救济。虽然教师申诉制度是《教师法》中为教师确立的一项专门性的救济制度，但需尽快解决受理机关不明确及缺乏有效监督的问题，完善人事仲裁制度，使中小学人事制度改革能在法律规范中顺利推进，并建立与教师申诉制度、人事仲裁制度相配套的诉讼制度，通过法律保障避免类似大规模教师工资拖欠等问题的再度发生。只有真正建立教师权利的有效激励机制，才能焕发教师的工作热情，提高教育质量。

（三）建立有效的激励和约束机制

委托—代理理论认为，在消解信息不对称的同时，还应该设计一系列激励和约束机制，这是解决委托—代理问题的关键。最有效的激励和约束应该是一种相容性机制（Compatible Incentive）。其理想模式是：教育代理人在追求个人利益最大化的同时，实现教育委托人利益的最大化；其现实目的就是要调试人们“对狭隘的短期的个人利益的追求”与“对参与交互作用或交易的其他人的权利的尊重和对明智的长期个人利益的追求”之间的关系①。相容性激励和约束机制的最有效性在于：一是因为这种机制的交易费用（即制度的监督成本）最小；二是因为只有当激励相容时，受约束的对象的主观能动性和创造性才能充分发挥，而道德约束对于制度约束来说将更有效率。

教育中的激励机制就是教育委托人拥有一个教育价值目标，这些目标可以是最小个人成本或社会成本约束下的最大预期效用，也可以是某种意义上的最优教育资源配置，教育委托人如何制定规则，使教育代理人都能使利己行为的最后结果与教育委托人的目标一致。要充分发挥教育委托人的功能，通过正导向和调控，将教育发展的外部条件作用于教育代理人，激发教育代理人确立发展的目标，将个人认识与行动、个人利益与教育公共利益统一起来，调动教育代理人的积极性和创造性，使有限的外部资源与教育发展的内

① 詹姆斯·布坎南．自由、市场与国家：80年代的政治经济学［M］．平新乔，莫扶民译．上海：三联书店，1989：127～128．

动力有机地融合，给教育代理人和教育发展创设广阔的前景，达到效益、公平与质量的统一，从而形成一个无限循环的、开放的、为达共同目标而相互影响、相互联系、相互促进的行为系统。下面，我们就尝试建立一种在教育中有效避免委托—代理问题发生的相容性激励和约束机制。

（四）悬起达摩克利斯之剑：建立教育问责的约束机制

公元前 4 世纪西西里东部的叙拉古王迪奥尼修斯（公元前 430～公元前 367）打败了贵族势力，建立了雅典式的民主政权，但遭到了贵族的不满和反对，这使他感到虽然权力很大，但是地位并不可靠。有一次他向宠臣达摩克利斯谈到这个问题，并且用形象的办法向他表明自己的看法。他为了满足一下宠臣达摩克利斯的贪欲，把宫殿交付给他，并赋予他有完全的权力来实现自己的任何欲望。这个追求虚荣、热衷权势的达摩克利斯在大宴宾客时，抬头看到自己座位上方的天花板倒悬着一把锋利的长剑，剑柄只有一根马鬃系着，眼看就要掉在头上，吓得他离席而逃。这时迪奥尼修斯王便走出来说道："（达摩克利斯头上）这把利剑就是每分钟都在威胁王上的危险象征，至于王上的幸福和安乐，只不过是外表的假象而已。"此典出于古希腊的一个历史故事，用来表示时刻存在的危险。

问责制犹如一柄达摩克利斯之剑使卸责群体或个人望而生畏。它是能影响政策执行人的行为动力机制，从而影响政策的实施效果。由于"搭便车"和机会主义行为是"经济人"行为的两大特征，人类设计各种制度来限制这两种卸责行为，其中就包含能够约束人的卸责行为的问责制度。所谓问责制就是在某项活动中针对相应的权力明确相应的责任，有权力就应有对等的责任，并对相应责任履行进行严格的科学考核，及时察觉失责，依据相应的失责度量对当事人追究责任或惩罚，靠"问"的"制度化"来保证"权责对等"实现的一种机制。

加强对权力运行的监督，不仅需要问责，而且需要将问责制度化。对这一制度的定位，应当注意把握以下三点①：第一，在责任制度体系中，问责制是责任制和责任追究制的中间环节。问责制的建立，在责任制和责任追究制之间架起了一道桥梁，为责任追究提供了一个便利的载体。第二，在权力运行机制中，问责制是授权和监权的功能载体。在某种程度上说，党员、领导干部最直接的授权主体是各级党组织。党组织受人民群众的委托，把权力

---

① 于顺华，黎大春. 问责应成为权力监督的重要抓手 [J]. 领导科学，2003（24）：40～41.

授予领导干部个人的时候，同时也把合理使用权力、正确履行职责作为附加条件交给了领导干部。为了保证领导干部正确使用权，尽职尽责，党组织必须对领导干部的权力行使状况进行有效监督。第三，在监督范畴上，问责制是同体监督与异体监督的有机结合。从主体和客体的关系来看，监督有两种：一种是同体监督；另一种是异体监督。所谓同体监督，是组织系统对其内部成员的监督；异体监督是指组织系统外部对其内部成员的监督。显然，问责制一方面必须充分发挥社会监督、群众监督、舆论监督等外部监督的作用，只要群众有反映，社会有议论，媒体有报道，组织上都可以据此实施问责追究。另一方面，问责制又必须考虑到组织监督特别是上级组织监督独特的权威性，充分发挥组织监督的牵头作用。对于来自社会各界的监督信息，要由上级党组织收集汇总、研究决定后实施问责，并根据问责情况，采取相应的后续措施，这样才能对领导干部正确地行使手中的权力产生应有的政治压力和制约作用。

到底最终由谁来问责？对于这个问题，2004 年温家宝总理在《政府工作报告》中已经作出了明确的回答。政府的一切权力都是人民赋予的。只有人民监督政府，政府才不会懈怠。作为政治实体的政府如此，它的构成要件各级政府官员（特别是党政领导干部）更是如此。但由于各种复杂的原因，我国各级政府盛行集体决策，并把集体决策作为决策民主化的重要形式。表面看来，集体决策非常民主，特别是通过会议的形式作出的决策，更能经得起事后的检查，因为《会议纪要》很详细地记录了哪些领导参加了会议。在这种情况下，会议的决定当然会被视为“集体智慧的结晶”。然而，由于种种原因，会议的结果常常是以主持人的意志为转移的，不一定能够真正起到集思广益的作用。主持会议的领导“力排众议”的惯用手法是：“领导先发言，是排除异己；领导后发言，是发现异己。”集体决策很容易演变成个人决策，有关决策失误的当事人只要在决策的过程中有了“集体研究”这个盾牌，基本上都能“逢凶化吉”，成功地避免法律的和行政的制裁。这是一个极大的漏洞，也是我们决策水平不高的重要原因。这种状况从反面说明了建立、健全决策的问责制度的重要性。决策的问责制度关键是责任到人①。

教育问责制，是指为公众设立的教育责任追究机制，主要是针对各级政府、教育行政部门及学校的工作人员在没有履行责任的情况下，规定的追究程序和进行法律救济的途径。它包含明确权力、明晰责任和经常化、制度化

① 刘润华．关于政府决策的思考［J］．国家行政学院学报，2001（5）：34～35．

的问责、质询、弹劾、罢免等方方面面，是一个系统化的吏治规范。它主要指对教育卸责行为的追究，还包括公众对政府行为以及政府本身的合理怀疑等方面，主要是通过教育申诉制度、行政复议制度、行政诉讼制度保障实施。建立教育问责制度，扫除“三大障碍”，尤为重要①：

第一，重新审视权与法的关系，消除权大于法的障碍，按照法的基本原则，政府权力须来源于法律，这就是常说的“法律不授权，政府无职权”。如果不依法行政，对内可能造成机构之间的侵权，对外就会直接危害人民群众的利益。在教育领域中，依法治教显得尤为迫切，教育行政部门需要通过更多完备的法律使人民的教育权益得到切实保障。

第二，重新审视权与民的关系，消除权力只对上级负责的障碍，人民既是国家权力的主体，但同时也是政府实施公共管理的社会基础和对象，这就使政府行使的权力与民众的关系有可能出现复杂的情形。就理论而言，政府行使的所有权力来源于人民这一道理，或许并不难理解。但是抽象的理论在实践中也许就会变成一种完全模糊不清的问题。例如，在绝大多数教育官员基本上或实际上由上级任命的情况下，如果处理得不好，权与民的关系就可能出现扭曲，即权力的行使和运用，首先并不是对学校与家长负责，而是对上级或者是直接给予他权力的部门、领导负责。如何把中央提出的“权为民所用，情为民所系，利为民所谋”真正落到实处，摆正权与民的关系，严厉查处那些滥用权力、危害人民群众教育权益的违法行政问题，就成为坚持依法治教，建立教育问责制的基础性问题。

第三，重新审视权与责的关系，消除只热衷于权力而漠视责任的障碍。教育问责制的核心，就是要通过一系列制度安排，使教育官员真正能够树立一种高度的责任和危机意识，并对那些由于官员个人行为失当，或者违法、渎职、失职等，在教育管理活动中造成的后果承担责任。这实际体现的是一种权力和责任的平衡。可见，要从严治教，建立教育问责制，就必须重新规范权与责的关系，从体制上建立起严格的教育公职人员责任追究制度，这就有可能使我国的教育管理活动真正步入一个从严治教的轨道。

问责机制的建立中还有一个很关键的因素，就是谁来问责。现在我们国家的制度设计中，问责方主要是由国家机构中的一部分来担任的。但是，从笔者的分析可以看出，在三层委托—代理关系中，代理方分别是中央政府、地方政府和学校。这三者中，前两者毫无疑问的是政府的一部分（甚至于在

---

① 汪玉凯．建立官员问责制要消除三大障碍［N］．文汇报，2004-05-20．

某种意义上可以说就是全部的政府），而学校也是国有的。现在问题就出现了，三层委托—代理关系中的代理方都是属于国家的，而现在问责方也是属于国家，这就重新呈现了在经济领域中曾经讨论过的问题——在足球场上，一个人可以既是运动员又是裁判员吗？因此，我们需要重新省察我们的问责机制。在制度伦理中一个很重要的观念就是谁赋权谁问责，而现在农村教育的问责权完全掌握在国家手中。诚然，在农村教育的问责体系中不能排除国家的参与，因为这当中涉及许多法律和法制方面的问题。但是，作为委托方的农民是否应当在问责中处于适当的主体性位置呢？这一问题值得关注。此外，农民如何（以何方式）参与到问责之中呢？再者，当国家在问责问题上卸责时，农民又向谁申诉？如何问责？这些问题都亟需思考。笔者在思考的过程中，结合政治哲学的研究，认为现代社会的一个典型特征就是公民社会，公民社会中大量存在的第三部门在一定程度上可以承担公共问责的职责。当然第三部门在行使这一责权时是有一定限制的，公共部门只应有责任评估和舆论监督的责权，而最终问责的执行还是属于政府的职能范畴。这一问题还需要大量的对公共问责机制的研究，笔者不再赘述。

（五）建立明确的教育资源所有权意识，建立明晰的委托代理机制

“明确的产权界定是市场交易的基本前提”，这就是著名的科斯定律。这一定律是新制度经济学的一个基本定理。它揭示了某人对一物的拥有是其在经济关系中拥有主权的必然条件，同时科斯定律从另一个视角也揭示出所有权的范围决定了责任的范围。建立有效的问责制的前提就是明确各方的责任和主权，尤其对于问责方而言，所有权尤其重要。按照科斯定律，只有从根本上申明委托方对教育资源的所有权以及所有权的范围，才能够建立起有效的委托代理制度。

（六）建立合理的制度伦理体系：信念伦理与责任伦理的结合

当然，在当代中国存在着这样一种困境：任何制度在执行的时候，其效力都会被各种各样的“潜规则”消解。任何的政策、制度能够得到有效的施行，其最根本的因素是人。

马克斯·韦伯在《以政治为业》一文中指出：一切有伦理取向的行为，都可以受两种准则中的一个支配……指导行为的准则，可以是“信念伦理”，也可以是“责任伦理”……恪守信念伦理的行为，即宗教意义上的“基督行公正，让上帝管结果”，同遵循责任伦理的行为，即必须顾及自己行为的可

能后果，这两者之间有着极其深刻的对立[①]。

长期以来我国对行政人员社会角色的制度规定暗含着“道德人”的假设，以前一直认为他们在公共活动中无条件地、全心全意为人民服务，认真遵循人民整体利益原则，而不带有个人私利。在这种乐观的人性假设之上，道德规范和思想教育成为唯一的约束激励机制。现实暴露出这种假设的缺欠，各种以权谋私、腐败现象丛生，使人们不得不重新思考行政人员的人性假设问题。公共选择理论是对“道德人”假设的挑战，它从个人主义方法论出发，用“经济人”行为模式分析政府的政治行为，为我们提供了一个崭新的视角，使人们不单纯从道德品质去寻找原因，而是转向设计合理有效的激励和约束的制度安排，引导官员的个人理性行为，作出与公共利益目标一致的选择。这并不意味着否认道德约束的力量和意识形态的作用。道格拉斯·诺思就曾经指出：意识形态是一种节约制度运行成本的机制。

刘小枫认为，政党伦理的正当性来自政党意识形态的理念。其中的“人民民主”理念成为道德生活的正当性根据，它反映的是“人民主权”的现代性原则。按照卢梭—马克思的设想，这种全体式的人民主权概念优先于个体的基本权利。依此建构的政党伦理提供的只是一个抽象的社会域的共同义务，对道德义务的规定并没有以对个体的基本权利的界定和保障为基础。各大传统宗教的伦理的终极论据都涉及个体的安身立命或获救，是与个体生命攸关的。因此，社会责任和道德义务的激励机制可依托于个体的基于自我权利的责任；相反，政党伦理则依赖于抽象的、总体性的“人民”理念本身。同样重要的是，在法律层面，由于政党国家对个体域（私域）的权利没有给予基本的、最低限度的空间，政党伦理就得不到个体的基于自我法权的自主责任意识的支撑[②]。

然而，抽象的“人民”一词并不能整体地表达他的意愿，因此，脱离了每一个单独的个体而讲人民的意愿，首先就是空洞的。按照社会主义核心价值观（富强、民主、文明、和谐）和社会主义最高价值观（人的自由全面发展的要求），我国的政治文明必然是向着更为具体的民生的方向发展，关注更为具体的单个的人的生存状况。以胡锦涛为核心的第四代国家领导人执政之后，一直都在推进稳健的执政思路和执政方略。无论是胡锦涛主席和农民一同包饺子，还是温家宝总理为民工讨工钱，都强烈地强调了这一执政思路

① 马克斯·韦伯．学术与政治［M］．冯克利译．上海：三联书店，2005：107．

② 刘小枫．现代性社会理论绪论：现代性与现代中国［M］．上海：三联书店，1998：523．

的转变。这也是十六大以来政治文明被提到与物质文明和精神文明同等重要的位置之后发生的巨大进步。因此，我们可以从我国的政治实践中看出，政党伦理虽然作为一种理想或者理念，而成为政党组成和存在的理据，但是，作为政治践行者的政党需要将这种政治理念贯彻到实际的执政实践之中去。作为理念层面的伦理，自然存在着一种“人民”理想，但是在实践层面，需要倾听和关注人民集群当中具体的个体来达致对“人民”群体意愿的了解。

作为一个社会性的存在，人总要处于与他人的关系之中并发生着各样的影响，以保证人类各样活动的进行，人在这种关系之中履行各种社会责任，这可以称为生存的“水平维度”，属于责任伦理的范畴；但同时，人还具备一种精神的超越性冲动，他虽依赖于周围的环境和人，但还具有自己独立的精神意志使其超越于既定的行为规范和社会模式，并寻求与一种超越于自身有限性的无限存在发生联系，这可称为生存的“垂直维度”，属于信念伦理的范畴。刘小枫认为，个体的自主责任的伦理意识基于在法律上得到保障的个人政治权利和宗教上得到保障的个体信念。因此，笔者认为，一种能获得个体主动责任感的伦理秩序需要建基于信念伦理，它是经过个体认信而组成的社会有机体，而非建基于强制性的国家或孤立的原子式个体上。在教育领域中，教育主体只有秉持坚定的信念才能更好地履行教育责任。完善的激励和监督机制的建立固然重要，但若非作用于人的信念系统就很难转化为富有责任感的行为，也不会从根本上杜绝教育卸责现象。

结　语

如今常存的有信，有望，有爱；这三样，其中最大的是爱。

（《圣经·哥林多前书》13 章 13 节）

一、不得不思考的问题：农村教育存在的价值何在？

再次回到本书开始引用的《中国的村落》一诗的意境，中国的千万农村已经成为一只被挤干了的乳房，我们无需谈论资源的情况，就是人员也是如此，“才舍下远游的学子，又道别打工的子弟”，到了农村你就会知道，如今留下的只是一些老人和儿童，青壮年要么考学，要么打工，而农村——我们灵魂的母亲，如今却成为一片“精神的弃地”。这就是当下农村教育的基本生态。可以想象一个图景：佝偻的老人颤颤巍巍地收拾着家务，而不远处是冷艳的残阳下，两手沾黑的孙子孤独地挖着泥堆。这种意境下你会想起什么呢？我想，所有的人此刻心中只会有一种滋味——苍凉。是的，就是苍凉。因为此刻那孩子和那老人一样，都成为精神的遭弃者。今天，我们早已走出了计划经济的时代，城乡二元的体制早已打破，再也不会出现人民公社的干部以“要让上海人民过个好年”的理由而强行拉走圈里的仔猪的事情了。但是，在今天，就是在今天，城市却用另外一种看不见的方式在掠夺着农村。这种方式极其温和，温和得我们无法感知，温和得让我们感觉到扑面而来的是温情，甚至让我们还用前所未有的热情向城市输送着资源，甚至我们自己本身；这种方式也极其可怕，可怕得当我们回过神来的时候却只能看到前所未有的狼藉。几年前，我曾经有一个机会到中国农民工输出大省安徽的农村作了一次环游考察，发现对农村教育而言，存在更加苍凉而可悲的出走：在W 县的一个村小中，教师的工资已经达到了 1 500 元左右，但他们还是因为种种原因到一些城市民办学校去打工，而他们留下来的教席则私下以 400 元左右聘请一些初中毕业的村民来代替。当我初次了解到这种情况的时候，说实话，我已经无力再想什么了，更不用说谴责谁。当时我缓缓蹲在地上，两眼茫然地望着如冰般的落日，心里一直萦绕着一句话：“去吧！去吧……”

我们要问，在城市大肆围剿农村的今天，农村以及农村社会究竟存不存在？它们是否还有存在的必要？农村教育究竟存不存在？它是否还有存在的必要？如果说当下农村社会的存在只是为了向城市过渡的话，那么农村教育就有一个根本的目的，就是为将农村改造成城市，培养新一代的市民，那么就应当消除农村教育的特殊性，而向城市效法，甚至可以撤销农村教育，大举向城市进发。这样，最应当掌控农村教育的不应当是农民，而应当是市民。原因如下：一则市民比农民更明白市民的要求，更明白作为过渡的农村教育的走向；二则作为过渡的农村教育的成败更关系到将来的城市素质和命运，而其对行将就木的农村社会却毫无意义。因此，农村社会究竟存不存在就变成了决定农村教育研究的一个方向性问题。本书不愿意回避这样一个问题，在这样的一个经济霸权、城市主导的时代，为农村争取生存空间尤为重要。因为这种空间直接赋予了本书的研究对象——农村教育以实际的意义。同时，笔者认为，作为一种生活方式，作为一个意义世界，农村是与城市并列的，而不是对立的。如果排挤掉农村的存在空间，就意味着排挤掉人类一半的生存世界。而在维护农村的生存空间上，农村教育具有根本性的意义，因为正是农村教育的独特性守护着农村社会的意义世界，如果农村教育的独特性被霸占，就意味着若干年之后，再无农村的意义存在。因此，守护农村教育，就是守护人类一半的意义世界。因此，本书反对将农村教育当成城市教育的附庸，坚决倡导农村教育的独立性。在抽象的责任上，农村教育应当直接向农村社会负责，而非向城市社会负责，它的问责体系应当是农村本位的。

守护农村、守护农村教育及其独立意义就成为我的一个精神诉求，我愿意做这个意义世界的看守者。我坚信，当人们逐渐意识到农村是一个很重要的意义世界，并且意识到这个意义世界需要我们共同守护的时候，农村教育一定会有一个充满希望的前景。

二、话语权对于本书的意蕴

福柯认为，话语即权力。这句话反过来也成立。我们从生下来的那一刻，就被话语包围着。当我们开始可以用话语表达自己想法的时候就发现，这不是可以随意使用的权力，哪句话在哪种场合说得不合宜，就会遭到长者批评。接受话语的专门训练是从进入教室开始的。那时也可以清晰地体会到，在课堂发言或者保持沉默的决定权在教师手中，我们已开始在话语缔结的权力关系之中寻觅自己的位置。

我很喜欢看王小波的杂文。他特立独行的写作方式常常会给我很多的启迪和灵感。我最初是被他的《沉默的大多数》所吸引，那是他的精品杂文之一。他在文中说，在中国，有很多人在公众场合什么都不说，到了私下里则妙语连珠。换言之，对信得过的人什么都说，对信不过的人什么都不说。起初他认为这是因为经历了严酷的时期（“文革”），后来才发现这是中国人的通病。他并不赞同龙应台女士认为沉默是怯懦的表现这种论述。他认为沉默是一种生活方式。他在“文革”中经历的一切使他明白，话语可以教给我们很多，但善恶还是可以自明。话语想要教给我们，人与人生来就不平等。在人间，尊卑有序是永恒的真理，这是他在人生经历中悟出来的。所以他想当话语站在人性的反面时，不光要在书本上学习，还要在沉默中学习，以保持人性。我们可以在沉默和话语两种文化中选择。王小波一生经历过很多次选择，但他自愿放弃进入话语圈，放弃争夺话语权。因为要进入那个圈子就要说那种话，甚至要以那种话来思索，他觉得索然，尤其发现那个圈子里常常犯着话语的贫乏症。他就在沉默中过了很多年，即使在他当教师的时候，他在台上也只讲技术性的话，下了课就走人。所以，他认为，不管干什么都可以保持沉默。沉默的理由很简单，就是信不过话语圈，一切的话语圈。

虽然在那个他认为是一座声名狼藉的疯人院的时代，他也“表过态”，写过“批判稿”，但他视之为一种话语的捐税，是一种融化在血液里、落实在口头上的输捐纳税的意识。王小波把话语的世界里分出两极：一极是圣贤的话语，这些话是自愿的捐献；另一极是沉默者的话语，这些话是强征来的税金。在这两极之间的话，全都暧昧难明：既是捐献，又是税金。在那些说话的人心里都有一个税吏。在参加了一些社会学研究，接触到一些弱势群体之后，王小波忽然猛省：所谓弱势群体，就是有些话没有说出来的人。就是因为这些话没有说出来，所以很多人以为他们不存在或者很遥远。然后他又猛省自己也属于古往今来最大的一个弱势群体，就是沉默的大多数。这些人保持沉默的原因多种多样，有些人没有能力，或者没有机会说话；还有些人有些隐情不便说话；还有一些人，因为种种原因，对于话语的世界有某种厌恶情绪，王小波就属于这最后一种。王小波意识到这一点之后，他也进入了话语圈，但是保持着高度的警醒，他不想像众多的圈内人那样总是在说些不会遇到反驳的话，像一个自说自话的精神分裂者，而是要用各种各样的镜子不时地检查自己：中国的传统是一面镜子，外国文化是另一面镜子。还有一面更大的镜子，就在身边，那就是“沉默的大多数”①。

话语权存在的另一个很重要的意蕴就是向谁说话。几千年来，尽管数量较少，但中国从来都不缺少理想主义的热情之士，他们总是在为一些东西呼号呐喊。但是，在他们所处的时代中，大都在一片漠然和漠视之中噤声了，其中化为飘逸之士的也不少。所以，话语权的指向也很重要。如果无人聆听，无人关注话语权主体的诉求，这时话语权实际上就已经受到了侵害。笔者觉得，这种指向应当有两个方面，首先是话语权指向的责任主体，其次是公共社会（Public Sciety）。前者是理所当然的指向，后者应当形成一种关注，不但是在责任主体卸责或逃避时形成一股监督力量，而且在话语权的主体受到实际伤害时，也可以通过积极的作为进行援助和补足。这也是公民社会存在的重要意义。

我资历尚浅，无论是从自身储备还是客观资源的占有，我都应划为这“沉默的大多数”之中。但历史给了我一次机会，也是一次挑战，就是博士论文的写作。税金是要交纳的，但心里的税吏是谁，在一定范围内，是自己可以决定的。我不断提醒自己，要努力避免说那些不会遇到反驳的话，就是那些正确的废话。我希望我的言说会激活每个人心中的那份信心、盼望和爱。如果目的达成，我想，教育卸责就能有效避免，农村教育生机盎然的景象也将指日可待！

三、信心和盼望：放飞那只黑色的气球

我在挂职锻炼期间曾承担小学英语教师的培训任务。在与这些年轻的农村教师接触的过程中，使我看到作为中国教育中一个庞大的弱势群体——沉默的大多数的生存和发展状况。他们对于现实的无奈和对于教育不公正现象的愤慨使我至今也无法忘怀。

在我的培训即将结束时，一位农村教师给我讲了这样一个故事：在美国，种族歧视使每个黑人很自卑。有这样一个小男孩，他也是名黑人。有一天他在公园里玩，忽然看到一个卖气球的，他手中拽着五颜六色的气球，有

① 王小波. 沉默的大多数［M］. 北京：中国青年出版社，1997：5～18.

红、白、黄……而唯独没有黑色的，于是小男孩壮着胆子走到那个商贩的面前问道："叔叔，黑色的气球能飞吗？商贩似乎明白了什么，于是迅速地为一个黑色的气球充满了气，系好线后放在了小男孩的手里。气球在空中飘荡。小男孩不敢相信这一切是真的，他自言道："原来黑色的气球也能飞啊！"这个卖气球的人抚摸着他的脑袋说道："孩子，它之所以能飞，是因为它的心中有口不懈的气。"

从那时起我就希望做一个在农村教育领域卖气球的人，去帮助农村老师和孩子建立放飞那个属于他们的黑色气球的信心！我知道在我今后的教育生涯中，耳畔会不时回荡着越发强劲的声音："它之所以能飞，是因为它的心中有口不懈的气。"

四、爱：最珍贵的礼物

1979 年当诺贝尔奖评委会宣布把年度诺贝尔和平奖授予特蕾莎修女时，特蕾莎修女郑重地对全世界说："今天，我接受这个伟大的奖，虽然是我本人所最不配的……以那些被社会排斥、叫社会烦恼而受到拒绝的仁的名义，我接受这个奖。我相信，这个奖会在富人和穷人之间带来一种新的、体谅的爱心。"[①] 当特蕾莎修女得知在颁奖仪式上为全体来宾准备的宴会需要花费不薄的资金时，流出了感伤的泪。她带着深深的不安对诺贝尔奖颁奖仪式的主管者发出真诚柔弱的但又几乎是难以拒绝的请求。她说，这顿豪华宴会只能供 100 多人享用，但如果把钱交给仁爱传教修女会使用的话，却可以让 1 500 名印度穷人吃一天饱饭。最后，特蕾莎修女将诺贝尔和平奖奖金 192 000 美元连同办理宴会的 7 100 美元的餐费一并捐做麻疯病防治基金之用。这不禁使人想起几年前教师节，当贫穷山区来的教师在北京招待他们的一次高规格宴会上得知这一餐饭的饭费比他们一年的工资（而且常常是无法按时拿到）还高时，不禁对着摄像机潸然泪下。

特蕾莎修女说："饥饿的人所渴求的，不单是食物；赤身的人所要求的，不单是衣服；露宿者所渴望的，不单是牢固的房子。就算是那些物质丰裕的人，都在切求爱、关心、接纳及认同。英国虽然是一个福利国家，但当我在

---

① 屈雅君，刘铁英．仁爱一生：诺贝尔和平奖得主特里萨修女传［M］．海口：珠海出版社，2002：229～230.

晚上拜访他们的家时，依然看到有人在爱的匮乏中死去。在那里，他们有另一种贫困——心灵上的贫乏，即那种孤寂及被人弃绝的情况。在当今世界中，肺结核或麻疯不是可怕的疾病，心灵上的贫乏才是最严重的病症。在英国的人应以爱心善待穷人，用行动服侍他们，但除非他们先知道谁是真正的穷人，否则，他们没法照着去行，他们认识真相后才会去爱，因而做出服侍。”①

在令世人瞩目称羡 GDP 不断飙升的中国又何尝不是如此呢？那一掷千金的富豪心灵的贫乏和农村的苍凉是同一种贫穷，都是缺乏爱的滋养。“贫穷是你和我的创造，是我们拒绝和人分享的结果，如果我们没有能力放弃贪婪，这个问题就不会得到解决。”② 他们心灵的碰撞和交融会弥补对方的缺乏，这不是施舍和怜悯，不是乞怜和哀求，它彰显的是“施比受更为有福”的信念。

农村教育成为问题不是因为它贫穷，而是因为我们贫穷，因为我们缺少爱。只有当人心在爱上富足起来的时候，农村教育才能显现出我们的富有来。

---

① 特蕾莎修女．活着就是爱［M］．王丽萍译．成都：四川人民出版社，2000：79．

② 屈雅君，刘铁英．仁爱一生：诺贝尔和平奖得主特里萨修女传［M］．海口：珠海出版社，2002：103．

后　记

一位法国著名作家说："各位眼前这束鲜花，是我在别人的花园中采集、编扎而成的，其中除了那根捆扎的细线外，其余都不是我的功劳。"

本书由我的博士论文修改而成，尽管当它与坐在书桌前的你见面时，中国的农村以及农村教育已经发生了巨大的变化，农民种地已经无需缴纳任何税费，甚至有的地区已经实施义务教育阶段全免费，但是，我写作和出版原本的初衷都是为了记录一个时代一片空间内的中国状况。从这个意义来说，它不会随着这些环境的改变而显得过时，况且本书揭示的多数问题至今仍然存在，而剩下的一些又以别的方式继续存在着。

由于学力的有限，当我面对农村教育中存在的大量卸责问题时，说实在话，我是束手无策和难以面对的，所以很多时候我也只能记下点什么，留待将来慢慢地思考、面对，而且这些事实也坚定了我对这一问题的关注。如果说除了情感之外，这些调查对我的学术有什么影响的话，我想有一点是不可忽略的，那就是我更深地体悟到了制度背后的道德、伦理等支撑资源的重要。所以，博士后时候的我努力进入教育伦理学的领域。这种努力不是中止对于农村教育卸责问题的思考，而是为了更深入地进行这一思考。在此，我要感谢南京师范大学的鲁洁先生和金生鈜教授，他们是我博士后学术联系导师，他们用渊深的学养和严谨的生活鼓励、呵护着我这脆弱、稚嫩的思考。

此时，我最想表达的是在心中涌动已久的感激之情，首先是对给予我三年无私指导的袁桂林教授，他对于农村教育事业的执著使我受到极大的震撼和鼓舞，导师为我提供了全国大规模调研和挂职锻炼的机会，耳闻目睹中国教育特别是广大农村地区的教育现实，不仅为我积累了大量的第一手资料和详实数据，更成为我深入思考教育问题的强大动力。记得是在去农村调研的途中，通过与导师的热烈讨论催生出我博士论文的题目——“教育卸责问题研究”，找到这样一个极具解释力的切入点令我兴奋不已。导师精到的点拨常使我在苦苦思索中茅塞顿开。

感谢我的硕士生导师柳海民教授，是他引领我进入教育科学的殿堂，使我对教育理论产生浓厚兴趣，他严谨治学的态度一直是我的榜样。

D县教师进修学校李国君校长是我农村调研时的导师，他的教育智慧是一笔宝贵的财富，为我的论文提供了丰富的素材；D县教育局齐局长、梁副局长在繁忙的工作中不止一次地热情接待我这个无知的学生，他们的坦诚令我感动不已。还有我挂职锻炼期间在生活中给予我无限关怀的同事和我培训的教师们，在此虽不能一一道出他们的名字，但是那份温暖一直珍藏在我的记忆之中。

在这二十年的学习生活之中，得到了太多无私的帮助，在此表达我深深的谢意：

我要感谢王逢贤先生，他为我们开设了博士期间的第一门课，德高望重的老先生不辞辛苦地在课堂上引领我们，使我们领略教育理论的独特魅力。

感谢邬志辉和张培夫妇在我处于学术困惑的时期给予我的指引和关怀，为我树立了治学的榜样。本书的出版也是在邬老师的关怀下才得以完成的，一并致谢。

感谢秦玉友老师、朱成科学兄，与他们的讨论和思想交锋，使我受益匪浅，尤其是秦老师，在本书出版过程中一再关怀和催促，使我常常感到自己的卸责；学友温恒福、赵爽、李娟、杨进、李伟言、许丽英、唐立芳、刘秋红、崔艳艳在论文的开题和撰写过程给予很多关心和建议；感谢任仕君、宗晓华、孙艳霞、孙阳春、付玉红、丁霞不厌其烦地帮我校对论文和提出修改意见，周生芳为我将大量的调研数据转化为图表，在此对她的辛劳尤表谢意；还有那些远方的友人们不时地通过电话、E-mail将他们的关爱传递。在此一并献上我的感激。

南京师范大学道德教育研究所的高德胜教授、赵志毅教授、冯建军教授、潘慧芳副教授等人的睿思和点拨常常使我醍醐灌顶，三年来他们对我工作和生活方面的关照常常温暖我的内心。我为能够与他们共事而深深地感恩。

还要感谢我的亲人，他们在沉默中替我担当了生活的重担，他们的期望和支持是我求学不竭的动力源泉，还有那一路伴我走过的弟兄姊妹，他们的默默祈福是我在最艰难时的力量，使那颗浮躁的心渐渐平静安稳下来。

最后，我要感谢我的父亲，我知道无法诉尽我的亏欠，也无法献上全部感恩之心，只有竭尽全力在前行的路上如他所愿，行公义、好怜悯、存谦卑的心与他同行！